哈日情報誌
MAPPLE 山陰
鳥取·松江·萩

附錄 ❶

參拜方
參拜後
參拜
全部

出雲大社
參拜
BOOK

U0076949

Contents

希望
有良緣
降臨♪

前往出雲大社的ACCESS

🚗自駕

出雲（結緣）機場

國道9號、縣道28號、國道431號
↓約20km、約30分

出雲大社

建議使用勢溜大鳥居附近的神門通交通廣場停車場，
或者是鄰接出雲大社的大型停車場。兩間停車場皆為
免費（詳細位置請參考附錄①P.16的地圖）。

🚌🚃搭乘巴士、電車

出雲（緣結）機場	JR出雲市站
	步行即到
出雲一畑交通	電鐵出雲市站
機場連絡巴士	一畑電車 北松江線 約8分
37分	川跡站 轉車
9:15出發・	一畑電車 大社線 約11分
11:55出發	出雲大社前站
1天2班	步行 約5分

正門前

若從JR出雲市站搭乘巴士前往，建議可在能感受神
門通熱鬧氛圍的「正門前」下車。
⚠ 如果在下一個巴士站「出雲大社連絡所」下
車，下車地點會離入口稍遠一點，敬請注意。

不可不知！

為了順利祈求良緣

出雲大社的小知識

在2016年大功告成 平成大遷宮

遷宮是指每60年一次，為正殿等建築進行大規模修繕的儀式。簡單來說，就是大舉翻新神明的家。像是鋪著檜木樹皮的美麗屋頂等，境內到處都凝聚了工匠的技術，這些建築工法也很值得大家用心欣賞。

這裡供奉的就是大國主大神！

出雲大社供奉的大國主大神，掌管了包含男女姻緣在內的所有緣分及命運。在神話裡，大國主大神是以開拓國土而聞名的神明，開發了農業和漁業等各式各樣的事業，成功建立了國家。但是在天照大御神的逼迫下，大國主大神讓出國土的地上支配權。天照大御神則回送出雲大社作為謝禮，大國主大神是經歷重重考驗的英雄神，也是以花花公子而聞名的神明。

大國主大神另有「大國大人」的暱稱

大國主大神與出雲大社的 愛情小故事

1 拯救了因幡白兔 心地善良的大國主大神

因幡白兔因為聽信八十神的謊言，導致身上的傷口惡化，但在大國主大神的幫助下總算治好了傷口。白兔為了報恩，便幫大國主大神與絕世美女八上比賣牽紅線，讓兩人順利結為夫妻。

2 經歷重重考驗 與須勢理毘賣命結婚

因為受到八十神的忌妒而遭迫害的大國主大神逃往了地底之國，並且與須勢理毘賣命墜入情網。須勢理毘賣命的父親須佐之男命大發雷霆，祭出了重重考驗，但大國主大神遠是迎刃而解，並帶著須勢理毘賣命回到了地上世界。接著大國主大神使用從地底之國帶回來的武器，順利打倒了八十神，成功建立起大國。

出雲大社
いずもおおやしろ（いずもたいしゃ）
☎0853-53-3100　**MAP** 附錄①16C-1
所島根県出雲市大社町杵築東195
交一畑電車出雲大社前站到正門鳥居步行5分　時休自由參觀（參拜建議時間6:00～20:00※視季節而異）境內自由參拜，寶物殿門票為300日圓P免費，365輛（6:00～18:00※視季節而異）

全年都有各式各樣的祭典儀式！
2019年 出雲大社 祭禮、儀式月曆

出雲大社每年會舉辦多達72場的祭典儀式。若時機剛好，就可以參觀到眾人穿著古代服飾，莊重嚴肅的神社儀式。這邊就來介紹其中的主要祭典儀式。

1月3日
吉兆與番内

在大社町的各個町内會立起巨大旗幟，由番内一邊喊著「驅除惡魔、驅除惡魔」，一邊繞遍町内消災除厄的祭神儀式。由正逢厄年的男性來擔任番内的職務。

身穿華麗服飾，臉上戴著面具的番内

5月14～16日
大祭禮
在出雲大社的祭祀當中，是最盛大的祭典。5月14日在嚴肅的例祭之後，會舉行田植舞和流鏑馬的奉納儀式，在15日的二之祭上舉辦神輿渡御祭，16日則是舉辦三之祭。在這段期間，參道上會林立著小攤販，還有出雲神樂和大茶會等熱鬧非凡的活動。

從古代流傳至今的祭神儀式 響徹著和太鼓樂聲的田植舞

6月1日
涼殿祭
宮司走在菰草上，祈求夏天平順安穩的祭典。據說只要把祭典中的菰草帶回去就不會生病。

神在月
在農曆10月的其中7天，日本各地的神明會齊聚出雲大社，討論人與人的緣分以及一年當中的大小議題。也因為這樣，在其他地方稱為神無月的農曆10月，在出雲地區則是叫神在月。

11月6日（農曆10月10日）
神迎祭

在稻佐之濱點燃御神火，迎接眾神的到來。

走在神迎之道（附錄P.16上），引導眾神前往出雲大社

11月7日～13日（農曆10月11～17日）
神在祭

又稱為「御忌祭」，為了不打擾神明開會，在地人必須盡量保持安靜。

在這段期間，八百萬眾神聚集的門扉都會打開

11月13日（農曆10月17日）
神等去出祭

伴隨著「OTACHI、OTACHI」的詠唱聲，送神明離開的祭典儀式。

為即將回去日本各地的眾神送行

11月11日～13日（農曆10月15～17日）
緣結大祭
配合神在祭舉行的祭典儀式。由於大國主大神的力量又結合了八百萬眾神的神力，吸引眾多參拜者前來尋求更美好的良緣。

12月31日
除夜祭

為了迎接新的一年，掃除過去一年穢氣的祭典。在祭典上也提供跨年蕎麥麵和甜酒。

時間越晚，境内的人潮就越洶湧

出雲大社是這樣的神社

聚集了來自日本各地的八百萬眾神※

雖然在一般日本大眾的認知中，農曆10月又稱為神無月，但是在出雲地區則是叫神在月。據說日本的眾神為了決議各項重要事務，會在10月的其中7天齊聚到出雲大社，讓其他地方少了神明坐鎮，才會出現這樣不同的名稱。※日本神明的總稱

為眾人締結各式各樣的緣分

參拜完後，可以再寫個繪馬祈求良緣

是供奉知名的結緣之神「大國主大神」，創建過程還記載於《古事記》中的悠久古社。據說除了能祈求男女緣分之外，也可以為其他人、事、物等對象締結緣分。為了尋求保佑，一年約有多達250萬來自日本各地的遊客造訪。

神明就鎮座在「平成大遷宮」後的美麗正殿

⁂ 參拜建議 ⁂

推薦的參拜時期與時段

最佳的參拜時期，就是日本各地神明齊聚出雲大社的神在月（農曆10月）其中7天（日程視各年異動）。在這個時期，還可以參觀神在祭等莊嚴的祭典儀式。推薦的參拜時段，則是境內氣氛特別清新的清晨時段。

在寧靜的清晨來參拜，身心都彷彿受到了洗滌一樣

在廣闊的境內漫步

參拜出雲大社時，要先從正門的勢溜大鳥居進入境內，再按照順序走遍正殿等社殿來參拜。由於神社境內廣闊，步行距離也不短，建議穿著慣用好走的鞋子前來。

若在境內慢慢參拜，大約需走1小時左右

讓出地上之國，鎮座於出雲大社 ③

身為天界之主的天照大御神看到地上之國變得有聲有色，便要求大國主大神把國家讓出來。大國主大神把地上之國的統治權讓給天照大御神之後，就進駐到作為回禮的大神殿（＝出雲大社）。從此之後，天照大御神便掌管眼睛看得到的有形世界，大國主大神則是掌管眼睛看不到的無形世界。

神明相關圖

產出日本各島的神明
伊邪那美命（いざなみのみこと）〔夫婦〕伊邪那岐命（いざなぎのみこと）

天照大御神（あまてらすおおみかみ）〔子孫〕
須佐之男命（すさのおのみこと）〔父女〕

神武天皇
須勢理毘賣命（すせりびめのみこと）

八十神（やそがみ）
出雲大社的祭神 大國主大神（別名：大國主）

幫忙牽線 因幡白兔

贈送出雲大社 ←讓出國家

除了部分例外，祭神名字的漢字皆以《古事記》為準。另外也會使用一般大眾常見或是各神社訂定的漢字。

神樂殿的注連繩是出雲大社的亮點之一

所需時間
約1小時30分♪

為了尋求更美好的緣分

前往**出雲大社**

參拜了！

以供奉結緣之神而聞名的出雲大社，吸引了許多參拜者前來尋求良緣。為了獲得更好的結果，一定要認真參拜才行！這邊就要透過淺顯易懂的報導，來介紹從穿過鳥居到參拜結束的行程。

正門面對著熱鬧的神門通

造訪的順序

① 勢溜大鳥居（二之鳥居）
② 祓社
③ 松之參道
④ 大國主大神御神像
⑤ 手水舍
⑥ 銅鳥居
⑦ 神馬、神牛像
⑧ 拜殿
⑨ 正殿（八足門）
⑩ 十九社（東十九社）
⑪ 素鵞社
⑫ 神樂殿

1

從**勢溜大鳥居**
（二之鳥居）出發

從正門的木造大鳥居出發參拜。過去在大鳥居附近有間大型的歌舞伎劇場，周邊相當熱鬧，因此都會聚集眾多人潮，才會被冠上「勢溜（人潮聚集之意）」的名號。

從這裡
出發
去參拜吧！

認真參拜！

先一鞠躬
再穿過鳥居

鳥居是通往神明所在地的聖域入口，所以在穿過鳥居之前必須先一鞠躬，向神明打聲招呼。在鞠躬時，也可以在心裡默念自己的名字和住址，還有參拜的目的。

2 在祓社 潔淨身心

穿過勢溜大鳥居後，立刻就能在參道右手邊看到小小的祓社。在向大國主大神祈求良緣之前，必須先淨化身心的汙穢才不失禮節，所以記得一開始先在這裡參拜一下吧。

> 接下來就要準備去參拜了

認真參拜！
穿著合宜的服裝來參拜

雖然沒有硬性規定，但最好避免像無神等較為裸露的服裝，還有拖鞋、海灘鞋等輕裝打扮，以及墨鏡、帽子等裝飾配件。比起鞋跟較高的款式，選擇方便好走的鞋子也比較適合。

3 漫步在參道 往正殿前進

> 美麗風景真是讓人心曠神怡

沿著長長的下坡參道一直走，就會走進林立著樹齡超過400年，一整排茂密松林的松之參道。漫步在美麗的松林大道上，心靈就彷彿受到了洗滌。

> 別錯過可愛的**兔子石像**！

認真參拜！
要走兩旁的參道

松林將參道分成了三等分，由於中央是神明通過的通道，所以在前往參拜還有回程時，要走在已經鋪整好的外側走道或是鋪了石頭的參道。

出雲大社境內各處都能看見可愛的兔子石像，在面對正殿方向左側的松之參道上就能看到各式各樣的類型，擁有許多不同面貌的兔子喔。

5 在手水舍 清洗雙手和嘴巴

在穿過松之參道後的左側，銅鳥居前面有座淨身用的手水舍。進入正殿等社殿林立的神域「荒垣」之前，先在這裡用清水洗手漱口一下吧。

① 先用右手拿著杓子，清洗左手

注意請不要將杓子直接對著嘴巴

② 接著改用左手拿著杓子清洗右手

③ 把水倒在左手中，含在嘴裡稍微漱個口

認真參拜！
清洗雙手和漱口來淨身

在手水舍依照正確步驟來淨身吧。在拜訪神明之前，記得先照著下列順序來清潔雙手和嘴巴。

④ 用水清洗左手後立起杓子，讓水向下流清洗杓柄

4 參觀大國主大神 的神像

在松之參道的終點兩側佇立著大國主大神的巨像，重現了和大國主大神有關的知名神話場景。先參觀一下兩邊的神像後再繼續前進吧。

> 回程可以在這裡拍紀念照

這裡有2尊神像！

產靈御神像
●ムスビのごしんぞう
迎接隨著海浪而來的幸魂奇魂（為人類帶來恩惠，大國主大神自己的靈魂）

慈愛御神像
●ごじあいのごしんぞう
重現了在海邊拯救哭泣的白兔，神話故事「因幡白兔」的著名場景

接續下一頁

6 穿過**銅鳥居**進入神域

穿過位於手水舍右前方，保護神域不受邪氣侵襲的青銅製鳥居進入荒垣。現在的鳥居據說是寬文6（1666）年，由長州藩主毛利綱廣所捐贈，已指定為重要文化財。

終於要進入神域了！

8 到**拜殿**向**大國主大神**做最初的參拜

位於銅鳥居正面的拜殿，是向大國主大神參拜的第一個地點。在心裡一邊默念自己的名字和平時的感謝，一邊祈求希望能遇到良緣。

終於要去**參拜神明**了！

7 向**神馬·神牛像**打招呼

從銅鳥居走進神域之後，在左側有神馬和2尊神牛和神像的動物神像。據說只要摸一摸神像就可以獲得保佑，大家也別忘了來這裡祈願一下。

神馬可以保佑求子和安產

神牛則是能保佑提升學力

謝謝神明平時的保佑…

Attention！
如果貪心地向神明許了太多願望，反而會有反效果，所以記得許願只要適度就好。

認真參拜！
在出雲大社參拜時要拍4次手

一般參拜神社時都是「二禮、二拍手、一禮」，但在出雲大社則是遵循「二禮、四拍手、一禮」的獨特程序。在參拜時，記得以四拍手來祈願吧。

9 從**八足門**面向**正殿**參拜

正殿的位置，就在瑞垣和玉垣當中。由於瑞垣內是莊嚴的神域，一般民眾無法進入，所以大家要從正殿正面的八足門來參拜。遊客可以沿著瑞垣外圍漫步，所以也可以從各個地方朝向正殿來參拜。

也可以從正殿周圍來參拜

認真參拜！
向神明添香油錢

在賽錢箱投香油錢的時候，記得把手伸長一點，盡量不要發出太大的聲音喔。

Attention！
投香油錢的時候不可以用丟的，這樣對神明很失禮哦。

希望可以獲得美好的緣分

11 前往能量景點 素鵞社 參拜

素鵞社位於正殿正後方的山麓處，供奉著大國主大神的父親。大家也別忘了來這座成為神聖能量景點的人氣神社參拜一下。

莊嚴氣氛滿點的社殿

10 參觀日本眾神會來留宿的 十九社

建於正殿東西側的十九社，是八百萬眾神在神在月期間留宿的社殿。從面對正殿右側的東十九社開始參觀比較有效率。

為了讓眾多神明留宿而建的長形建築

從正下方看真的是巨大得不得了

12 到 神樂殿 做最後的參拜

在出雲大社的最後參拜地點，就是掛有日本最大注連繩的神樂殿。在這裡完成最後的參拜，體驗一下魄力十足的巨大注連繩。

參拜結束後，再帶點授予品回去就更完美了

在神樂殿參拜結束之後，可以繞去御守所抽御籤，或是寫繪馬來奉納。也很推薦將「結緣繩」和「結緣箸」等帶回家。

御守所開放時間
6:00～20:00
（冬期為6:30～）

結緣箸

繪馬

結緣繩

Attention!
不可以往注連繩丟擲或塞入零錢，要依循正確的規矩來參拜喔。

稻佐之濱的小知識
將海灘上的沙子奉納給出雲大社…

據說將稻佐之濱的沙子奉納至神社，再把淨化後的沙子帶回家裡撒在庭院，就可以消災除厄。出雲地區的人在蓋新房子時，就會在像這樣把沙子灑在院子，祈求神明的保佑。

若只是想體驗一下，可以帶個適合裝沙子的袋子

在素鵞社底下擺著奉納沙子的木箱

在「弁天島」上設有供奉神明的鳥居，令人印象深刻

如果還有時間可以稍微走遠些 也來 稻佐之濱！

距離出雲大社不遠的稻佐之濱，就是農曆10月一年一度的神在月，迎接日本各地眾神的場所。如果大家有時間的話，在出雲大社的回程也可繞來這裡感受一下神聖的氣氛。

LINK→本書P.15

出雲大社 步行20分

出雲大社 境內&參拜路線 MAP

從這裡面對正殿的方向時，面向西邊的御神體就會變成正面，所以也有人會在這裡參拜神明。

雖然只要去拜殿參拜，就可以向主祭神大國主大神祈願，但還是別忘了前往距離正殿最近的八足門前參拜一下吧。
※一般遊客無法進入八足門內。

八雲山

素鷺社

彰古館

文庫

瑞垣

正殿

筑紫社

御向社　天前社

鏡守社

寶庫

玉垣　樓門

釜社

北氏社

南氏社

西神饌所

東神饌所

東門神社

GOAL

西門神社

八足門

觀察樓

鏡池

素鷺川

西十九社

東十九社

神樂殿入口處旁邊也有御守所，可以在這裡購買御守或是抽御神籤。

御守所

手水

拜殿

神樂殿

金刀比羅宮

祈禱登記所

御饌井

收藏庫　寶物殿

祓社

國旗升旗台高47m，升旗台的國旗尺寸為32.5坪，是日本最大的國旗。

御守所

神馬、神牛像

御手洗井

四之鳥居

銅鳥居

荒垣

吉野川

細石

社務所

皇后陛下御歌碑

手水舍

可以預習境內的模樣就安心多了♥

勅使館

慈愛御神像

結緣之碑

松之參道

手水舍前的東西兩側都有大國主大神的神像!!

產靈御神像

會所

神苑

杵那築之森

手水舍前的東西兩側設有大國主大神像!!

神話之社

三之鳥居

鐵鳥居

橫跨素鷺川的祓橋只要跨越清流，就能掃除身心的汙穢。

野件宿福神社

水邊少女

祓橋

素鷺川

相撲場

下坡參道

祓社

淨池

P

在境內散步時必知的3大事

一般參拜者無法接近正殿，只能從正殿外圍的瑞垣來參觀。基本上都是在八足門面向正殿來參拜。

在廣闊的境內有許多可以參拜的社殿，建議大家記得事先準備多一點零錢當作香油錢。

2座具有淨身效果的祓社設置在通往正殿的入口處，分別位於勢溜大鳥居和大型停車場的附近。大家前往正殿之前，記得先到附近的祓社參拜一下。

二之鳥居

勢溜大鳥居

千家尊福公的銅像

勢溜

正門前巴士站
出雲市方向

神迎之道

START

正門前巴士站
日御碕方向

神門通

祓社是淨化身心汙穢的重要地點。

日本正月招牌歌曲「一月一日」的作詞者，同時也是出雲大社宮司的千家尊福公銅像。

→ 參拜路線

一之鳥居

宇迦橋大鳥居

出雲大社的社殿介紹

深入了解出雲大社，讓參拜變得更有趣

出雲大社內除了有供奉大國主大神的正殿外，還有攝社、末社等眾多可以參拜的社殿。大家就先來了解一下代表性的社殿特徵，暢快地去祈求良緣吧。

高24m，是日本最大的社殿！

有大國主大神御神體鎮座的神聖場所

國寶 正殿 ◆ごほんでん

正殿建於受到宇迦橋的大鳥居等4座鳥居，還有荒垣、瑞垣、玉垣等三重牆垣層層保護的神聖場所內。現為日本國寶，也是日本最古老的建築樣式之一「大社造建築」，是以出雲為中心的區域才看得到的特色建築。有大國主大神鎮座的這座美麗建築，近年來吸引越來越多各地遊客前來祈求良緣。

正殿經過平成大遷宮之後，又重回延享元（1744）年建造當時的模樣。

神樂殿 ◆かぐらでん

最大特徵就是壯觀的注連繩

擁有135坪的寬敞大廳，配合社殿建築製作的巨大注連繩總長13.5m，寬8m，重達4.4t。在這裡也會舉行團體祈禱、婚禮、神迎祭等活動儀式。正面破風的裝飾使用了獨具特色的彩色玻璃，是一般神社建築少見的樣式。

掛有日本最大規模，長達13.5m的注連繩！

一般參拜無法進入社殿內

拜殿 ◆はいでん

從這裡開始向神明許願

位於正殿前方，是一般參拜者進行拜禮和祈禱的地方。通常在一般的神社，拜殿和正殿都能互通連接，但在出雲大社則是分開設置。

使用木曾檜的木材建造，融合大社造與切妻造妻入式的特色造型。

十九社 ◆じゅうくしゃ 重要文化財

八百萬眾神留宿的場所

位於瑞垣外圍，在正殿東西兩側相對望的神社。據說在農曆10月的神在祭，日本各地的神明會在此留宿，十九社的十九扇門也會在這段期間全部打開。

東十九社／以南北縱長形為特徵的神社

西十九社／在眾神開會的期間，神明會留宿於此

祓社 ◆はらえのやしろ

可以淨化世俗汙穢的神明

在勢溜大鳥居（正門鳥居）附近參道的右手邊，以及西側大型停車場通往神樂殿的入口處都有設置小小的祓社，供奉著淨化身心汙穢的祓戶四柱神。

位於勢溜大鳥居附近的祓社

位於神樂殿附近的祓社

素鵞社 ◆そがのやしろ 重要文化財

供奉大國主大神之父──素盞嗚尊

供奉了大國主大神的父親素盞嗚尊，在為數眾多的攝社中也是最為特別的神社。素盞嗚尊從天上之國降臨到出雲，留下了八岐大蛇傳說等各式各樣的故事。在素鵞社後方有一塊巨大的岩石，現在是人氣扶搖直上的能量景點。

位於正殿北側，建於聖山八雲山的山麓上

必吃的傳統美食
出雲蕎麥麵

出雲大社的神在祭從遠古時代就流傳至今，與其擁有深厚淵源的
「蕎麥麵」和「善哉」就是出雲2大美食。在出雲大社附近林立了許多名店，
參拜結束後不妨可以來品嘗一下這些美味料理。

是這樣的蕎麥麵
出雲地區是知名的「蕎麥產地」，有將剛收成的新蕎麥奉納給出雲大社的習俗。出雲蕎麥麵的特徵是顏色比一般蕎麥麵還要黑一點，分成熱的「釜揚蕎麥麵」和冷的「割子蕎麥麵」。據說釜揚蕎麥麵是發祥自出雲，割子蕎麥麵則是發祥自松江。

注意
不要淋太多!

麵汁
很多店家都是使用以脂眼鯡的高湯為基底，再配上醬油來調味的麵汁。

遵守「三たて」程序　出雲大社御用的名店

蕎麥麵
將蕎麥連同甘皮一起磨成粉，所以麵條顏色偏黑，能品嘗到十足的口感和豐郁的風味。

配料
以辣味蘿蔔泥、蔥和海苔為基本，有時也會搭配生蛋和山藥泥。

蕎麥湯
富含豐富營養的蕎麥麵煮麵水。

在地人在用餐時也會喝蕎麥湯喔

出雲大社步行5分

そば処 かねや
●そばどころかねや

昭和4(1929)年開業，是出雲大社御用的知名蕎麥麵店，遵循現磨、現打、現煮的「三たて」製作程序。蕎麥麵汁使用脂眼鯡和日高昆布來熬煮，充滿香醇甘甜的滋味。其中也很推薦釜揚蕎麥麵。

📞0853-53-2366　**MAP** 附錄①16B-2
🕐9:30～16:00　🈺無休　🏠島根縣出雲市大社町杵築東659
🚃一畑電車出雲大社前站步行15分　🅿免費

除了一般桌席之外，也有小型的日式座位

三色割子蕎麥麵 1100日圓
使用名叫割子的圓碗來盛裝冷蕎麥麵，一人份有3層

割子蕎麥麵是這樣品嘗

1 在第1層淋上麵汁。

2 將第1層剩下的麵汁淋在第2層，如果不夠的話就再追加麵汁。第3層也是同樣的作法。

3 最後在蕎麥湯中注入麵汁，或是加入最後一層剩下的麵汁來品嘗。

割子蕎麥麵與釜揚蕎麥麵的組合 1000日圓（繁忙期不提供）
可以同時品嘗割子蕎麥麵（2盤）和釜揚蕎麥麵（小）的划算套餐。割子蕎麥麵是搭配涼麵汁，釜揚蕎麥麵則是搭配熱麵汁來享用。

享用蕎麥麵　在悠閒的和風空間

使用石臼研磨　風味豐富的蕎麥麵

開業約220年的老店

出雲大社步行5分

荒木屋 ●あらきや

從江戶時代後期營業至今，約有220年歷史的出雲蕎麥麵老店。以出雲在地的玄蕎麥為主，使用石臼仔細研磨日本國產蕎麥，製作出香氣濃郁、嚼勁十足的麵條。用脂眼鯡熬煮的傳統麵汁則是充滿了高雅的滋味。

MAP 附錄①16B-2
📞0853-53-2352
🕐11:00～17:00（售完打烊）
🈺週三（遇假日則翌日休）　🏠島根縣出雲市大社町杵築東409-2　🚃一畑電車出雲大社前站步行10分　🅿免費

在門前迎接參拜者的蕎麥麵老店

割子蕎麥麵 3層 810日圓
2層割子蕎麥麵搭配善哉的結緣套餐940日圓也很有人氣

出雲大社步行即到

そば処 田中屋
●そばどころたなかや

店家堅持使用日本國產蕎麥，並全部採用石臼研磨來混和搭配，可以品嘗到風味絕佳和香氣十足的美味蕎麥麵。招牌餐點是將剛煮好的麵條，直接從釜鍋放入碗中的釜揚蕎麥麵。滋味豐郁、口感Q彈的蕎麥麵與濃稠的麵汁結合成絕妙美味。

MAP 附錄①16A-3
📞0853-53-2351
🕐11:00～16:00（售完打烊）　🈺週四　🏠島根縣出雲市大社町杵築東364　🚃一畑電車出雲大社前站步行7分

以自然木為裝潢基調，風格明亮的店內

釜揚蕎麥麵 720日圓
關鍵吃法就是要慢慢淋上麵汁，不要拌得太用力

出雲大社步行即到

出雲そば きずき
●いずもそばきずき

利用古民宅作為店面，於2014年開業的蕎麥麵店。將嚴選日本國產蕎麥用石臼磨成粗粒，店主每天早上都會製作手打蕎麥麵。麵條充滿豐郁風味與Q彈勁道，粗度偏細吃起來也十分順口。並搭配偏鹹的柴魚湯底麵汁來品嘗。其中割子蕎麥麵（4層，1000日圓）和山藥泥割子蕎麥麵（900日圓～）很受歡迎。

MAP 附錄①16A-3
📞0853-53-6077
🕐11:30～14:00（售完打烊）　🈺週二、五不定休（遇假日則營業）　🏠島根縣出雲市大社町杵築東387-1　🚃一畑電車出雲大社前站步行7分　🅿免費

店內要脫鞋入內

參拜後的樂趣❶ 參拜出雲大社時 出雲善哉 &

是這樣的善哉

出雲是記載於江戶初期文獻的善哉發祥地。在神在祭上會提供神在餅給參拜者品嘗，其中「神在（じんざい）」的出雲方言就叫做「ずんざい」，之後經過變化便成為「善哉（ぜんざい）」流傳至京都，進而推廣到日本全國。

出雲大社步行3分

日本ぜんざい学会壱号店

●にっぽんぜんざいがっかいいちごうてん

這裡是將出雲善哉努力推廣至日本全國、「出雲善哉學會」的物產商店。使用了大顆的大納言紅豆，以偏鹹的調味和較多的紅豆湯汁為特徵，可以同時享用到甜與鹹的口味。另外還有白玉湯圓和烤麻糬等種類豐富的配料。

MAP 附錄①16A-3
☎0853-53-6031
🕐10:00～17:00 休不定休 📍島根縣出雲市大社町杵築南775-11 🚃一畑電車出雲大社前站步行3分

位於神門通上的店家

神門通的善哉專賣店

紅豆湯
裡面加了許多飽滿的紅豆!!

推薦 出雲善哉 600日圓
手工的紅白湯圓Q彈十足！

小菜
搭配小黃瓜和白蘿蔔等醬菜。

麻糬
會加入紅白色的白玉湯圓，或是Q勁的水煮麻糬、香噴噴的烤麻糬等，作法視各家店而異

結緣善哉 700日圓
這也是超人氣！
加了奧出雲仁多米製作的紅白烤麻糬，含有「感情好到會互相吃醋」的日文諧音意涵。

費盡工夫的特別滋味

出雲大社步行4分

甘味喫茶・お好み焼き みちくさ

●かんみきっさおこのみやきみちくさ

手工製作的善哉中有店家每天早上現煮的紅豆，以及現點現烤的烤麻糬。另外還有淡淡苦味的抹茶口味、奶泡拿鐵風的牛奶善哉等豐富的獨創種類。

有抹茶和牛奶等豐富種類

推薦 抹茶善哉 648日圓
微苦的濃郁抹茶和香甜的紅豆餡就是絕配！

MAP 附錄①16A-4
☎0853-53-1718
🕐10:00～17:00(售完打烊) 休週四(達假日則營業) 📍島根縣出雲市大社町杵築南859-3 🚃一畑電車出雲大社前站步行3分

店內有一般餐點和甜點的菜單

出雲大社步行3分

大社門前いづも屋

●たいしゃもんぜんいづもや

出雲善哉和門前糰子大受客人好評的甜點店。其中的美味秘訣，就是使用了100%仁多糯米的麻糬等嚴選食材。多達6種口味的門前糰子（→附錄①P.13）也很有人氣。

MAP 附錄①16A-3
☎0853-53-3890
🕐10:00～17:00 休週二、不定休 📍島根縣出雲市大社町杵築南775-5 🚃一畑電車出雲大社前站步行3分 📍免費

推薦 出雲善哉 540日圓
大塊的烤麻糬口感Q彈又美味！

在這裡品嘗得到門前糰子、善哉、鮮蜆味噌湯等鄉土滋味

出雲大社步行即到

出雲ぜんざい餅

●いずもぜんざいもち

於明治5（1872）年開業的和菓子店「坂根屋本店」經營的出雲善哉專賣店。使用了飽滿的出雲產大納言紅豆，製作成香甜爽口的善哉。店內還有寬敞的和式座位，很適合在這裡小憩片刻。

MAP 附錄①16A-3(位於御緣橫丁內)
☎0853-53-5026
🕐9:00～18:00(12～2月為～17:00) 休不定休 📍島根縣出雲市大社町杵築南840-1 ご緣橫丁內 🚃一畑電車出雲大社前站步行5分
位於御緣橫丁(→附錄①P.15)內的店鋪

來自老店的知名善哉

推薦 嚴選紅豆善哉 600日圓
使用名為出雲大納言的特別紅豆，在善哉中吃得到顆粒飽滿的紅豆，甜味也恰到好處

夏季限定的善哉也有人氣！

冷製善哉 600日圓
是吃起來冰冰涼涼，帶有清爽甜味的出雲善哉。使用出雲產的大納言紅豆。

善哉冰 750日圓
將出雲的冰削成滿滿一碗刨冰，再加上多到要溢出來的善哉紅豆、栗子、紅白麻糬等配料，看起來分量十足。品嘗時還要再淋上特製的白蜜醬汁，是店內的招牌冰品。

這條大道以南北綿延560m的松林並木為特徵

參拜後的樂趣❷

和洋齊聚 絕品美味的出雲甜點

在神門通上的 咖啡廳小憩片刻

從出雲大社門前往南延伸的神門通上，
遍布許多可以在參拜後入內休息的咖啡廳。
歡迎大家來這裡品嘗
令店家引以為豪的華麗甜點吧。

結合日式和西式風格的
美味獨創甜點

出雲大社步行即到

くつろぎ
和かふぇ
甘右衛門

●くつろぎわかふぇあまえもん

可以感受到木頭裝潢的溫暖，是能讓人放鬆心情的和風咖啡廳。店內有分量滿點的特製聖代，「冷熱相接」的愛守大福善哉則是熱呼呼的善哉＋冰淇淋大福麻糬，另外還有加了娟姍牛奶，甜味淡雅的善哉拿鐵（600日圓）也都很受歡迎。

MAP 附錄①16A-3

☎0853-25-8120
⏰10:00～17:30 不定休
🏠島根縣出雲市大社町杵築南839-1
🚃一畑電車出雲大社前站步行5分

來享用結緣
甜點吧♪

超人氣甜點
甘右衛門
特製良緣聖代
1150日圓
搭配大國大人最中、自家製白玉湯圓，還有花林糖和義式抹茶冰淇淋等15種甜點的特製聖代

超人氣甜點
愛守大福善哉的
抹茶套餐1000日圓
（單點善哉700日圓）
熱呼呼的善哉中使用嚴選的紅豆和鹽，充滿高雅的甜味，再搭配麻糬和融化的冰淇淋一起品嘗更是無比美味
※套餐飲料可選抹茶、焙茶或咖啡

出雲大社步行3分

神門通りCafé Pomme Vert

●しんもんどおりカフェポンムベエル

改造屋齡80年以上的舊旅館作為咖啡廳，店內充滿和風摩登的氣氛，可以欣賞中庭景色的桌席座位也獨具魅力。除了甜點和咖啡之外，蛋包飯和歐姆蛋燴飯（各900日圓）等洋食餐點也很值得推薦。

☎0853-53-6330 **MAP 附錄①16A-4**
⏰10:30～18:00（用餐為11:00～）
休週三（逢假日則營業）
🏠島根縣出雲市大社町杵築南835-5
🚃一畑電車出雲大社前站步行5分

將出雲善哉包進
蛋糕捲裡

超人氣甜點
善哉蛋糕捲
800日圓（附飲料）
海綿蛋糕是使用米粉來製作，並配上小倉紅豆餡和加了求肥的鮮奶油，是店內知名的蛋糕捲

出雲大社

P

●島根縣立
古代出雲
歷史博物館
（附錄①P.15）

神迎之道　勢溜大鳥居
（附錄①P.10）
そば処 田中屋　出雲 緣結びの国 えすこ（附錄①P.14）
御緣橫丁（附錄①P.15）　めのや 出雲大社店
くつろぎ和かふぇ　　　　　　（附錄①P.14）
甘右衛門　　　　　　　　（附錄①P.14）
緣結び箸 ひらの屋　　　さきたま-izumo-
（附錄①P.14）　　　　SANBE BURGER
日本ぜんざい学会　　　出雲大社店
壱号店（附錄①P.11）　　SAIUNDO Ael店
いづも縁結び本舗
（附錄①P.14）　　　　大社門前
　　　　　　　　　　　いづも屋
神門通Café　　　　　（附錄①P.11・13）
Pomme Vert
P　　　　　　　　　　大社珈琲
甘味喫茶・お好み焼き
（附錄①P.11）みちくさ　❶神門通
　　　　　　　　　りおもてなしステーション
出雲そばおやき　　　（本書P.54）
専門店 絆屋
（附錄①P.13）　　　そばCAFE
　　　　　　　　　いっぷく
いづも寒天工房
（附錄①P.13・14）　一畑電車
　　　　　　　　出雲大社前站（本書P.51）

神門通

& mariage

來找看看吧
在神門通上有
7尊大黑神的石像喔！
大黑神的
石像

宇迦橋的大鳥居

宇迦橋

堀川

鄰接出雲大社前站的咖啡餐廳

& mariage
●アンドマリアージュ

出雲大社步行7分

提供了經濟實惠的義大利麵午餐和淑女午餐，以及使用飯南町產豬肉和奧出雲和牛等在地食材的全餐料理。午餐時段還有在眼前現烤的瑞士烤起司配麵包的吃到飽服務。店內也有神門蛋糕捲和出雲烤麻糬善哉等甜點，也是可以讓人休息的咖啡廳。

MAP 附錄①16B-4
☎0853-25-7557
🕐11:30〜17:00(晚間僅供預約)(週二(逢假日則營業) 🏠島根縣出雲市大社町杵築南1346-5
🚃一畑電車出雲大社前站下車即到

使用飯南町產豬肉的厚切煎豬排1300日圓

超人氣甜點
神門蛋糕捲
(附飲料) 1000日圓
搭配平田醬油的日式醬油醬汁，以及綿密的抹茶鮮奶油來享用特製蛋糕捲(照片僅為參考範例，甜點內容會依季節而異)

大社珈琲
●たいしゃコーヒー

出雲大社步行3分

客人點餐後，會在店內使用自家焙煎的咖啡豆製作正統派手沖咖啡。也提供外帶咖啡的服務。

MAP 附錄①16A-4
☎0853-53-0510
🕐10:00〜18:00(週六、日、假日為9:00〜)
(週四 🏠島根縣出雲市大社町杵築南780-9
🚃一畑電車出雲大社前站步行3分

參拜結束後，喝一杯香濃的咖啡喘口氣

超人氣甜點
幸福的結緣套餐
1080日圓
善哉搭配手沖咖啡的套餐。善哉是使用了來自出雲的特約農家，店家特別下訂的出雲大納言紅豆來製作。套餐的咖啡口味還可以六選一。

そばCAFE いっぷく
●そばカフェいっぷく

出雲大社步行5分

由本店位於奧出雲的飯南町，「奧出雲そば處一福」所經營的咖啡廳。店內有充滿蕎麥風味的「蕎麥鬆餅」和「蕎麥霜淇淋」，還有芬芳的蕎麥茶結合牛奶而成的「蕎麥茶拿鐵」等餐點。在免費休憩空間的室外陽台，狗狗也可以一起隨行。

MAP 附錄①16A-4
☎0853-53-0100
(奧出雲そば處一福 出雲大社・神門通り店)
🕐10:30〜16:30(會視季節延長營業時間)
(週四、不定休 🏠島根縣出雲市大社町杵築南860-8
🚃一畑電車出雲大社前站步行2分

全新創意的「蕎麥麵店的聖代」

超人氣甜點
蕎麥麵店的聖代
680日圓
自家製的蕎麥霜淇淋搭配加了蕎麥粉的白玉湯圓和蕎麥湯蕨餅，是在特別講究蕎麥的這家店才吃得到的和風甜點

有冰和熱可選擇的蕎麥茶拿鐵350日圓

也大力推薦這些隨手小點！

草莓鮮奶油銅鑼燒
(12〜5月左右限定) 230日圓

銅鑼燒是使用剛出爐的鬆餅來製作，餅皮裡加了寒天，吃起來充滿了Q彈口感。只夾了紅豆餡的鬆餅銅鑼燒(130日圓)也很有人氣。

いづも寒天工房
●いづもかんてんこうぼう

出雲大社步行6分

☎0853-53-5377 **MAP** 附錄①16A-4
🕐11:00〜16:00(視時期變動)
(週三 🏠島根縣出雲市大社町杵築南1364-11
🚃一畑電車出雲大社前站下車即到

出雲蕎麥餡餅
(地瓜) 250日圓

在餅皮內加入蕎麥粉，並包裹各式各樣食材蒸成「出雲蕎麥餡餅」。可以品嘗到手工製作的樸質風味。

出雲そばおやき專門店 絆家
●いずもそばおやきせんもんてんきずなや

出雲大社步行5分

☎0853-25-7337 **MAP** 附錄①16A-4
🕐10:00〜16:00 (週二 🏠島根縣出雲市大社町杵築南861-1
🚃一畑電車出雲大社前站步行2分

門前糰子
1串125日圓〜

門前糰子有黑蜜黃豆粉和日式醬油等6種口味，在當地也十分受歡迎。由於是現點現做，需要等待5分鐘左右。

紅豆

鶯豆

黑蜜黃豆粉

大社門前いづも屋
●たいしゃもんぜんいづもや

出雲大社步行3分

MAP 附錄①16A-3
LINK→附錄①P.11

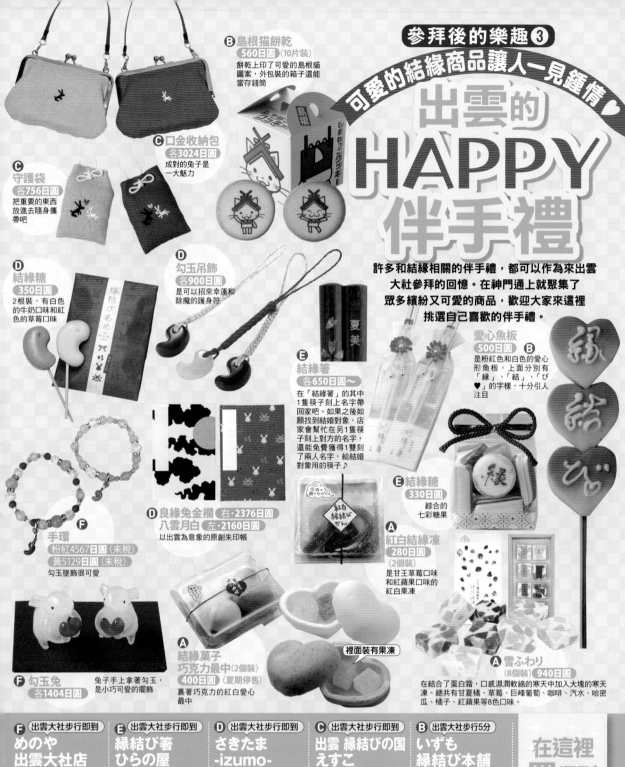

B 島根貓餅乾
560日圓 (10片裝)
餅乾上印了可愛的島根貓圖案，外包裝的箱子還能當存錢筒

可愛的結緣商品讓人一見鍾情♥

出雲的 HAPPY 伴手禮

許多和結緣相關的伴手禮，都可以作為來出雲大社參拜的回憶。在神門通上就聚集了眾多繽紛又可愛的商品，歡迎大家來這裡挑選自己喜歡的伴手禮。

C 口金收納包
各3024日圓
成對的兔子是一大魅力

C 守護袋
各756日圓
把重要的東西放進去隨身攜帶吧

D 結緣糖
350日圓
2根裝，有白色的牛奶口味和紅色的草莓口味

D 勾玉吊飾
各900日圓
是可以招來幸運和除魔的護身符

E 結緣箸
各650日圓～
在「結緣箸」的其中1隻筷子刻上名字帶回家吧。如果之後如願找到結婚對象，店家會幫忙在另1隻筷子上對方的名字，還能免費獲得1雙刻了兩人名字，給結婚對象用的筷子♪

B 愛心魚板
500日圓
是粉紅色和白色的愛心形魚板，上面分別有「緣」、「結」、「び♥」的字樣，十分引人注目

E 結緣糖
330日圓
綜合的七彩糖果

A 紅白結緣凍
280日圓 (2個裝)
是甘王草莓口味和紅蘋果口味的紅白果凍

F 手環
粉紅**4567日圓**（未稅）
黃**5129日圓**（未稅）
勾玉墜飾很可愛

D 良緣兔金襴 右・**2376日圓**
八雲月白 左・**2160日圓**
以出雲為意象的原創朱印帳

F 勾玉兔
各1404日圓
兔子手上拿著勾玉，是小巧可愛的擺飾

A 結緣菓子
巧克力最中(2個裝)
400日圓（夏期停售）
裏著巧克力的紅白愛心最中

裡面裝有果凍

A 雪ふわり
(8個裝) **940日圓**
在結合了蛋白霜，口感濕潤軟綿的寒天中加入大塊的寒天凍。總共有甘夏橘、草莓、巨峰葡萄、咖啡、汽水、哈密瓜、橘子、紅蘋果等8色口味。

F 出雲大社步行即到
めのや
出雲大社店
⊙めのやいずもたいしゃてん
位於勢溜大鳥居不遠處，陳列了許多能量石和勾玉做成的可愛飾品。入口處的兔子像是拍攝紀念照的好景點。

MAP 附錄①16A-3
☎0853-31-4675
⊙9:00～17:00
⊞視季節而異
⊠島根縣出雲市大社町杵築南731 ➡一畑電車出雲大社前站步行5分

E 出雲大社步行即到
緣結び箸
ひらの屋
⊙えんむすびばしひらのや
有許多祈求家庭、工作、健康等良緣的夫妻箸，還有只在這裡才買得到的結緣箸，只要等3分鐘就能在筷子上刻上名字。

MAP 附錄①16A-3
☎0853-53-0013
⊙9:30～17:30(有時間延長) ⊞不定休 ⊠島根縣出雲市大社町杵築南838-6 ➡一畑電車出雲大社前站步行4分

D 出雲大社步行即到
さきたま
-izumo-
⊙さきたまイズモ
店內以出雲特產「瑪瑙」為首，販售了種類豐富的能量石和獨創商品。這些充滿出雲能量的商品最適合作為伴手禮了。

MAP 附錄①16A-3
☎0853-31-4333
⊞10:00～16:00
⊞無休 ⊠島根縣出雲市大社町杵築南772 出雲庵 ➡一畑電車出雲大社前站步行7分

C 出雲大社步行即到
出雲 緣結びの國
えすこ
⊙いずもえんむすびのくにえすこ
「えすこ」在出雲方言中是代表「良好」之意，店內也齊聚了許多與良緣有關的可愛伴手禮。使用天然石的首飾製作體驗（1000日圓～）也很有人氣。

MAP 附錄①16A-3
☎0853-31-4035
⊙9:00～17:00(視時期變動) ⊞無休 ⊠島根縣出雲市大社町杵築南841 ➡一畑電車出雲大社前站步行7分

B 出雲大社步行5分
いずも
緣結び本舗
⊙いずもえんむすびほんぽ
販售各種結緣的相關產品和甜點，以及山陰的特產和伴手禮，是能讓人逛得不亦樂乎的一家店。店內也有設置免費的休息處。在神門通上還有另一家姊妹店「神門通南店」。

MAP 附錄①16A-4
☎0853-53-2884
⊙10:00～17:00
⊞無休 ⊠島根縣出雲市大社町杵築南775-1 ➡一畑電車出雲大社前站步行3分

在這裡買得到

A 出雲大社步行6分
いづも寒天工房
⊙いづもかんてんこうぼう
LINK→附錄①P.13

來自老店的招牌善哉
出雲ぜんざい餅
いずもぜんざいもち

是由和菓子老店「坂根屋」經營的出雲善哉店。善哉裡有飽滿的出雲產大納言紅豆，帶有清爽的甜味。

☎0853-53-5026

LINK→附錄①P.11

嚴選的紅豆善哉
600日圓

香氣濃郁的出雲蕎麥麵
そば庄たまき
そばしょうたまき

是出雲蕎麥麵專賣店。連著甘皮一起研磨的出雲蕎麥麵充滿富郁的香氣和深醇的滋味。店內也齊聚了眾多伴手禮。

☎0853-31-4545

風味豐郁的割子蕎麥麵
600日圓

能量石 讓良緣運UP！
まがたまや雲玉
まがたまやうんぎょく

店內販賣的天然石手鍊據說對戀愛和人際關係等願望都很靈驗，是人氣的能量石名店。

☎0853-27-9469

結緣手鍊
各200日圓～

大排長龍的飯糰店
大社門前 えんむすびや
たいしゃもんぜんえんむすびや

用圓形飯糰夾入在地產的嚴選食材，使用了島根縣產的仁多米和日本海的天然岩海苔。

☎0853-53-5041

人氣NO.1的島根和牛沙朗牛排口味
630日圓

使用島根在地蔬菜的醬菜
出雲漬物けんちゃん漬
いずもつけものけんちゃんづけ

以出雲產的蔬菜為中心，使用日本國產蔬菜的手工醬菜店。店內有淺漬和粗漬等豐富的醬菜種類。

☎0853-31-4518

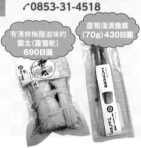
有清爽梅醋滋味的雲太（蘿蔔乾）
690日圓

蘆筍淺漬醬菜（70g）430日圓

位於二之鳥居前的複合設施
御緣橫丁
●ごえんよこちょう MAP 附錄①16A-3

進駐了眾多販賣蕎麥麵及善哉等出雲美食，還有各種結緣商品及山陰美食特產的商店。參拜結束之後，很適合來這裡休息一下。

🕘9:00～18:00(12～2月為～17:00)
🗓不定休 🏠島根県出雲市大社町杵築南840-1
🚃一畑電車出雲大社前站步行5分

來出雲大社時可以順道一起造訪的 推薦景點 2

在出雲大社附近有許多可以休息的地方和博物館，適合在參拜過後順道拜訪。不妨來一趟賞美景、吃美食，然後大買特買的出雲之旅吧。

了解出雲大社與出雲神話的故事
島根縣立 古代出雲歷史博物館
●しまねけんりつこだいいずもれきしはくぶつかん MAP 附錄①16C-2

運用震撼力十足的展示品和貴重資料，來介紹出雲大社及島根歷史文化的博物館。另外在館內的神話劇場，可以透過充滿魄力的影像來欣賞出雲神話。

☎0853-53-8600
🕘9:00～17:30(11～2月為～16:30)
🗓第3週二(視情況而異)
💴入館門票610日圓(企劃展門票費用視展示內容而異)🏠島根県出雲市大社町杵築東99-4 🚃一畑電車出雲大社前站步行7分 🅿277輛，免費

魄力十足！ 親眼來感受正殿的巨大規模

正殿屋頂的千木和勝男木雖然乍看很小，但是只要靠近看就會發現相當巨大。館內的展示品是昭和遷宮時從正殿拆下來的實品。

巨大的千木全長約8m，重達500kg

這是人喔！

在平安時代竟然有48m高!?

即使是10分之1的模型，高度也高達了約5m

展示了419件國寶！

從荒神谷遺跡出土的358把銅劍，以及在加茂岩倉遺跡挖掘出的39個銅鐸等文物，都可以證明古代出雲的高度文化。從豪族的裝飾品來看，也可以了解出雲是多麼壯大的國家。

陳列了眾多從遺跡出土的銅劍

古代的出雲大社 竟然這麼巨大!?

正殿高度為24m，大約是8層樓建築的高度，是日本神社建築中的最高紀錄。不過，據說在平安時代，當時的出雲大社竟然高達了48m。這個事實的根據，是來自平安時代貴族子弟的教科書《口遊》。書中記載出雲大社勝過位於奈良縣、約45m的東大寺大佛殿，是當時最巨大的建築物。

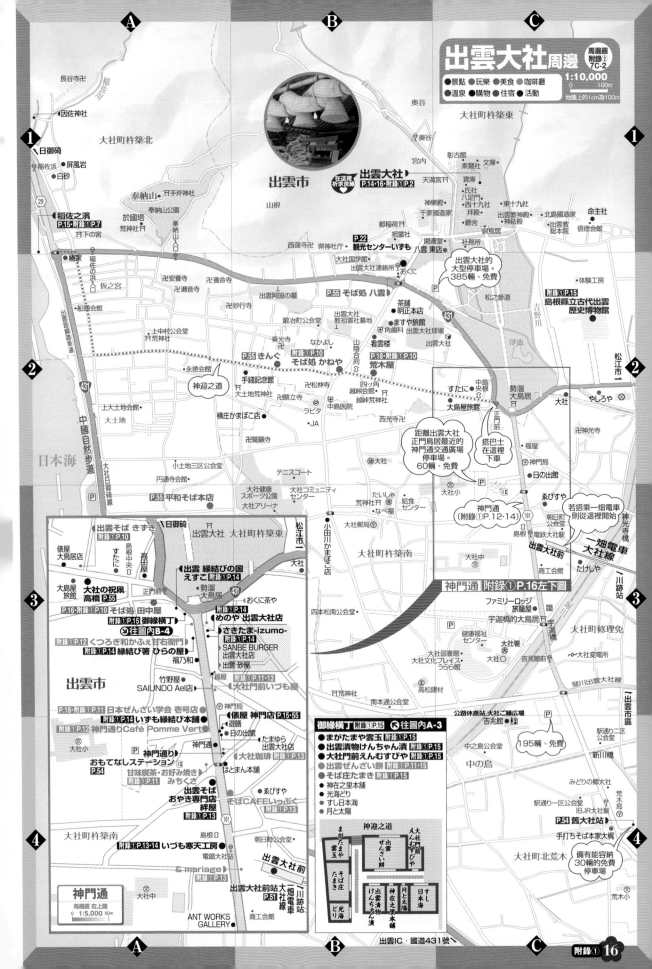

哈日情報誌 MAPPLE 山陰 鳥取・松江・萩

山陰 MAP

自駕或逛街
都能派上用場

可以拆下
使用！

MAP凡例

高速、收費道路	● 都道府縣廳	∴ 公園、名勝	▶ 水泳場	● 景點	● 美食
國道	● 市區公所	★ 賞櫻名勝	🎿 滑雪場	● 溫泉	● 住宿
主要地方道路、一般縣道	○ 町村公所	★ 賞花名勝	⏸ 公路休息站	● 玩樂	● 咖啡廳
JR	✈ 機場	★ 紅葉名勝	↗ 陡坡國道	● 購物	● 活動
私鐵	⊥ 港灣	❋ 絕佳觀景點	⟳ 崩落危險處		
渡輪 航路	⛩ 神社	♨ 溫泉	⊗ 冬季封閉		
一般航路	卍 寺院	♨ 名水	縣廳前 路口名		
都道府縣界					
市町村界					

● 這個地圖的作成にあたっては、国土地理院長的承認を得て、同院発行の1万分1地形図　2万5千分1地形図　5万分1地形図　20万分1地勢図　50万分1地方図、100万分1日本及び基盤地図情報を使用した。（承認番号　平29情使、第44-286321号　平29情使、第45-286321号　平29情使、第46-286321号　平29情使、第47-286321号　平29情使、第48-286321号）
● 禁止未經許可的轉載、複製。© Shobunsha Publications, Inc. 2018.7

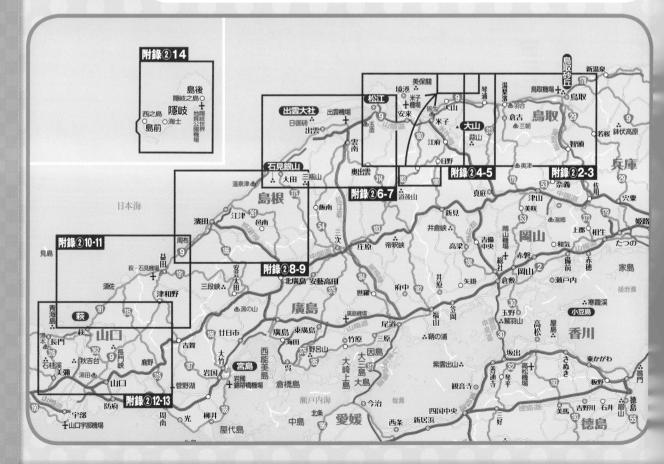

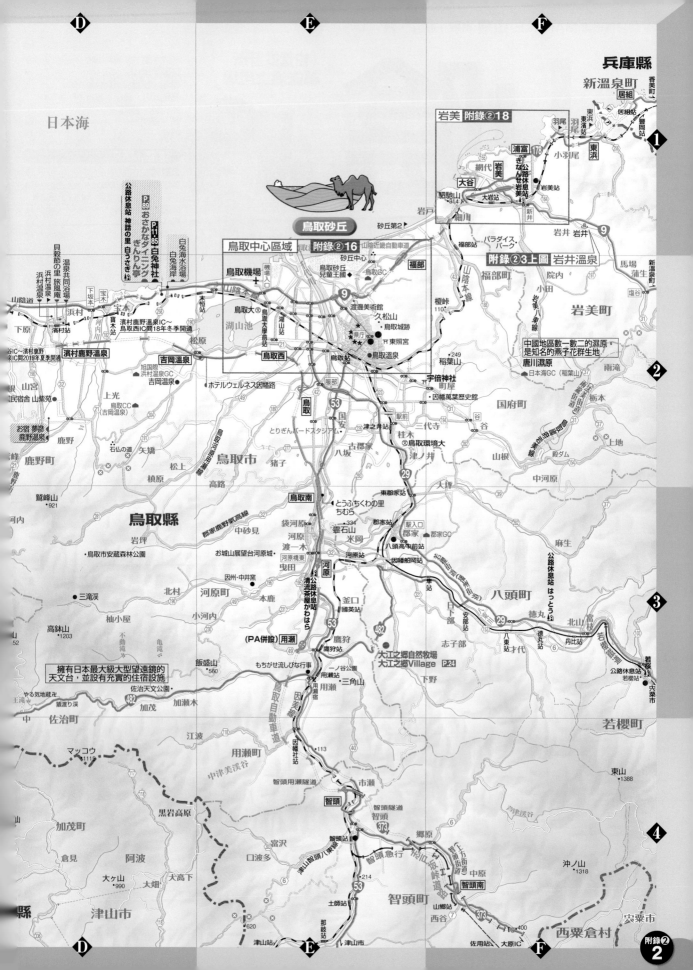

兵庫縣

新溫泉町
居組

日本海

香美町
東濱站
居組站
豊岡站

羽尾

岩美 附録②18

小羽尾
東浜

鳥取砂丘

浦富
公路休息站
ぎなんせ岩美
岩美

大谷
網代
岩美

駒馳山・314
岩美站

細川
新井

岩井 岩井

9

P.89
おさかなダイニング
ぎんりん亭

公路休息站 神話の里 白うさぎ亭

鳥取砂丘
鳥取砂丘
兒童王國
鳥取GC

鳥取中心區域 附録②16

福部

砂丘第2▶

福部站

パラダイス・パーク

附録②3上圖 岩井温泉

貝殼節の里
溫泉共同浴場
浜村風呂庵
浜村温泉
浜村旅館
濱村温泉
下原　下坂本

白兎海水浴場
白兎海岸
白兎神社

宝木
宝木站

山陰本線
鳥取機場

渡邊美術館

山陰近畿自動車道

福部町

馬場 蒲生
新溫泉町

山陰道
濱村
浜村

末恒站

鳥取大
鳥取大學前站

久松山

鳥取城跡
鳥取砂丘中心

山陰本線

榎峠
110

院内

小田
岩美八東線

岩美町

濱村鹿野温泉IC～
鳥取西IC間18年冬季開通

濱村鹿野温泉IC～
泉IC～濱村鹿野
泉IC2019年夏季開通

旭國際
浜村温泉GC

吉岡温泉

湖山池

鳥取大學前站
湖山站

松原

東照宮
縣庁

★★★

★★

249
稲葉山

中國地區數一數二的濕原
是知名的燕子花群生地

唐川濕原

日本海GC（稲葉山）

雨滝

栃本

上地

山宮
山口
民宿舎 山紫苑

お宿 夢彦
鹿野温泉

鹿野町

鹿野

吉岡温泉
（吉岡温泉）

鳥取CC

石仏の道

矢矯

松上

槇原

高路

鳥取市

猪子

八坂

服部

津之井站

古家

桂木

鳥取環境大

宇倍神社
町屋

因幡萬葉歴史館

駅前

三代寺

谷

津井

山根

殿ダム

中河原

国府町

31

峰山

濱村鹿野温泉

ホテルウェルネス因幡路

49

42

53

国安

53

鳥取南

とうふちくわの里
ちむら

鳥取

大坪

袋河原

霊石山
334

鳥取市安蔵森林公園

岩坪

中砂見

河原
渡一木

米岡

東郡家站

郡家站

駅入口

郡家

郡家GC

麻生

八頭町

はっとう

鳥取縣

河原町

北村

高鉢山
1203

不動滝ú
亀滝

三滝渓

柚小屋

小河内

本鹿

河原橋東
河原城
鳥取河原城

曳田

河原站

八頭高中前站

因幡船岡站

加知山（昭和町）

日下部

安部站

八東站

才代

徳丸

公路休息站
若櫻

6

北山
徳丸站

丹比站

佐用天文公園

佐治天文公園

擁有日本最大級大型望遠鏡的
天文台，並設有充實的住宿設施

やる気地蔵卍

上河内

中 佐治町

猿渡ノ渓

加茂

加瀬木

江波

飯盛山
560

もちがせ流しびな行事

一ノ谷公園

用瀬宿

三角山

鷹狩站

鷹狩

（PA併設）用瀬

53

482

大江之郷自然牧場
大江之郷Village P.24

志子部

下野

29

八東站

若櫻町

宍粟市

マッコウ
1118

黒岩高原

倉見

加茂町

阿波

大ヶ山
990

大畑

大高下

用瀬町

中津美渓谷

113

智頭用瀬隧道

市瀬

東山
1388

沖ノ山
1318

津山市

津山站

口波多

富沢

53

津山智頭八東線

智頭

智頭隧道
智頭

373

郷原

智頭急行

6

智頭峠隧道

揖斐上方街道

上方街道
智頭街道

智頭南

智頭町

土師站

那岐站

西谷

7

373

中原

西粟倉村

西粟倉村

沖ノ山
400

佐用站

大原IC

宍粟市

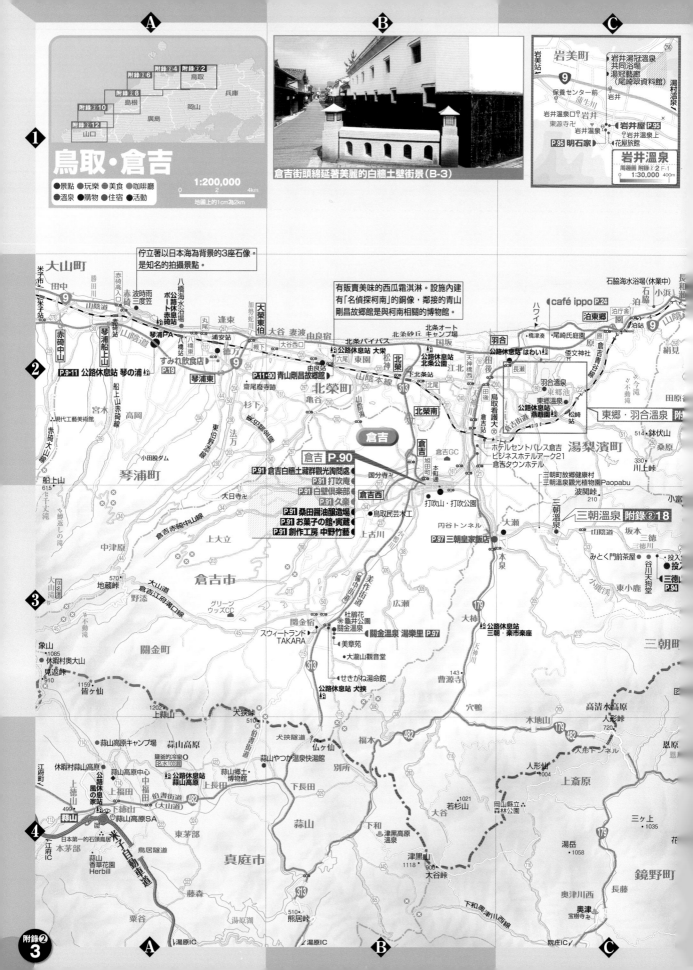

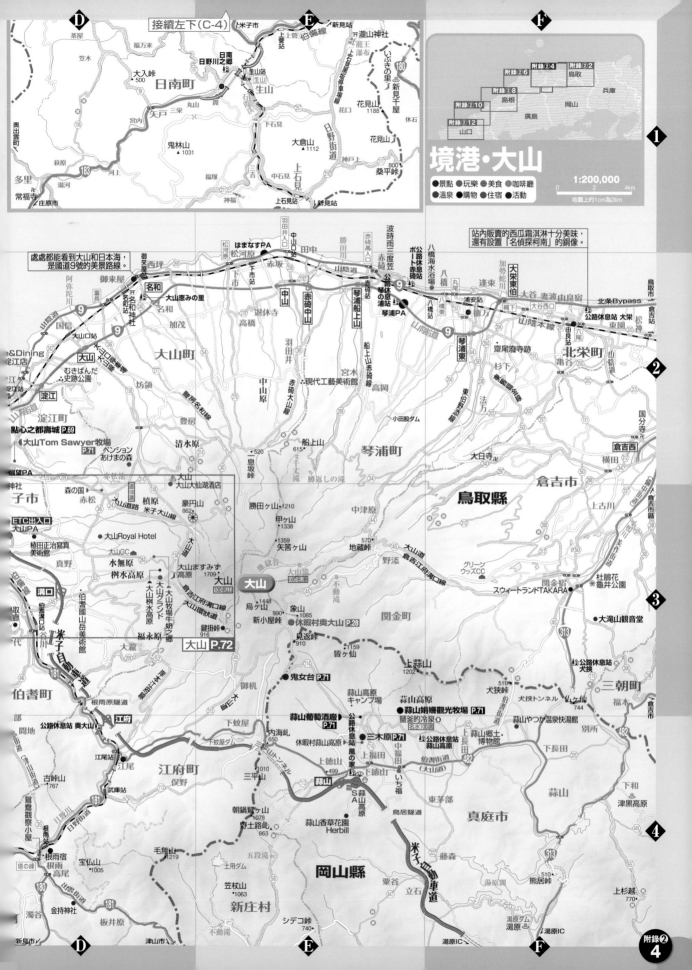

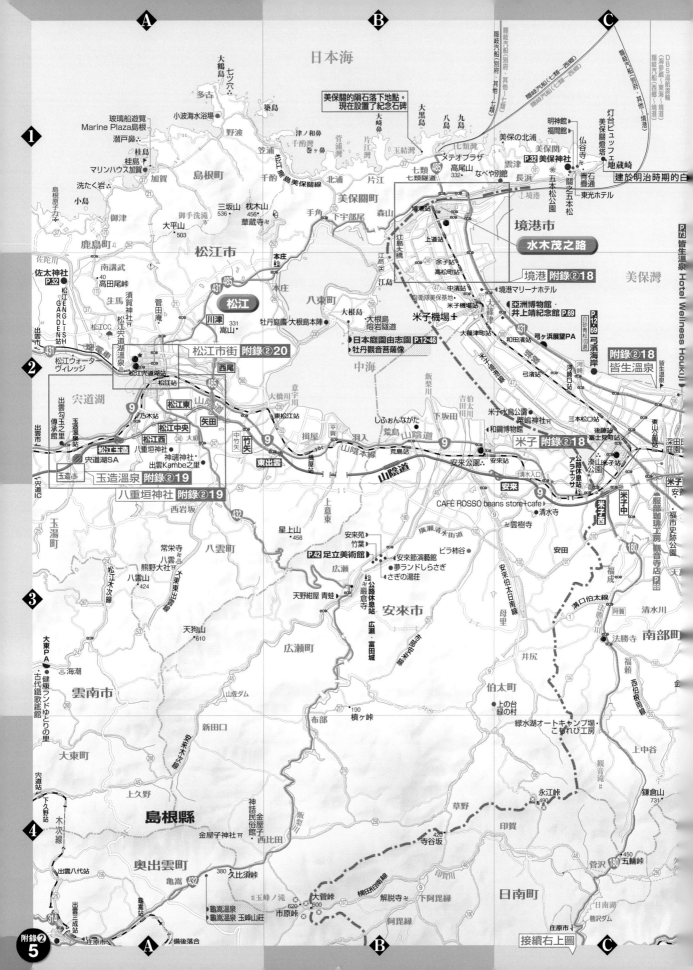

A **B** **C**

1

日本海

七ツ穴
大鶴島
小波海水浴場
多古
野波
築島
津ノ和鼻
玻璃船遊覽
Marine Plaza島根
潜戸鼻
片江灣
玉結灣
美保の北浦
桂島
桂島
千酌鼻
千酌ヶ鼻
メテオプラザ
隱岐汽船（別府・其他・境港）
隱岐汽船（七類～西郷）
隱岐汽船（七類～西郷）
DBS遊輪郵輪
（海參崴～東海～境港）

美保關的隕石落下地點。
現在設置了紀念石碑

明神館
福間館
灯台ビュッフェ
美保關燈塔
建於明治時期的白
マリンハウス加賀
加賀
島根町
千酌
北浦
片江
手角
下宇部尾
メテオプラザ
七類
七類隧道
高尾山
332
なべや別館
五本松公園
關之五本松
東光ホテル
P.32 美保神社
美保園
仏谷寺
青石畳
地藏崎
洗たく岩
小島
御手洗滝
三坂山
枕木山
456
華蔵寺
美保關町
森山
江島大橋
上道站
余子站
高松町站
境港站
水木茂之路
境港市

島根原子力
御津
大平山
503
松江市
南講武
本庄
八束町
大根島
大根島熔岩隧道
江島
高松町站
境港 附錄②18
境港マリーナホテル
美保灣

鹿島町
佐太神社
P.32
佐陀川
40
高田尾峠
須賀神社
生馬
菅田庵
431
485
松江
本庄
431
牡丹庭園
大根島本陣
日本庭園由志園 P.12・46
牡丹觀音菩薩像
自衛隊美保基地
米子機場站
431
亞洲博物館
井上靖紀念館 P.69
P.12・69
弓ヶ浜展望PA
弓濱海岸

松江市街 附錄②20
西尾
中海
大幡津站
和田濱站
弓濱站
河崎口站
河崎
皆生溫泉 Hotel Wellness Houki

2

出雲市
松江ウォーター
ヴィレッジ
宍道湖
松江宍道湖溫泉站
松江站
485
東松江站
飯梨川
吉田大川
米子水鳥公園
栗島神社
三本松口站
後藤站
富士見町站
皆生溫泉 附錄②18
431

9
乃木站
松江東
松江中央
矢田
9
東松江站
荒島站
山陰道
山陰本線
荒島站
安来公園
安来站
米子
米子 附錄②18
東山公園站
深田庭
米子中
米子站
湊山

玉造溫泉勾玉之里
傳承館
松江玉造
八重垣神社
宍道湖SA
玉造溫泉 附錄②19
神魂神社
出雲Kambe之里
東出雲
揖屋站
平賀
羽入
下坂田
和鋼博物館
清水入口
公路休息站
アラエッサ
米子西
後藤站
富士見町站
服部珈琲工房 觀音寺店 P.69
米子

八重垣神社 附錄②19
西岩坂
432

3

玉湯町
玉造IC
宍道IC
八雲町
星上山
458
上意東
CAFÉ ROSSO beans store+cafe
清水寺
雲樹寺
安田
福口伯太線
福成
福頼
西伯根雨線

常栄寺
八雲
熊野大社
松江木次線
八雲山
424
廣瀬
安来苑
竹葉
P.42 足立美術館
安来節演藝館
夢ランドしらさぎ
さぎの湯荘
ビラ柿谷
安来伯太日南線
母里
溝口伯太線
阿賀
清水川
南部町

天狗山
610
廣瀬町
天野紺屋 青蛙
嚴倉寺
公路休息站
廣瀬・富田城
安来市
伯太町
法勝寺
鎌倉山
731

雲南市
大東PA
健康ランドゆとりの里
古代鐵歌謠館
海潮
山佐ダム
布部
槻ヶ峠
上の台
緑の村
緑水湖オートキャンプ場
こすれび工房
永江峠
490
上中谷
觀音滝

4

大東町
上久野
木次線
新田口
45
飯梨川
草野
印賀
鎌倉山

宍道站
下久野站
島根縣
神話民俗屋
金屋子館
西比田
寺谷坂
420
印賀川
菅沢
五輪峠
450
180
日南湖
菅沢ダム

出雲八代站
奥出雲町
亀嵩
432
金屋子神社
西比田
横田日南線
大菅峠
620
600
解脱寺
下阿毘縁
阿賀
日南町

314
亀嵩溫泉
亀嵩溫泉 玉峰山荘
玉峰ノ滝
市原峠
大菅峠
下阿毘縁
阿毘縁
庄原市

出雲三成站
庄原市
備後落合

A **B** **接續右上圖** **C**

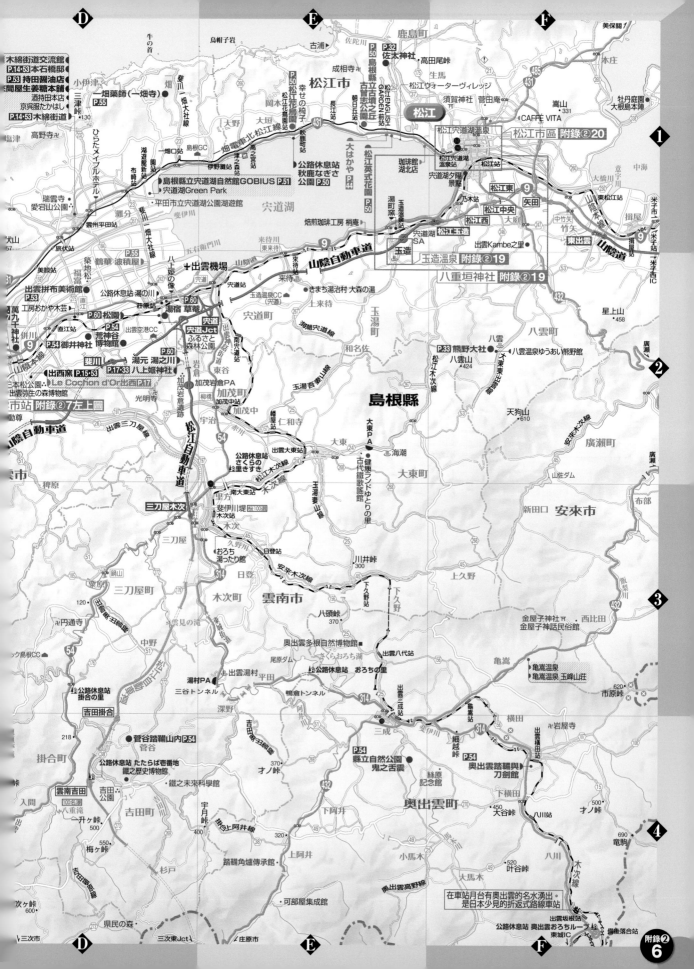

松江・出雲

1:200,000

●景點 ●玩樂 ●美食 ●咖啡廳
●溫泉 ●購物 ●住宿 ●活動

0 2 4km
地圖上的1cm為2km

日本海

附錄②4 附錄②2
鳥取
附錄②6
附錄②8
兵庫
島根
岡山
附錄②10
廣島
附錄②12
山口

十六島鼻

島根半島海中公園
足毛馬
鶴島
鷺浦
うさぎ森林公園
「夢の森うさぎ」
日御碕 附錄②7左下圖
大社町
韓竈神社
日御碕
鵜峠・猪目
280
みせん広場
じくの店
島根葡萄
シャトー弥山 P.54
出雲大社周邊 附錄①P.16
250
出雲大社
大社漁港
出雲大社前站
大社線
出雲文化伝承館
そば縁
東部高等技術校
西園
長浜神社
P.54 出雲民藝館

出雲市站
周邊圖 附錄②6 D-2
0 1:30,000 300m

出雲Bypass
出雲署
中之島
松江市
市役所前
今市小
今市
松江市
ラピタ本店
P.55 長田染工場
市役所
観音寺
出雲ロイヤル
ホテル
エディオン
出雲市公所
P.55 献上そば
羽根屋本店
武志屋本店
そばの加儀 P.55
二中入口
ダイソー
武志本店
沿着高瀬川的懐舊街景
裁判所
坂根屋
本店
消防本部南
バースデイ
市民病院前
ツインリーブス
ホテル出雲
ホテル武志山荘
厚生年金
高瀬川
和かふぇ藥楽Koto P.55
市民会館
ニューウェルシティ出雲
電鉄出雲市站
一畑電車
北松江線
松江站
大田市
市会館前通
海上南
山陰本線
出雲市站
JRバス
営業所
松江線
184 出雲署
出雲駅前温泉
グンゼ②
らんぷの湯
都屋站
日吉神社前
日吉神社
出雲駅南
大田市站
立久恵峡
三代目網元
魚鮮水産出雲市駅南口店
スーパー
ホテル
出雲グリーンホテル
モーリス
東横イン出雲市駅前

日御碕
周邊圖 附錄②7 C-1
0 1:20,000 200m

日本海

出雲日御碕燈塔 P.17・52
出雲日御碕之宿FUJI P.17
柿谷商店
日御碕
灯台口
権現島
まの商店
熊野神社
P.52 花房商店
おわし浜海水浴場
海中公園
センター
荒魂神社口
宇竜入口
宇竜
経島
福性寺
日御碕局
和布刈神事
日御碕神社 P.17・52
卍
神宮寺
JA
卍
日御碕
トンネル
卍 日御碕ふれあい
センター
日御碕港
大社町
日御碕
大社町宇龍
出雲大社

海水就近在眼前，
可以盡情奔馳的自駕路線

田儀
鷺浦

十六島

鰐淵 P.55

白枝

神戸川
湖畔の温泉宿くにびき
江南站
板津
湖陵温泉
一部
差海
神西湖
大島
出雲
出雲神西站
出雲西站
出雲平田
わかあゆ
立久恵峡
わかあゆの里
キララコテージ
久村
見晴らしの丘公園
いづも大社
キララ多伎站
公路休息站
キララ多伎站 P.54
キララビーチ
多伎いちじく温泉
小田站
華蔵寺
はたご
小田温泉
小田温泉
湖陵掛合線
240
P.17・54 須佐神社
出雲須佐温泉
ゆかり館
佐田町
184
140
笠ヶ峰
笠ヶ窪
波根
山陰道
出雲
73
富山入口
富山
山陰道
(建設中)
口田儀
下橋波
山陰道
(建設中)
田儀站
笠ヶ窪
久手
多伎町
一窪田
波井
和江・鳥井
9
大田朝山
朝山
富山
佐田八神社
静ヶ窪
公路休息站 ロード銀山
P.107
山中
9
靜間 久
大田中央・三瓶山
大田青果市場
大田市站
大田市
大田
和江港入口
三瓶小豆原
埋没林公園
大田佐田線
志津見ダム
和田珍味本店
大岬
大浦
五十猛
五十猛站
延里
375
大田
三瓶山北の原
キャンプ場
三瓶
山口
500
志津見
韓島
宅野
五十猛
泉弘坊温泉
物部神社口
46
川合
三瓶川
小屋原温泉
三瓶自然館サビエル
池田
池田ラジウム
1126
枡ヶ峰
三瓶山
三瓶山
志津見
三瓶山展望台
三瓶山
波多温泉満壽の湯
琴ヶ浜海水浴場
仁万漁港入口
仁万
大屋
久利
池田ラジウム
鉱泉放泉閣
三瓶
女三瓶山展望台
琴ヶ浜
仁摩砂博物館
47
460
三瓶観光リフト
飯南町
仁摩・石見銀山
湯道
仁摩・石見銀山
高山
浮布池
三瓶
四季の宿 さひめ野
志学
馬路
高山・499
国民宿舎 さんべ荘
三瓶
石見銀山 P.101
石見銀山
湯里
温泉津町
龍源寺間歩
石見銀山街道
216
別府
美郷町
500
三次市

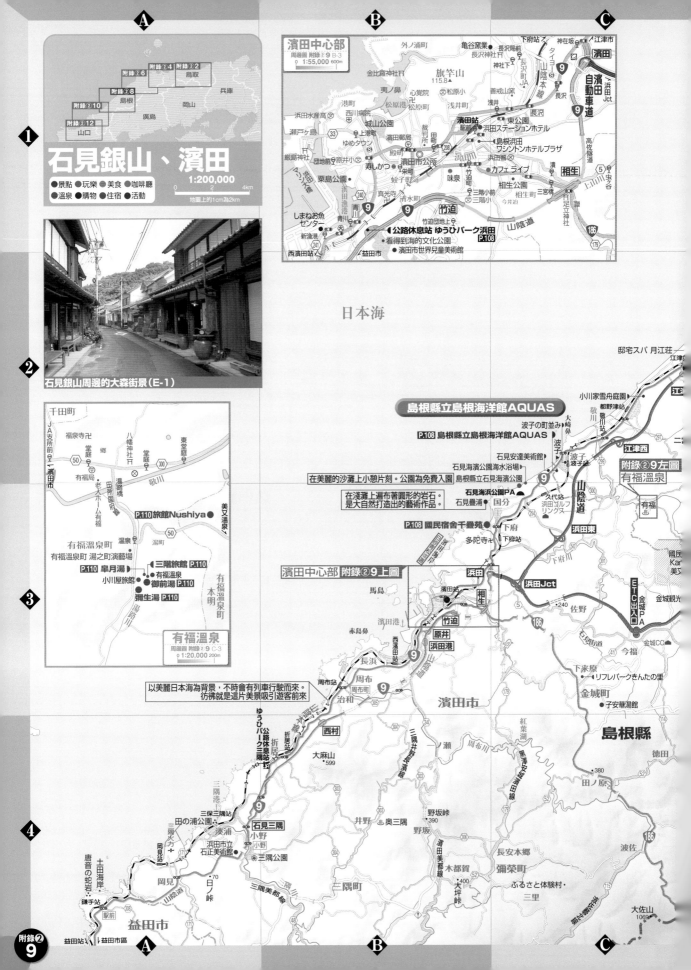

❶

津和野、益田

●景點 ●玩樂 ●美食 ●咖啡廳
●溫泉 ●購物 ●住宿 ●活動

1:200,000

0　　2　　4km

地圖上的1cm為2km

編輯部
CHECK

欣賞傳統石州的美麗「赤瓦」

從島根縣西部的石見地區，橫跨縣境到山口縣的區域，是有「石州瓦片」之稱的美麗赤瓦之鄉。石州瓦片在距今400年前，江戶時代初期用來裝飾濱田城天守閣的屋頂後開始，就因為鮮豔色彩和優秀的耐久品質大受好評，以「石見的赤瓦」之名廣泛流傳至各地，妝點了附近的城鎮街景。在石見銀山的大森地區聚落，就可以看到使用石州瓦片的代表性景觀。另外像是在江津、濱田、益田等日本海沿岸的城市，也有眾多歷史悠久的建築物。在出雲大社和石見銀山觀光完之後，大家不妨可以稍微走遠一點，來到具有石州瓦片的歷史和傳統特色的市區來看看。

在江津本町的藝街道（附錄②9C-2）留有眾多風情十足的建築物

以前是運送石見燒的港口，曾經繁榮一時的波子街景（附錄②9C-2）

龜田窯業（附錄②9B-1）是濱田市的老字號石州瓦片製造商，也有製作可愛的瓦片首飾

位於益田市內，整座建築物都使用石州瓦片的Grand Toit（島根藝術文化中心 Grand Toit）（E-2）

❷

❸

日本海

❹

長門市

青海島
仙崎灣

萩 附錄②23

山口縣

阿武町

萩市

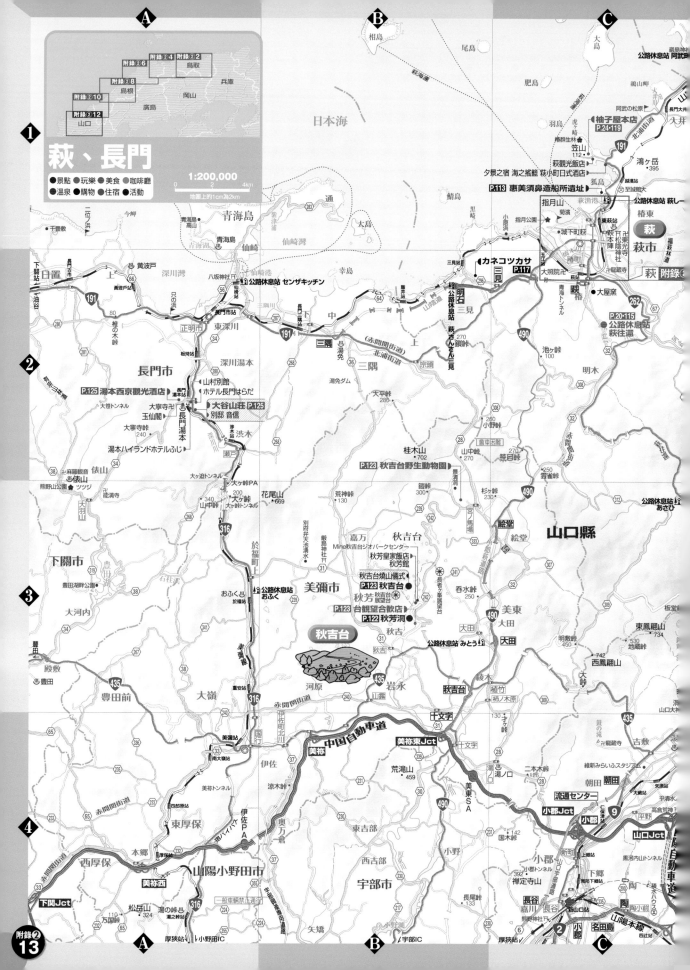

萩、長門

● 景點 ● 玩樂 ● 美食 ● 咖啡廳
● 溫泉 ● 購物 ● 住宿 ● 活動

1:200,000

附錄②6　附錄②4　附錄②2
鳥取
附錄②8　島根
附錄②10　廣島　岡山
山口　附錄②12　兵庫

日本海

青海島

相島
尾島
肥島
黒島
鯖島

公路休息站 阿武町
柚子屋本店 P.24・119
公路休息站 萩しー
萩市
萩

大屋窯
P.20・115
公路休息站 萩往還

夕景之宿 海之搖籃
萩小町日式酒店
P.113 惠美須鼻造船所遺址

カネコツカサ P.117
明石
公路休息站 萩ざんまい三見

長門市
P.125 湯本西京觀光酒店
大谷山莊 P.125
別邸 音信
湯本ハイランドホテルふじ

下關市

秋吉台野生動物園 P.123

Mine秋吉台ジオパークセンター
秋芳皇家飯店
秋芳館
秋吉台燒山儀式
P.123 秋吉台
P.123 台觀望合飯店
秋芳 展覽店
P.122 秋芳洞

美彌市

公路休息站 おふく

秋吉台

公路休息站 みとう

山口縣

公路休息站 あさひ

美東
大田

東鳳翩山

中国自動車道
美祢
美東東Jct

美祢站

伊佐PA

美祢西

伊佐

東厚保

東吉部

小野

山陽小野田市

宇部市

本郷

西厚保

下關Jct

美東SA

流通センター
小郡Jct
小郡
山口Jct
山陽自動車道

A　小野田IC　B　宇部IC　C

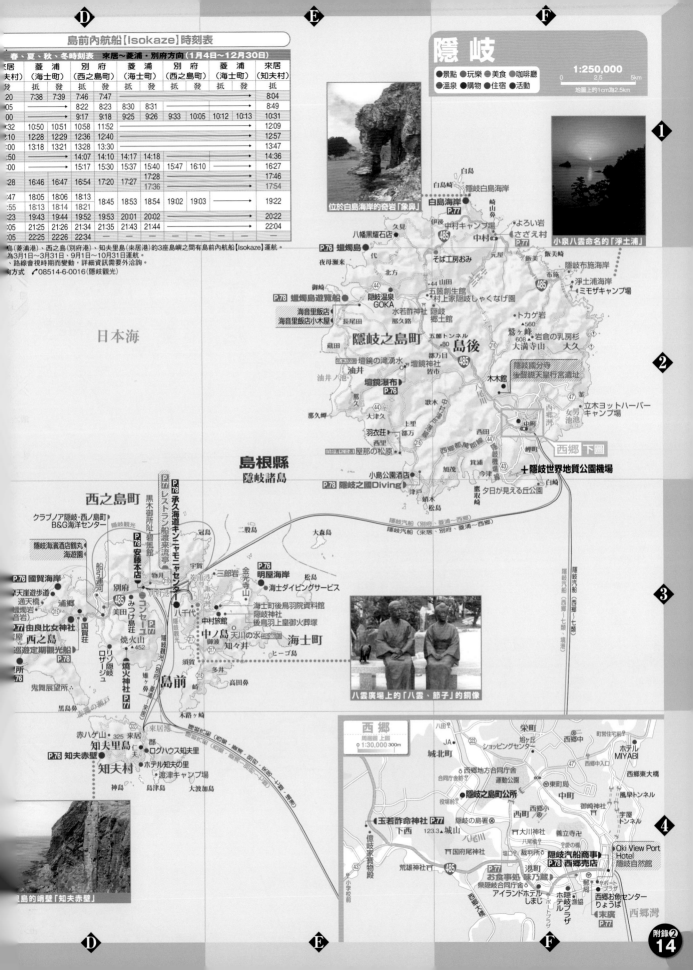

島前內航船【Isokaze】時刻表

春、夏、秋、冬時刻表　來居～菱浦‧別府方向（1月4日～12月30日）

來居(知夫村) 發	菱浦(海士町) 抵	菱浦(海士町) 發	別府(西之島町) 抵	別府(西之島町) 發	菱浦(海士町) 抵	菱浦(海士町) 發	別府(西之島町) 抵	別府(西之島町) 發	菱浦(海士町) 抵	菱浦(海士町) 發	來居(知夫村) 抵
:20	7:38	7:39	7:46	7:47	→	→	→				8:04
:05			8:22	8:23	8:30	8:31	→	→			8:49
:00			9:17	9:18	9:25	9:26	9:33	10:05	10:12	10:13	10:31
:32	10:50	10:51	10:58	11:52							12:09
:10	12:28	12:29	12:36	12:40							12:57
:00	13:18	13:21	13:28	13:30							13:47
:50			14:07	14:17	14:17	14:18					14:36
:00			15:17	15:30	15:37	15:40	15:47	16:10			16:27
:28	16:46	16:47	16:54	17:20	17:27		17:28 / 17:36				17:46 / 17:54
:47	18:05	18:06	18:13		18:45	18:53	18:54	19:02	19:03		19:22
:55	18:13	18:14	18:21								
:05	19:43	19:44	19:52	19:53	20:01	20:02					20:22
:05	21:25	21:26	21:34	21:43	21:43						22:04
:05	22:25	22:26	22:34	—	—	—					—

島（菱浦港）、西之島（別府港）、知夫里島（來居港）的3座島嶼之間有島前內航船【Isokaze】運航。
‧為3月1日～3月31日，9月1日～10月31日運航。
‧路線會視時期而變動，詳細資訊需要另洽詢。
洽詢方式　☎08514-6-0016（隱岐觀光）

隱岐

●景點　●玩樂　●美食　●咖啡廳
●溫泉　●購物　●住宿　●活動

1:250,000
0　2.5　5km
地圖上的1cm為2.5km

日本海

島根縣
隱岐諸島

西之島町
海士町
知夫村
島前
島後
隱岐之島町

西郷 下圖

圖片說明

位於白島海岸的奇岩「象鼻」

小泉八雲命名的「淨土浦」

八雲廣場上的「八雲、節子」的銅像

知夫島的峭壁「知夫赤壁」

西郷 周邊圖 上圖 1:30,000　300m

麒麟獅子循環巴士路線

鳥取站→鳥取砂丘→鳥取港→鳥取站

1 → 2 → 3 → 4 → 5 → 6 → 7 → 8
→ 9 → 10 → 11 → 12 → 1

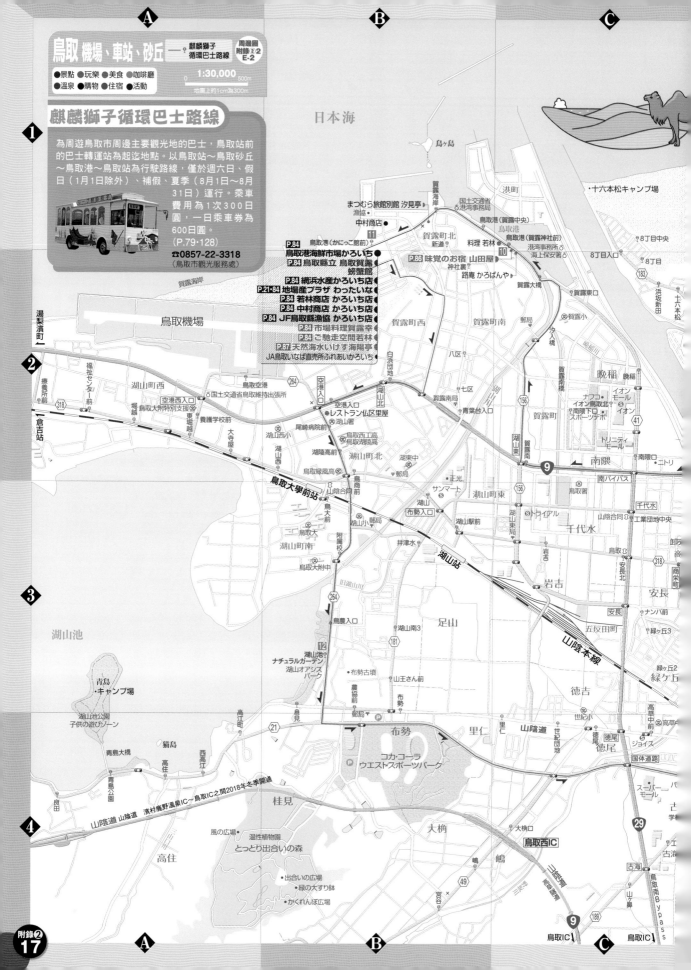

A · **B** · **C**

鳥取 機場、車站、砂丘

麒麟獅子
循環巴士路線
周邊圖
附錄②2
E-2

●景點 ●玩樂 ●美食 ●咖啡廳
●溫泉 ●購物 ●住宿 ●活動

1:30,000
0　　500m
地圖上的1cm約300m

麒麟獅子循環巴士路線

為周遊鳥取市周邊主要觀光地的巴士，鳥取站前的巴士轉運站為起迄地點。以鳥取站～鳥取砂丘～鳥取港～鳥取站為行駛路線，僅於週六日、假日（1月1日除外）、補假、夏季（8月1日～8月31日）運行。乘車費用為1次300日圓，一日乘車券為600日圓。(P.79·128)
☎0857-22-3318
（鳥取市觀光服務處）

1

日本海

鳥ヶ島

・十六本松キャンプ場

P.84 鳥取港（かにっこ館前）
P.84 鳥取港海鮮市場かろいち
P.84 鳥取縣立 鳥取賀露螃蟹館
P.84 網浜水産 かろいち店
P.21·84 地場産プラザ わったいな
P.84 若林商店 かろいち店
P.84 中村商店 かろいち店
P.84 JF鳥取縣漁協 かろいち店
P.84 市場料理賀露幸
P.84 ご馳走空間若林
P.87 天然海水いけす海陽亭
JA鳥取いなば直売所ふれあいかろいち

まつむら旅館別館 汐見亭
中村商店

国土交通省
港湾事務局

鳥取港（賀露中央）
料理 若林
港湾事務所
海上保安署

8丁目中央
8丁目入口
8丁目

P.86 味覚のお宿 山田屋
路庵 かろばんや

賀露大橋
賀露東口

浜坂新田
十六本松

A · **B** · **C**

湯梨濱町

鳥取機場

2

倉吉站

療養所前
福祉センター前
空港西入口
国土交通省鳥取維持出張所
空港入口
レストラン仏区里屋
尾崎病院前

鳥取空港
空港入口

湖山北
青葉台入口

賀露南局

晩稲
ナフコ・イオン鳥取北
南隈下口・スポーツデポ
イオンモール
イオン
トリニティモール

156
41

鳥取大附特別支援
東堀越
大寺屋
養護学校前
湖山西小
湖山町北
湖陵高前
郵局

湖山町東
サンマート
正光

156
鳥取署
南バイパス
南隈口
ニトリ
9
千代水
山陰合同⑧工業団地中央

湖山町西

鳥取大學前站

山陰合同
鳥大前
附属校
湖山小郵局

湖山
布勢入口

湖山駅前
トライアル

鳥取
岩吉
安長北
318

鳥取大附中

旧湖山川

井津水

湖山站

山陰本線

安長
ナンバ前
緑ヶ丘

3

湖山池

青島
キャンプ場
湖山池公園
子供の遊びゾーン
青島大橋
猫島
西高江

良田
高住

264
鳥農入口

181
湖山南3

12
湖山池
ナチュラルガーデン
湖山オアシスパーク
布勢古墳
山王さん前
農協前
郵局
布勢

足山

湖山南

世紀小
里仁
里仁

緑ヶ丘3
徳吉
徳尾
国体道路
徳尾
ジョイス

高覇中前
高覇

4

山陰道 山陰道
湊村鹿野温泉IC～鳥取IC之間2018年冬季開通

21
風の広場
温性植物園
とっとり出合いの森

桂見

高住

出合いの広場
緑の大すり鉢
かくれんぼ広場

49
宮谷

大桷

コカ・コーラ
ウエストスポーツパーク

布勢
大桷口

里仁

29

スーパーモール

鳥取西IC

鳴
鴉

189

三柳

9
鳥取IC

鳥取IC
鳥取南Bypass

A · **B** · **C**

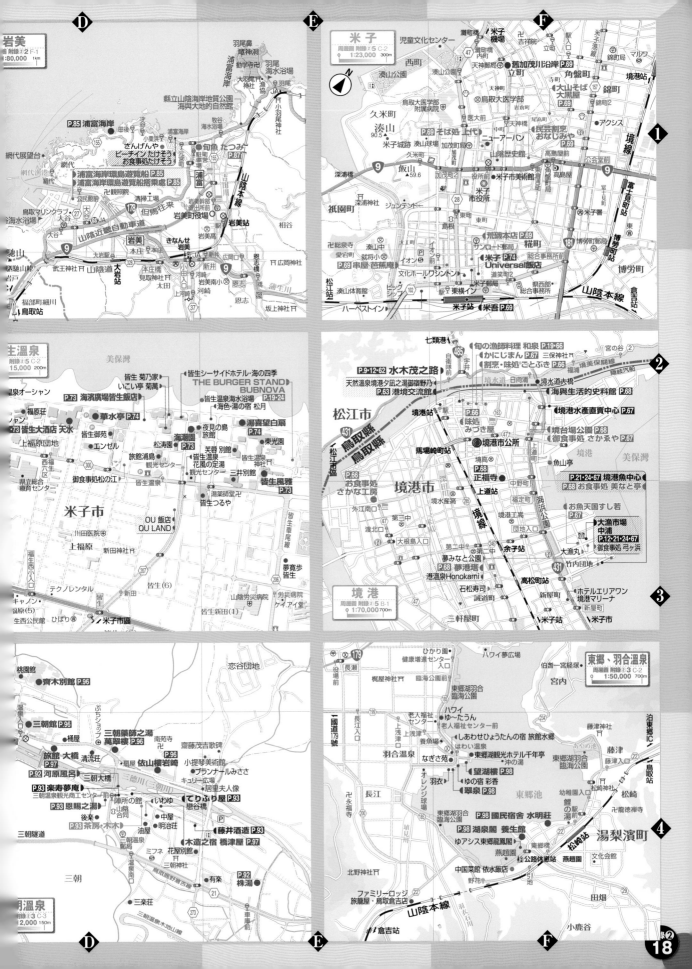

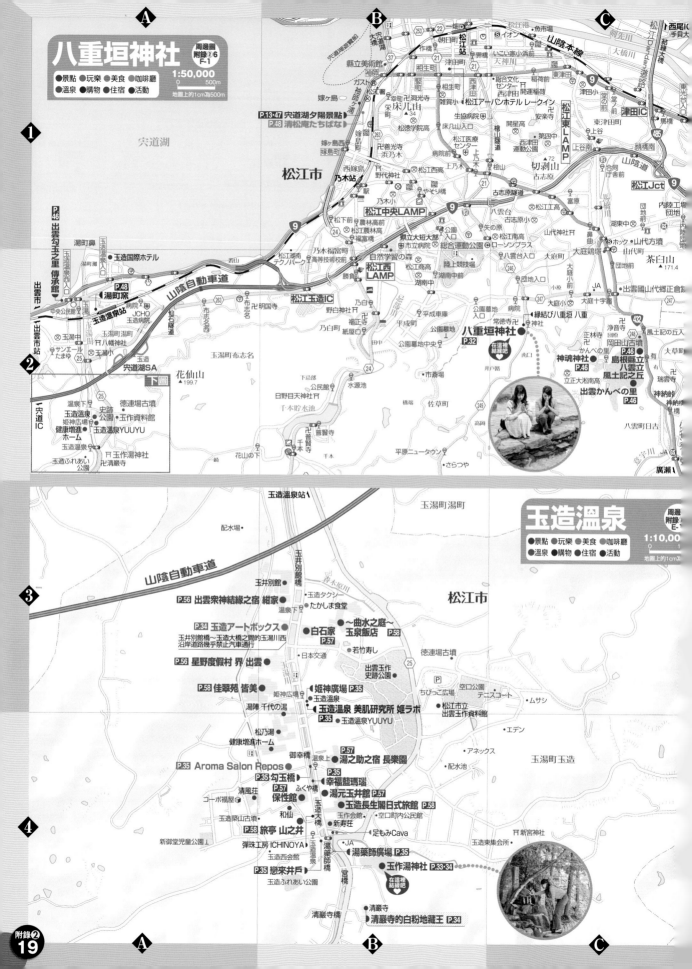

八重垣神社

周邊圖 附錄②6 F-1

1:50,000

0 500m
地圖上的1cm=500m

●景點 ●玩樂 ●美食 ●咖啡廳
●溫泉 ●購物 ●住宿 ●活動

宍道湖

松江市

P.13・47 宍道湖夕陽景點
P.48 清松庵たちばな

P.46 出雲勾玉之里 傳承館

P.48 湯町窯

山陰自動車道

松江中央LAMP
松江西LAMP
松江東LAMP
松江玉造IC
松江JCT
津田IC

山陰本線
山陰道

P.32 八重垣神社

P.46 神魂神社
P.46 島根縣立 八雲立 風土記之丘
P.46 出雲かんべの里

在這裡結緣吧

玉造溫泉

周邊 附錄② E-

1:10,00

0
地圖上的1cm=

●景點 ●玩樂 ●美食 ●咖啡廳
●溫泉 ●購物 ●住宿 ●活動

山陰自動車道

玉造溫泉站

玉湯町湯町

松江市

P.56 出雲衆神結緣之宿 紺家

P.34 玉造アートボックス
玉井別館橋～玉造大橋之間的玉湯川西沿岸道路幾乎禁止汽車通行

白石家 P.57

～曲水之庭～ 玉泉飯店 P.58

P.56 星野度假村 界 出雲

P.58 佳翠苑 皆美

姫神廣場
玉造溫泉

玉造溫泉 美肌研究所 姫ラボ P.35
玉造溫泉YUUYU

P.57 湯之助之宿 長樂園

P.35 Aroma Salon Repos
P.35 勾玉橋

幸福藍瑪瑙
湯元玉井館 P.57

P.57 保性館
玉造長生閣日式旅館 P.58

P.58 旅亭 山之井

彈珠工房 ICHINOYA

P.35 戀來井下

湯藥師廣場 P.35
玉作湯神社 P.33・34

在這裡結緣吧

清巖寺
清巖寺的白粉地藏王 P.34

附錄②
19

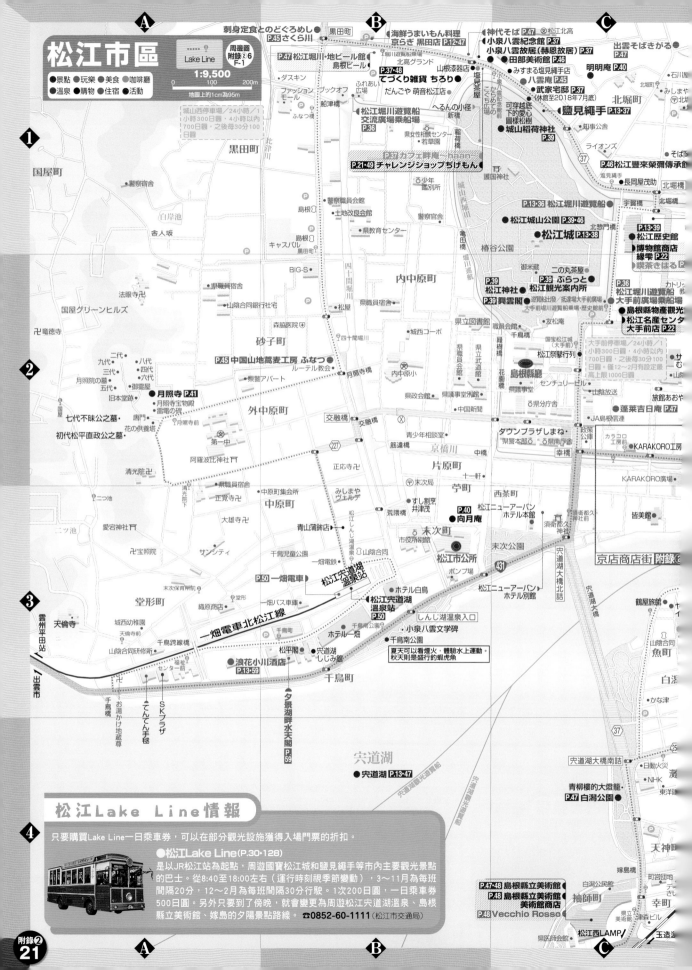

松江市區

Lake Line
1:9,500

●景點 ●玩樂 ●美食 ●咖啡廳
●溫泉 ◆購物 ●住宿 ●活動

周邊圖
附錄②⑥
F-1

0　100　200m
地圖上的1cm為95m

城山西停車場／24小時／1小時300日圓。4小時以內700日圓。之後每30分100日圓

刺身定食とのどぐろめし P.45 さくら川
海鮮うまいもん料理 京らぎ 黒田店 P.12・47
P.47 松江堀川・地ビール館 島根ビール
てづくり雑貨 ちろり P.37・48
P.47 松江堀川遊覧船 交流廣場乘船場 P.36
神代そば P.47
小泉八雲紀念館 P.37
小泉八雲故居(赫恩故居) P.37
田部美術館 P.46
みすまる塩見繩手店
八雲庵 P.45
明明庵 P.40
武家宅邸 P.37 (休館至2018年7月底)
可穿越底下的愛心 圖樣松樹
鹽見繩手 P.13・37
城山稲荷神社 P.39
P.37 カフェ畔庵～haan～
P.21・49 チャレンジショップちげもん
P.46 松江豐來榮彌傳承館
P.13・36 松江堀川遊覧船
松江城山公園 P.39・46
松江城 P.13・38
P.13・39 松江歷史館
博物館商店 緑雫 P.22
嗜茶きはる
松江神社 P.39
松江觀光案内所 P.39
ぶらっと P.39
興雲閣 P.39
P.36 松江堀川遊覧船 大手前廣場乘船場
島根縣物產觀光 松江名產センター 大手前店 P.22
國寶松江城 (大手前)
島根縣廳
松江祭騎行列
縣議事堂
大手前停車場／24小時／1小時300日圓。4小時以內700日圓。之後每30分100日圓。僅12～2月有設定最高上限1000日圓
蓬萊吉日庵 P.47
京店商店街 附錄③
KARAKORO工房
KARAKORO廣場
P.45 中国山地蕎麦工房 ふなつ
月照寺 P.41
月照寺宝物殿
七代不昧公之墓
初代松平直政公之墓
P.40 すし割烹 井津茂
向月庵 P.40
松江ニューアーバンホテル本館
松江ニューアーバンホテル別館
P.50 一畑電車
松江宍道湖溫泉站
松江宍道湖溫泉站 P.50
しんじ湖溫泉入口
一畑電車北松江線
ホテル一畑
浪花小川酒店 P.13・59
小泉八雲文學碑
千鳥南公園 夏天可以看煙火、體驗水上運動。秋天則是盛行釣蝦虎魚
宍道湖しじみ館
宍道湖觀光遊覽船
宍道湖 P.13・47
夕景湖畔水天閣 P.59
青柳樓的大燈籠
白潟公園 P.47
P.47・48 島根縣立美術館
P.48 島根縣立美術館 美術館商店
P.48 Vecchio Rosso
松江西LAMP

松江Lake Line情報

只要購買Lake Line一日乘車券，可以在部分觀光設施獲得入場門票的折扣。

●松江Lake Line(P.30・128)
是以JR松江站為起點，周遊國寶松江城和鹽見繩手等市內主要觀光景點的巴士。從8:40至18:00左右（運行時刻視季節變動），3～11月為每班間隔20分，12～2月為每班間隔30分行駛。1次200日圓，一日乘車券500日圓。另外只要到了傍晚，就會變更為周遊松江宍道湖溫泉、島根縣立美術館、嫁島的夕陽景點路線。☎0852-60-1111(松江市交通局)

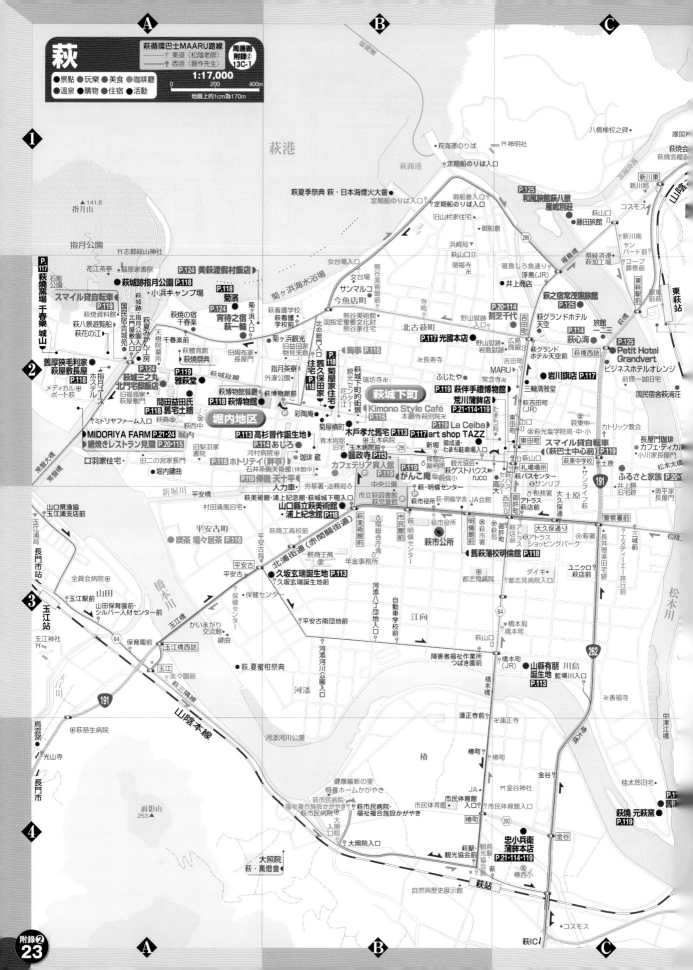

高速道路
山陰的自駕計畫

※公共交通設施的資訊請參照本書 P.126

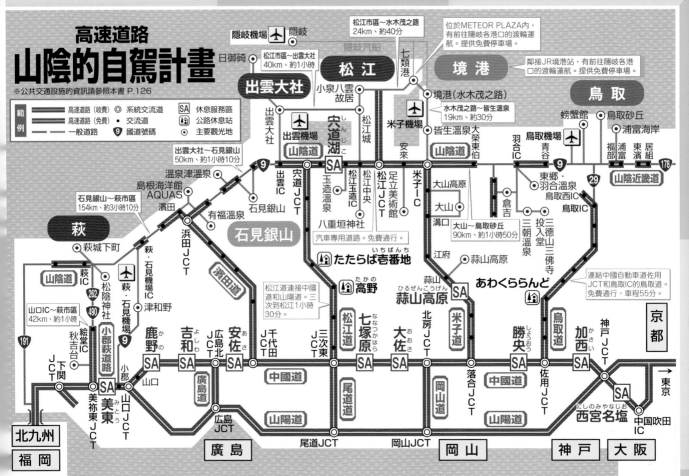

範例： ━━ 高速道路（收費）　━━ 高速道路（免費）　－－ 一般道路　◎ 系統交流道　• 交流道　9 國道號碼　SA 休息服務區　🅿 公路休息站　◉ 主要觀光地

（地圖標示）隱岐機場　隱岐　隱岐汽船　松江市區～水木茂之路 24km、約40分　位於METEOR PLAZA內，有前往隱岐各港口的渡輪運航。提供免費停車場。　松江市區～出雲大社 40km、約1小時　日御碕　松江　七類港　境港（水木茂之路）　境港　鄰接JR境港站，有前往隱岐各港口的渡輪運航。提供免費停車場。　鳥取　出雲大社　小泉八雲故居　米子機場　皆生溫泉　螃蟹館　鳥取砂丘　浦富海岸　出雲大社　宍道湖　松江城　安來　皆生溫泉　大榮東伯　鳥取機場　青谷　福浦 東居組 富濱　山陰近畿道　出雲機場　山陰道　宍道JCT SA　玉造溫泉　松江玉造IC　松江中央　松江JCT　米子IC　山陰道　羽合IC　東郷・羽合溫泉 鳥取西IC　鳥取IC　178　出雲大社～石見銀山 50km、約1小時10分　9　出雲IC　大山高原　29　溫泉津溫泉　島根海洋館AQUAS 濱田　石見銀山～萩市區 154km、約3小時10分　有福溫泉　石見銀山　八重垣神社 汽車專用道路。免費通行。　大山　倉吉　大山・鳥取砂丘 90km、約1小時50分　三德山三佛寺 投入堂 三朝溫泉　萩　萩城下町　浜田JCT　石見銀山　溝口　たたらば壱番地　江府　蒜山高原　山陰道　萩IC　萩・石見機場IC　山口IC～萩市區 42km、約1小時　松陰神社　津和野　浜田道　松江道連接中國道和山陽道。三次到到松江1小時30分。　高野　蒜山高原　あわくららんど　連結中國自動車道佐用JCT和鳥取市的鳥取道。免費通行，車程55分。　京都　262　490　小郡萩道路　鹿野SA　吉和SA　廣島北JCT　安佐SA　千代田JCT　三次東JCT　松江道　七塚原SA　大佐　北房JCT　米子道　勝央SA　倉吉SA　加西SA　神戶JCT　191　萩・石見機場　絵堂IC　秋吉台　山口　中國道　尾道道　岡山道　落合JCT　中國道　佐用JCT　西宮名塩　東京　下關JCT　小郡JCT　廣島道　山口JCT　小郡　廣島JCT　岡山JCT　山陽道　山陽道　西宮名塩SA　中國吹田IC　美祢東JCT　美東SA　山口JCT　尾道JCT　岡山JCT　北九州　福岡　廣島　尾道JCT　岡山JCT　岡山　神戶　大阪

※行經小郡萩道路、絵堂IC

租車

機場出發

鳥取機場	NIPPON Rent-A-Car	0857-28-0919
	TOYOTA Rent a lease	0857-28-6199
	Times 租車	0857-31-0109
米子機場	NIPPON Rent-A-Car	0859-45-0913
	TOYOTA Rent a lease	0859-45-0115
	Times 租車	0859-45-6501
	NISSAN Rent a car	0859-47-2232
	ORIX 租車	0859-45-3707
出雲機場	NIPPON Rent-A-Car	0853-72-0919
	TOYOTA Rent a lease	0853-72-8808
	Times 租車	0853-72-7117
	NISSAN Rent a car	0853-73-8823
	ORIX 租車	0853-72-7119
萩・石見機場	NIPPON Rent-A-Car	0856-24-0005
	TOYOTA Rent a lease	0856-22-1000
	Times 租車	0856-24-2826
	ORIX 租車	0856-24-1212
隱岐機場	隱岐一畑租車	08512-2-4800（也有其他租車公司）

JR車站前出發

鳥取	NIPPON Rent-A-Car	0857-28-0919
	TOYOTA Rent a lease	0857-22-0100
	Times 租車	0857-22-7216
米子	NIPPON Rent-A-Car	0859-32-0919
	TOYOTA Rent a lease	0859-34-5553
	Times 租車	0859-38-3353
	NISSAN Rent a car	0859-34-4123
	ORIX 租車	0859-37-2686
倉吉	Times 租車	0858-26-1143
	ORIX 租車	0858-24-6110
境港	Times 租車	0859-42-4426
松江	NIPPON Rent-A-Car	0852-21-7518
	TOYOTA Rent a lease	0852-25-0100
	Times 租車	0852-24-4534
	NISSAN Rent a car	0852-60-1923
	ORIX 租車	0852-23-3656
出雲市	TOYOTA Rent a lease	0853-22-0100
	Times 租車	0853-30-6161
濱田	TOYOTA Rent a lease	0855-22-5757
益田	TOYOTA Rent a lease	0856-24-2826
	ORIX 租車	0856-25-7445
東萩	TOYOTA Rent a lease	0838-24-0100
	Times 租車	0838-21-1101
新山口	NIPPON Rent-A-Car	083-972-0919（也有其他租車公司）

JR車站租車

鳥取站	0857-24-2250 車站南口往左50m
米子站	0859-34-1140 車站出口左側步行即到
倉吉站	0858-26-9212 車站北口出站後即到
公江站	0852-23-8880 車站南口出站後往右70m
出雲市站	0853-21-8193 車站北口、一畑飯店後方
津和野站	0856-72-2786 車站出站後即到，津和野觀光協會內

主要都市IC之間車程

距離(km)／上段：大約的車程時間／下段：高速道路費用（普通車）單位：日圓

968※	905	856	780	747	711	686	649km	東京IC
468※	283	237	155	121	85	37	鳥取IC	7:20 12920
417※	246	203	118	84	48	羽合IC	0:56 0	8:20 12920
369※	198	152	70	36	米子IC	0:50 0	1:40 0	8:00 15220
320※	162	116	34	松江玉造IC	0:34 670	1:21 670	2:20 670	8:40 15890
186 9	128 9	85 9	出雲IC	0:30 1060	1:04 1730	1:51 1730	2:50 1730	9:10 16950
101 9	43 9	浜田IC	1:33 580	2:03 1640	2:37 2310	3:24 2310	4:20 2310	10:00 17920
63 191	益田IC	1:00 0	2:30 580	3:03 1640	3:37 2310	4:24 2310	5:20 2310	11:00 17920
萩	1:30 0	2:00 0	3:40 580	4:30 4850	5:10 5520	6:00 5520	6:13 8050	10:44 19820

萩	益田	浜田IC	出雲IC	松江玉造IC	米子IC	羽合IC	鳥取IC	
654※ 7:30 13920	592 7:30 12020	549 6:30 12190	467 5:50 11060	433 5:20 10000	397 4:50 9330	372 5:00 7050	335km 4:05 7050円	名古屋南IC
499※ 5:45 10300	436 5:40 8420	393 4:40 8570	311 4:10 7450	277 3:40 6390	241 3:00 5720	217 3:20 3330	180 2:20 3330	中國吹田IC (大阪)
330※ 3:50 7060	268 3:50 4990	225 2:50 4990	216 2:50 3140	169 2:20 4150	133 1:50 3480	181 2:30 3480	187 2:30 3330	岡山IC
182※ 2:12 4260	136 2:20 2640	93 1:20 2640	169 2:20 3190	166 2:20 3120	202 2:50 3790	250 3:40 3790	321 4:00 5770	廣島IC
55※ 0:50 780	85 9 1:40 0	193 2:30 4670	268 2:50 5310	266 3:30 5240	302 4:05 5910	350 4:50 5910	412 5:20 7620	山口IC
160※ 2:05 3540	220 9 3:30 3540	344 4:20 7630	419 5:20 8290	416 5:20 8220	452 5:50 8890	500 6:40 8890	563 7:10 10500	福岡IC

◆關於包含近畿圈在內的區間費用，可能會因費用體系重整而變動。

哈日情報誌

山陰 鳥取·松江·萩

Contents 1

可以拆下來使用！

2大特別卷頭附錄

特別附錄❶
出雲大社
參拜
BOOK

特別附錄❷
開車兜風和街頭漫步
都派得上用場！
山陰MAP

卷頭特集
山陰觀光 **黃金計畫**

Plan ❶
3天2夜遊覽 鳥取&島根
名勝巡禮
兜風 行程 …❿

Plan ❷
2天1夜遊覽
出雲的祈求
良緣 行程 …16

利用本書前請詳細閱讀下列事項

■本書刊載的內容為2018年2月～4月採訪、調查時的資訊。本書出版後，餐廳的菜單與商品內容、費用等各種刊載資訊可能會出現異動，也可能依季節而有變動或臨時公休的情況，出發前請務必做好確認。因為消費稅的提高，各項費用可能會產生變動，因此會有部分設施的標示費用為稅外的情況，消費前請務必做好確認。此外，因本書刊載內容而造成的糾紛和損害等，敝公司無法提供補償，請在確認此點後再行購買。

■各種資訊使用以下方式刊載

☎…電話號碼／刊載的電話號碼為各設施的洽詢用電話號碼，因此可能會出現非當地號碼的情況。使用衛星導航等設備查詢地圖時，可能會出現和實際不同的位置，敬請留意。

⌚…營業時間·開館時間／營業時間·開館時間為實際上可以入館使用的時間。基本上餐飲店為開店到最後點餐時間，各種設施為開館到可入館的最終時間。

⌚…休業日／原則上只標示出公休日，省略黃金週、盂蘭盆節和臨時公休等。

¥…費用·價錢
●各種設施的費用基本上為大人1人的費用。
●住宿費用原則上是一般客房的1房費用時則標示2人1房時1人份的費用。金額已稅金、服務費在內，但可能會依季節、星型而有所變動，預約時務必確認。

🚃…交通方式／原則上標示出從最近車站的交通方式，所需時間僅為預估值，可能因氣候和交通機關的時刻表更動而有所不同。

🅿…停車場／如果有停車場可以使用，標示「收費（費用）」或「免費」的資訊。

標示內容

 景點　 玩樂　 美食　 咖啡廳

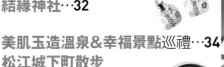

昭文社

Japan.
Endless
Discovery.

超值優惠券

免費

日本旅遊攻略APP！

收錄東京、大阪、京都、北海道、九州、沖繩等20個熱門旅遊區域！

 網羅了可以"體驗日本"的季節、地域等各方面的最新資訊

 搜尋→出發→實際感受！！有了它，安心暢快一把抓

 支援Online・Offline兩種使用方式！下載版本運作快速

 超划算美食！購物！遊玩！讓你的日本之旅更加超值的優惠券大集合

15大人氣地區

快速一覽山陰的精采景點

鳥取縣吉祥物Toripy

沿著日本海向東西延伸的山陰地區，
各地遍布雄偉的大自然景觀
與充滿歷史風情的觀光景點，
很多人都會以祈求良緣和品嘗美食當作旅行主題。
確認好5大觀光主軸區域的位置關係與特色，
一起來擬定旅行計畫吧。

山陰的 小・常・識

小 以鳥取縣及島根縣為中心，面朝日本海向東西延伸的地區
山陰地區沿著日本海綿延相連，因為受到來自日本海的季風影響，較容易形成陰天及雨天的天氣。雖然氣溫和東京差不多，但冬天常發生積雪和路面結凍的情況。

常 海、山、湖、溫泉等自然資源的寶庫
擁有日本海以及大山和宍道湖等自然風光。以山海為舞台的美景和景觀，和當地特有的美食佳餚都是山陰最大的趣味之處。

識 有很多與結緣及神話相關的場所
山陰擁有眾多在《古事記》和《日本書紀》中登場的神話的樂台和景點，尤其在島根還有許多源自出雲神話的結緣景點，前來祈求保佑的信徒也是絡繹不絕。

島後

隱岐 P.75
島前

AREA 1
出雲・松江・玉造溫泉

湯之川溫泉 P.60

松江 P.32～

AREA 2
大山・境港

水木茂之路 P.62

皆生溫泉 P.73

米子 P.69

AREA 3
鳥取・倉吉三朝溫泉

鳥取砂丘 P.80

出雲大社 附錄①P.2

AREA 4
石見銀山・溫泉津

三瓶山 P.109

石見銀山 P.100

溫泉津溫泉 P.106

有福溫泉 P.110

AREA 5
萩・津和野・秋吉台

萩 P.112
山口縣

津和野 P.120

日本海

山陰道

大山 P.70

蒜山 P.70

倉吉 P.90

三朝溫泉 P.92

鳥取縣

島根縣

岡山縣

宮津天橋立

山陰在這裡

©山陰首屈一指的溫泉地「三朝溫泉」

AREA 3
砂漠大地與傳統街景，以及療癒身心的溫泉

鳥取・倉吉・三朝溫泉 P.79

●とっとり・くらよし・みささおんせん

這裡是以日本最大規模的砂丘——鳥取砂丘作為觀光主軸的區域。也可以走遠一點到充滿紅瓦白牆街景的倉吉，以及世界少數富含氡的三朝溫泉。

©倉吉的街景充滿十足的復古情懷

往這裡 GO!
◆鳥取砂丘→**P.80**
◆倉吉的紅瓦商店→**P.91**
◆三朝溫泉→**P.92**

鳥取砂丘上遼闊的砂丘美景

AREA 4

參觀世界遺產，在溫泉勝地放鬆一下

石見銀山・溫泉津 P.99

●いわみぎんざん・ゆのつ

是山陰第一個世界遺產「石見銀山」的所在區域。欣賞完古色古香的復古街景和開採銀礦的坑道遺址之後，再去附近的溫泉津溫泉或有福溫泉好好放鬆一下。

⊕在石見銀山必看的龍源寺間步

往這裡 GO!

◆石見銀山→P.100
◆溫泉津溫泉→P.106
◆有福溫泉→P.110

⊕自古以來以溫泉療養地而興盛的溫泉津溫泉

AREA 5

維新之鄉與風情萬種的迷人街景

萩・津和野・秋吉台 P.111

⊕在津和野有令人印象深刻的美麗白牆和溝渠

●はぎ・つわの・あきよしだい

這個區域有保留了幕末志士相關史蹟的城下町，以及有山陰小京都之稱的優雅街景。另外在近年被列入世界遺產的萩也是不容錯過的景點。

⊕被列為「明治日本產業革命遺跡」的萩城下町

往這裡 GO!

◆松陰神社→P.112
◆津和野→P.120
◆秋芳洞→P.122

吸引日本各地信徒前來祈求姻緣的出雲大社

AREA 1

結緣神社等能量景點大集合

出雲・松江・玉造溫泉 P.30

●いずも・まつえ・たまつくりおんせん

是以出雲大社為代表，聚集眾多結緣古社的區域。擁有國寶松江城的松江城下町是個人氣觀光地，玉造溫泉也是十分適合女性的知名美肌之湯。

⊕能體驗江戶時代氣氛的日本國寶松江城

往這裡 GO!

◆出雲大社→附錄①P.2
◆玉造溫泉→P.34
◆國寶松江城→P.38

AREA 2

享受山海恩惠，玩遍妖怪景點

大山・境港 P.61

●だいせん・さかいみなと

水木茂之路是這個區域的人氣景點，街道上林立著許多不可思議的妖怪銅像。在境港有港都特有的新鮮海產，在大山則是可以透過兜風或遊樂活動來接觸雄偉的大自然。

⊕在玉造溫泉可以同時享受美肌溫泉和幸福能量景點

⊕處處是驚人美景的大山

島根縣觀光吉祥物
島根貓
（島觀連盟許諾第5047號）

秋吉台 P.12

美祢西　美祢

往這裡 GO!

◆水木茂之路→P.62
◆境港的美味海鮮→P.66
◆大山→P.70

⊕重新整修之後，樂趣倍增的水木茂之路

Topic 1

主要期間：2018年5月20日～11月30日

伯耆国「大山開山1300年祭」

◎也舉辦了開山1300年限定的特別祈禱

開山1300年祭，熱血沸騰的大山

大山寺位於鳥取縣的名峰大山，在2018年邁入創設1300年紀念，並在大山山麓周邊舉辦了許多特別活動。在活動中可以體驗自古以來凝聚虔誠信仰的神山魅力。

[資訊洽詢] 0859-31-9363
（伯耆國「大山開山1300年祭」舉行委員會事務局）
[HP] http://www.daisen1300.org/

感受日本最古老的神山魅力！

◎手持火炬，走在日本第一長的天然石板參道上，體驗化身為火焰之河的難得機會

◎紅葉時期的健行活動令人神氣清爽

當季旅遊主題滿載！

Topics

Brand New

介紹當地的最新話題情報，讓充滿雄偉大自然的山陰之旅變得更有樂趣。各區域都有許多期間限定的活動企劃和新景點，不妨認識一下吧。

舉辦了這些好玩的活動！

◆ 大山山麓的解謎尋寶（7月1日～9月30日）
◆ 特別展示「大山山麓的至寶」～與「大山」甚有淵源的刀劍～（7月29日～8月26日）
◆ 全新的「大山參拜」Holly Trail大會（9月30日）
◆ 1300把的火炬列隊（9月30日）
◆ 大山紅葉美景健行（10月27日） 等多項活動

◎打上燈光的和傘為大山寺的參道增添繽紛色彩
（拍攝：大山王國 柄木孝志）

Topic 2

▶2018年7月1日～9月30日

わすれがたき山陰
Nostalgic San'in
山陰デスティネーションキャンペーン
✈2018.7.1▶9.30

期間限定的山陰地方旅遊活動！

2018年7月1日～9月30日的3個月期間，鳥取縣、島根縣、JR一起合作舉辦了日本國內最大規模的觀光活動「山陰地方旅遊活動」。在活動期間，兩縣各個觀光名勝推出了體驗「日本原始風景」，與平常不同的特別玩樂企劃。出發前往擁有美麗大自然和悠久歷史，充滿傳統文化的山陰吧！

[資訊洽詢]
山陰地方旅遊活動協議會
☎0857-26-7273（鳥取縣觀光交流局 觀光戰略課內）
☎0852-22-5619（鳥取縣商工勞動部 觀光振興課內）
[HP] http://www.saninji.jp/dc/

◎另有提供專業的導覽行程，詳細介紹了過去曾在奧出雲興盛過的踏鞴製鐵

體驗魅力機會！根魅力的大好島

◎觀賞鳥取縣日南町的姬螢，讓人進入幻想的世界

◎安來市的清水寺以除厄聞名，可以嘗試特別的坐禪體驗

舉辦了這些好玩的特別企劃！

鳥取縣
◆ 大山町　大山的大獻燈
◆ 岩美町　浦富海岸遊覽船特別限定田後漁港之旅
◆ 日南町　「福萬來螢乃國」計畫
◆ 鳥取市　日本重要文化財「仁風閣」晨光之旅
◆ 鳥取市　鳥取砂丘限定的夕陽＆漁火船旅
　　　　　等多項企劃

島根縣
◆ 松江市　松平不昧公200年祭紀念「松江水燈路」
◆ 安來市　清水寺坐禪體驗、素食料理划算組合
◆ 濱田市　島根海洋館AQUAS「參觀白海豚訓練之旅」
◆ 雲南市　「菅谷踏鞴山內」定時導覽
◆ 出雲市　大社站舊址點燈活動　等多項企劃

8

↑由無數的行燈光芒交織而成，美麗無比的松江水燈路

Topic 3

▶～2018年12月

不昧公200年祭 松江推出了眾多活動！

↑松江藩松平家第7代藩主松平治鄉（松江・月照寺所藏）

茶湯之町熱鬧非凡！

為了紀念過去的松江藩主，同時也是大名茶人的「不昧公」——松平治鄉逝世200年，從2018年4月至12月，松江城等松江市內名勝舉辦眾多紀念活動，是體驗松江傳統茶湯文化的大好機會。

[資訊洽詢] ☎0852-55-5293（不昧公200年祭紀念事業推進委員會事務局[松江市觀光文化課內]）
[HP] http://fumaikou.jp

↑在日本國寶松江城天守閣最上層體驗茶席的特別茶席

↑搭上茶湯堀川遊覽船，享用自己親手點的抹茶和松江的和菓子

舉辦了這些好玩的活動！

◆茶湯堀川遊覽船（全年）
◆不昧公200年祭紀念 松江水燈路（9月1日～10月31日）
◆日本國寶松江城天守閣夜間登閣（9月1日～10月31日）
◆島根縣立美術館「逝世200年特別展 大名茶人・松平不昧」（9月21日～11月4日）
◆日本國寶松江城天守閣 特別茶席（9月22日～10月28日的週六日、假日） 等多項活動

山陰

Topic 5

▶2018年7月Renewal

等級提升的 水木茂之路

水木茂之路是位於鳥取縣境港的觀光名勝，已在2018年7月正式整修完工。整條大道被整頓得乾淨漂亮，沿途也重新設置了妖怪銅像，銅像數量甚至比之前還要更多。變得更加古靈精怪的妖怪之都絕對值得期待！

LINK→P.62

[資訊洽詢] ☎0859-47-0121（境港市觀光服務處）

境港的妖怪之都升級了！

↑來看看新登場的妖怪銅像吧

↑夜晚的妖怪燈光設計讓整條大道變得奇幻神祕（照片為示意圖）
©水木プロ

Topic 4

在明治維新後150年，前往日本的黎明之地

▶～2018年12月

山口幕末 ISHIN祭 熱鬧不已！

2018年適逢明治維新後150年，在山口縣內各處也舉辦了期間限定的特別活動。除了可以體驗維新之地特有的活動和美食，還提供了許多划算的觀光服務。 LINK→P.112

↑山口幕末ISHIN祭官方角色·高杉晉作

[資訊洽詢] ☎083-924-0462（山口縣觀光連盟）

Topic 7

▶2017年4月Open

為山陰兜風之旅帶來便利的 公路休息站全新登場！

在這處公路休息站一覽北至日本海，南至大山的美景

2017年，山陰道的琴浦休息站全區整修，以「公路休息站琴の浦」之姿正式亮相。除了有使用日本海海鮮製作的炸物，還有豐富的在地招牌美食和名產，最適合在旅行途中繞來這裡小憩片刻。

MAP 附錄②3A-2

公路休息站 琴の浦 ☎0858-55-7811
🕘9:00～18:00 無休 鳥取縣琴浦町別所1030-1 山陰自動車道琴浦船上山IC 3km 免費

順道一遊景點 在鳥取～島根兜風時的

可以買到鳥取縣內各種類豐富的山珍海味

Topic 6

▶2018年7月All aboard

JR新觀光列車 「天地」大受注目！

2018年7月，連結鳥取站～出雲市站之間的新觀光列車「天地」開始正式運行。列車以「Native Japanese」為設計概念，結合了眾多日本文化起源的山陰魅力。車廂裝潢和車內服務都充滿鳥取和島根的在地產品，具備滿滿的山陰色彩。推薦大家可以搭乘「天地」，一探山陰之旅的全新魅力。

為山陰之旅更加添色

↑配合山陰地方旅遊活動正式登場（照片為示意圖）

山陰觀光
黃金計畫

充滿魅力的山陰精華
好玩的通通都在這裡！

遼闊的砂丘充滿開放感♥

一望無際的砂海空美景！

↑來到稱為「馬背」的高處就能看得到海

Plan 1
3天2夜遊覽 鳥取&島根
名勝巡禮 兜風行程

第一天先欣賞鳥取砂丘壯闊的自然美景，再沿著海邊開車兜風到皆生溫泉。
隔天從境港越過中海後前往松江，在松江遊覽城下町的風光。
最後一天從宍道湖往西前進到出雲大社，認真祈求完良緣之後，
還要記得在門前通買出雲蕎麥麵和伴手禮回去。

山陰地區是從兵庫縣至山口縣，沿著日本海向東西延伸的區域。這裡主要介紹遊覽鳥取砂丘和出雲大社等主要景點的3天2夜王道行程，還有以出雲大社為中心來祈求良緣的2天1夜結緣行程。

第1天路線圖

GOAL ④皆生溫泉
日本海
山陰本線
山陰道 ⑨
白兔海岸
②鳥取砂丘
③公路休息站 琴の浦
①鳥取機場 START
①JR鳥取站 START
倉吉
米子
大山
柯南之町
因美線
伯備線
鳥取縣
大山的風景

Plan 1
〔第1天〕旅遊行程表

AM 11:30 START ①
鳥取機場 or J R 鳥取站
【旅行MEMO】東京（羽田）~鳥取機場的上午班機為9：35出發、10：50抵達。

PM 1:30 ②
鳥取砂丘
車程約1小時15分
【旅行MEMO】9號或山陰道一路往西
吃完午餐後前往砂丘遊玩

PM 3:30 ③
公路休息站 琴の浦
車程約45分
【旅行MEMO】開車移動途中處處可見雄偉的大山風光。
品嘗在地名產美食小憩片刻

PM 5:15 ④
皆生溫泉
車程約20分
在風光明媚的海岸溫泉旅館住一晚

※時間僅供參考

10

第 1 天

順道吃午餐

來鳥取就是要吃有滿滿新鮮海產的海鮮蓋飯。建議大家先在砂丘附近的餐廳飽餐一頓之後,再出發去砂丘散步。

→鯛喜(→P.86)有點豪華的海鮮蓋飯1800日圓

這裡出發 START AM 11:30
鳥取機場 or JR鳥取站

先去 租車 吧!
在旅遊起點的鳥取機場或鳥取站租車比較方便。

鳥取機場
TOYOTA租車鳥取機場受理櫃檯店 … ☎0857-28-6199
NIPPON Rent-A-Car鳥取機場營業處 … ☎0857-28-0919

鳥取站
JR西日本Rent-A-Car & Lease鳥取營業處 … ☎0857-24-2250
TOYOTA租車鳥取站前店 … ☎0857-22-0100

Check Point
如果想在出發地借車,在最後的觀光地附近還車的話,必須要另外支付異地還車的費用。若像本行程是在鳥取租車,出雲還車的話,需要額外支付5000~6000日圓左右的異地還車費(金額視各家租車公司而有所不同)

中途 CHECK!

→前往白兔神社(→P.85)所在地的白兔海岸欣賞美麗海景

車程約20分

車程約1時間15分

PM 1:30
在鳥取砂丘 體驗砂丘樂趣

騎在駱駝上面真的好高

在旅行的一開始,先前往日本海結合砂漠美景的鳥取砂丘。在日本第一大的砂丘上,可以一覽只有砂漠與大海的世界。騎上駱駝周遊砂丘也很有意思。 LINK→P.80

→砂丘特有的騎駱駝體驗

PM 3:30
在公路休息站琴の浦 小憩片刻

繞來2017年全新開幕的「公路休息站 琴の浦」休息一下,品嘗琴浦町的新名產「炸炸串」。 LINK→P.9

只有在這裡才吃得到哦

這就是炸炸串!

→咖哩酥炸飛魚串 200日圓

→炸饅頭串佐霜淇淋250日圓

→當季海鮮串 280日圓

中途 CHECK!

車程約45分

→一邊開車一邊欣賞雄偉的大山(→P.70)風景

↓能一邊眺望日本海一邊享受名湯的皆生大酒店 天水(→P.73)

PM 5:15
在皆生溫泉 住宿旅館

第一天前往米子北方的弓濱,住在位於皆生溫泉的旅館。享用完日本海的海鮮料理後,就去泡泡具有豐富海水礦物質的溫泉吧。 LINK→P.73

往第2天GO!

也別錯過位於附近的 「可以遇到名偵探柯南的小鎮」!

幾乎位於鳥取砂丘與皆生溫泉正中央的北榮町,就是人氣漫畫「名偵探柯南」的作者──青山剛昌的出身地。這裡以「名偵探柯南小鎮」而聞名,有時間的話歡迎大家順路來這裡和柯南見面吧。

↑鎮上到處都可以看到柯南及其他角色的青銅像

↑有豐富展示品的青山剛昌故鄉館(→P.90)

Plan 1

3天2夜遊覽 鳥取&島根

名勝巡禮兜風行程

第2天

這裡出發 START

皆生溫泉 AM9:00

AM 10:00

在日本庭園 由志園 欣賞牡丹花

第2天越過中海前往的大根島上，盛行栽種被選為島根縣花的牡丹。大家可以造訪一年四季都能欣賞牡丹的日本庭園「由志園」，觀賞庭園結合花卉的美麗風景。

LINK→P.46

◎舉辦於黃金週時期，在池泉中鋪滿3萬朵牡丹的「池泉牡丹」十分壯觀

中途CHECK!

◎路途中會經過的江島大橋，就是在日本廣告中的「油門踩到底斜坡」

車程約50分

車程約30分

中途CHECK!

◎來欣賞弓濱（→P.69）的美麗海景吧

也別錯過路途附近的「妖怪小鎮」！

從皆生溫泉往北一路行駛在國道431號上即可抵達境港。境港有林立著妖怪銅像的水木茂之路，並在2018夏天重新整修完工，再度受到了矚目。因為附近就是日本首屈一指的漁港，大家也可以去魚市場逛一逛。

◎在大漁市場中浦（→P.67）有種類豐富的海產伴手禮

◎在重新整修之後，增加不少妖怪銅像的水木茂之路（→P.62）

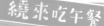

続來吃午餐

來到松江一定要品嚐的美食，就是深受松江藩主松平治鄉（不昧公）喜愛的鯛魚茶泡飯。大家可以前往鹽見繩手的鄉土料理店，享用一下鯛茶午餐。

◎海鮮うまいもん料理 京らぎ 黑田店（→P.47）的鯛茶午餐1706日圓

鹽見繩手的松林並木與護城河堀川的景色從江戶時代開始就沒有改變

第2天路線圖

日本海

島根縣

GOAL
⑤松江宍道湖溫泉

②日本庭園 由志園

③松江城下町

④宍道湖 夕陽景點

宍道湖

松江

中海的風景

中海

境港

431

江島大橋

弓濱

山陰本線

米子機場

安來

米子

山陰道

鳥取縣

START
①皆生溫泉

在宍道湖畔的溫泉旅館留宿一晚

	PM 6:30 ⑤	PM 5:30 ④	PM 12:00 ③	AM 10:00 ②	AM 9:00 ①	Plan 1
	松江宍道湖溫泉	宍道湖的夕陽景點	松江城下町	日本庭園 由志園	皆生溫泉	【第2天】旅遊行程表
旅行MEMO	因為有好幾個觀賞夕陽的景點，記得事先確認好位置。	車程約5分	車程約5分	車程約30分	車程約50分	
		觀賞沉入宍道湖的夕陽美景	參觀歷史悠久的松江城和街景	欣賞島根縣花──牡丹		
			〔旅行MEMO〕可以在松江城周邊悠閒地散步開逛。	〔旅行MEMO〕可以一邊慢慢開車兜風，一邊欣賞恬靜的中海風光。	〔旅行MEMO〕可以先早點出發前往境港，去水木茂之路觀光。	※時間僅供參考

START

12

城下町散步之旅

這裡是
城下町散步之旅
必看景點！

←坐在松江堀川遊覽船上
欣賞街景感覺格外特別

遊覽堀川

搭著小船周遊在國寶松江城外圍的堀川，可以欣賞到有別於站在岸邊的風景。
LINK→P.36

國寶 松江城

威風凜凜的松江城就是這座城市的地標。在天守閣有相關的展示品，也可以前往望樓眺望城下町的風景。
LINK→P.38

↑來到松江城山公園，以天守閣為目標慢慢前進吧

中途 CHECK！

←從大根島開往松江時就行駛在中海的旁邊，路途中也有其他較小的休憩場所

←日本庭園 由志園宛如武家宅邸的莊嚴入口

PM 5:30
欣賞落入宍道湖的閃耀夕陽

車程約5分

好好遊覽完松江城下町之後，前往宍道湖畔欣賞夕陽作為一天的結束。將慢慢被染成淡橘色的湖景深深烙印在眼裡吧。
LINK→P.47

夕陽結合湖景，令人感動的一瞬間！

↑最推薦的位置，就是能欣賞宍道湖的小島與夕陽相互重疊的地點

PM 12:00
在松江城下町來一趟歷史散步之旅

前往保留懷舊街景的鹽見繩手，或是擁有日本國寶松江城的松江城山公園散散步。周遊在松江城周圍的遊覽船也是風情十足。 **LINK→P.36・38**

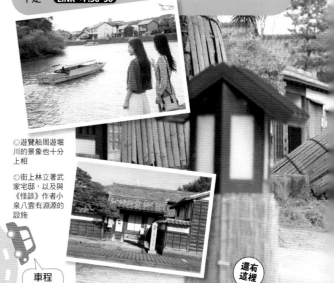

○遊覽船周遊堀川的景象也十分上相

○街上林立著武家宅邸，以及與《怪談》作者小泉八雲有淵源的設施

車程約5分

PM 6:30
在松江宍道湖溫泉的旅館吃晚餐&留宿一晚

第2天的住宿地點，就是位於松江中心區的溫泉地「松江宍道湖溫泉」。享受宍道湖畔的旅館溫泉與極品料理，好好放鬆一下身心。
LINK→P.59

○Naniwa Issui的露天浴池和洋室（→P.59），眼前就是宍道湖美景

往第3天GO！

還有這裡

推薦的松江順道一遊景點

建於松江城護城河沿岸的松江歷史館設有喫茶室和伴手禮店，是適合讓人小憩片刻的場所。在這裡也能品嘗到松江知名的和菓子，歡迎大家繞來逛逛。 **LINK→P.39**

↑在館內的喫茶きはる（→P.41）享用華麗的和菓子

↑可以免費入館休息的便利設施

一生必去一次，嚮往已久的神社♥

⬆通往正殿的參道是風光明媚的散步之道

這裡出發 **START**
松江宍道湖溫泉
AM **9:10**

中途 CHECK！

車程約50分

中途 CHECK！

⬆從松江宍道湖溫泉出發，在美景的相伴中一路沿著宍道湖往出雲大社前進

「築地松」是什麼？
在出雲地區有個習慣，就是會在主屋的北側和西側架設一片名叫「築地松」，修剪成固定高度的整齊松林，形成獨特的優美景觀。據說原本的起源，是為了保護住家不受斐伊川的氾濫以及冬季季風的侵襲。

⬆在較遠的出雲地區發現獨特的「築地松」

AM **10:00**
到**出雲大社**
祈求良緣

出雲大社供奉了帶來各種良緣的大國主大神。

第3天前往最有名的結緣能量景點「出雲大社」。在充滿莊嚴氣氛的神社參拜，祈求獲得美好的良緣。

LINK→附錄①P.2

⬆推薦大家可以先前往神門通りおもてなしステーション（→P.54）洽詢出雲大社及附近的觀光資訊

也別錯過路途附近的「木綿街道」！
在前往出雲大社的途中，會經過林立著復古建築的木棉街道。如果有時間的話，大家也可以順道來這裡逛一逛。

⬆採用古早味製法做成的伴手禮（→P.53）

⬆留有江戶時代風情的本石橋邸（→P.53）

第3天路線圖

日本海
431 宍道湖的風景
雲州 平田
木綿街道 GOAL ⑤出雲機場 宍道湖
②出雲大社 玉造溫泉
③神門通 ⑤出雲機場 宍道
築地松的風景 宍道 START
①松江宍道湖溫泉
④稻佐之濱 山陰本線
出西窯
山陰道 松江道
⑤JR出雲市站 木次線
GOAL 松江

GOAL PM 3:30 ⑤	PM 2:30 ④	AM 11:30 ③	AM 10:00 ②	START AM 9:10 ① Plan ①
出雲機場或是JR出雲市站	稻佐之濱	神門通	出雲大社	松江宍道湖溫泉 【第3天】旅遊行程表

〔旅行MEMO〕回程記得要計算到處理還車手續的時間

車到出雲機場車程約40分
到出雲市站車程約25分

〔旅行MEMO〕參拜完之後，記得品嘗出雲知名的蕎麥麵和善哉。車程約5分

到熱鬧的門前吃美食&購物

〔旅行MEMO〕參拜完廣大的境內慢慢參拜。差不多會花1小時30分左右。從正門鳥居步行即到

向大國主大神祈求良緣

〔旅行MEMO〕在出雲大社前往出雲大社的途中，建議大家可以順路到木棉街道觀光。

車程約50分

※時間僅供參考

⇨在俵屋 神門店（→P.55品嘗俵饅頭

AM 11:30

在神門通 邊吃邊逛&尋找伴手禮

在出雲大社參拜結束之後，就前往從正門大鳥居向南延伸的神門通逛街吃美食吧。千萬別錯過只有在這裡才有的美食以及結緣相關小物。

LINK→附錄①P.12・14

⇨許多讓人猶豫不決的可愛結緣商品（→附錄①P.14）

⇨記得品嘗據說是發祥自出雲的善哉（→附錄①P.11）

車程約5分

從正門鳥居步行即到

⇨一開始先去正門鳥居前做的就是參拜，做好淨身⋯⋯之後再開始旅程

PM 2:30

在稻佐之濱 向全國眾神訴說心願

據說來自全國的眾神，會在農曆10月降臨於出雲大社以西的稻佐之濱。大家來出雲大社參拜時，也可以順道來這裡體驗神聖的氣氛。

LINK→附錄①P.7

也想在這裡參拜一下

繞來吃午餐

出雲大社附近有許多當地知名的出雲蕎麥麵名店，大家可以依照個人喜好選擇溫熱的釜揚蕎麥麵或冰涼的割子蕎麥麵。

⇨そば処 八雲（→P.55）的天婦羅割子蕎麥麵1950日圓

在第3天 也可以跑遠一點到「出西窯」看看

從出雲大社回來的路上，也可以不要繞去稻佐之濱，而是去探訪位於東邊的出西窯。大家可以在這裡購買出雲傳統的美麗陶瓷當作伴手禮，或是參觀陶瓷的製作過程。 LINK→P.53

⇨如果時間剛好的話，還可以在工房免費參觀陶瓷器的製作過程。

稻佐之濱
いなさのはま **MAP** 附錄①16A-1
☎0853-53-2112（出雲觀光協會）
島根縣大社町杵築北 一畑巴士正門前巴士站步行20分 P免費

⇨在砂灘上十分顯眼的弁天島也供奉著神明

車程約25~40分

PM 3:30 GOAL

出雲機場or JR出雲市站

記得考量還車時間

還車時要先把消耗完的汽油加滿，另外還要處理還車手續等等，這些都需要花上一點時間。大家記得計算好回去的電車和飛機時間，悠閒地踏上歸途吧。

⇧充滿木頭溫度的展示販賣所販售了許多器皿。

第1天

出雲的祈求良緣行程

以參拜出雲大社作為觀光重心，探訪附近與結緣有關的神社景點。一邊向神明祈求良緣，一邊周遊以神話為舞台的出雲地區吧。

AM **9:20** 從這裡 **START**

出雲機場 or JR出雲市站

這個行程也是**租車**比較方便！

在出雲機場1樓大廳設有各家租車公司的櫃台，建議大家可以事先做好預約。在JR出雲市站附近也有多家租車公司。

出雲機場
TOYOTA租車出雲機場受理櫃檯店 ☎0853-72-8808
NIPPON Rent-A-Car出雲機場前 ☎0853-72-0919

出雲市站
JR西日本Rent-A-Car & Lease出雲市站營業處 ☎0853-21-8193
ORIX租車出雲市站前店 ☎0853-30-7225

參拜完之後 **在門前吃美食 & 購物！**

↑眾多店家林立在這條種植著松樹，風情十足的街道上

中午繞來吃午餐

期待已久的出雲蕎麥麵！

在正門鳥居附近的出雲蕎麥麵店，品嘗知名的割子蕎麥麵或釜揚蕎麥麵吧。

→そば処 田中屋（→附錄①P.10）的三色割子蕎麥麵1000日圓

從機場出發車程約40分，從車站出發車程約25分

希望可以遇到良緣♥

祈求結緣的場所有拜殿、正殿、神樂殿等多個地方

AM **10:00**

在出雲大社祈求良緣

首先前往日本最著名的結緣能量景點「出雲大社」參拜吧。長長的松林並木參道通往巨大的正殿，充滿了莊嚴的氣氛。參拜地點則是在正殿前的拜殿。參拜之後，還可以到神門通上的眾多店家逛街吃美食。

LINK→附錄①P.2

↑境內各處有許多可愛的白兔雕像！

↑走在涼爽的參道上，有種一定可以心想事成的感覺

16

海風吹起來真是清爽又舒服♪

⬆在出雲日御碕燈塔可以一覽日本海的美景

日御碕是位於島根半島西端的海岬

第2天 START

這裡出發 日御碕

AM 9:00

車程約50分

PM 4:00 在日御碕的旅館 享用晚餐&留宿

悠閒地在出雲日御碕溫泉的旅館留宿一晚。在這裡可以享受具有保溫保濕效果的溫泉，品嘗使用在地食材製作的料理，以及有日出和夕陽點綴的海邊美景。

出雲日御碕之宿FUJI
●いずもひのみさきのやどふじ
☎0853-54-5522　MAP 附錄②7A-3
🕐IN15:00、OUT10:00　💴1泊2食15990日圓～　🏠島根縣出雲市大社町日御碕588-1　🚌從出雲大社連絡所巴士站搭乘一畑巴士23分，日御碕灯台下車即到　🅿免費

⬆可以在房間或露天浴池欣賞美麗海景的旅館

開車即到

PM 2:00 前往日御碕神社 參拜&參觀美麗海景

在出雲大社參拜結束後便往日御碕移動，參拜以鮮豔的朱紅社殿為特色的日御碕神社之後，可以走遠一點到沿岸附近賞壯麗海景。　LINK→P.52

⬆據說是德川第3代將軍家光下令建造的神社

車程約20分

PM 1:00 前往萬九千神社 「結參」

⬆保佑締結良緣和旅行安全的神明

在農曆10月的神在祭時，據說全國眾神會在最後前來萬九千神社。大家可以來這裡參加模仿眾神踏上旅途的「結參」。

萬九千神社
●まんくせんじんじゃ
☎0853-72-9412　MAP 附錄②6D-2
自由參拜　🏠島根縣出雲市斐川町併川258　🚃一畑電車大津町站步行18分　🅿免費

AM 10:00 在須佐神社 體驗超自然力量

第2天前往須佐神社，境內聳立著據說樹齡有1300年的大杉樹。遊客可以在這裡細細體會能量景點的神祕氣氛，並祈求良緣的到來。　LINK→P.54

⬆聳立在社殿後面的大杉樹魄力十足

⬆流傳著「須佐七大不可思議」的神社

車程約35分

車程約20分

中午續來吃午餐

Le Cochon d'Or出西
●ルコションドールしゅっさい
MAP 附錄②6D-2
☎0853-27-9123
🕐9:30～18:00
🈺周二公休（達假日則營業）
🏠島根縣出雲市斐川町出西3368（出西窯橫）　🚃JR出雲市站車程15分　🅿免費

從須佐神社前往萬九千神社的途中，會經過出雲的窯場「出西窯」（→P.53）。大家可以前往在2018年5月開幕，窯場附設的麵包咖啡坊「Le Cochon d'Or出西」吃午餐。

⬆由兩層樓的咖啡店和平屋建築的麵包店所構成（示意圖）

PM 3:00 最後前往 八上姬神社參拜

在旅行的最後，前往八上姬神社祈求良緣。八上姬神社供奉的八上姬，就是與大國主大神結為連理的美女。由於神社位於溫泉旅館的區域內，推薦大家參拜完後可以泡個溫泉再回去。　LINK→P.33

⬆據說八上姬泡了溫泉後又變得更加美麗

跑了這麼多地方，一定能獲得良緣♥

GOAL PM 4:00 出雲機場 or JR出雲市站

車程約12 or 35分

路線圖

島根縣

山陰

分區介紹

必吃美食

美食一網打盡！

山陰夾在日本海與中國山地之間，擁有眾多在山珍海味中費盡巧思的美味料理，各區都可以品嘗到深受在地人喜愛的特色美食。

出雲MENU

來自發祥地的道地滋味

出雲善哉

據說出雲就是善哉的發祥地，在出雲大社周邊也有很多品嘗得到善哉的店家。大家可以去各家店舖品嘗調味不同的年糕和湯汁，比較不一樣的滋味。

出雲善哉
600日圓
使用了大顆的大納言紅豆，特色是帶有鹹味，湯汁多。

日本ぜんざい学会 壱号店
●にっぽんぜんざいがっかいいちごうてん
在出雲大社前神門通對面的善哉專賣店。清爽香甜的結緣善哉（700日圓）也大受好評。
LINK→附錄①P.11

松江·出雲MENU

當令的蕎麥麵會奉納給出雲大社

出雲蕎麥麵

出雲蕎麥麵是使用磨成粉的帶皮蕎麥製成，越吃越會散發豐郁的風味。主要分成熱呼呼的「釜揚蕎麥麵」和冰涼的「割子蕎麥麵」。

割子蕎麥麵3段
810日圓
使用脂眼鯡來熬煮的傳統麵汁充滿高雅滋味

荒木屋 在這裡
●あらきや
從江戶時代後期開業至今，約有220年歷史的出雲蕎麥麵老店。使用以在地出雲的玄蕎麥為主的國產蕎麥，再用石臼來仔細研磨，製作成香濃又帶勁的麵條。
LINK→附錄①P.10

松江·出雲

宍道湖七珍料理是這裡的招牌美食，使用眾多來自宍道湖的豐富海鮮。傳統的蕎麥麵、善哉、和菓子也是不容錯過的美味。

松江MENU

由江戶時代知名茶人孕育出的美味

松江和菓子

為了獻給松江藩松平家第七代藩主的不昧公，職人努力磨練手藝，製作出各種松江傳統的和菓子。來到與京都和金澤並列日本三大菓子聖地的松江，千萬別錯過這些風雅的銘菓。

若草（6個裝）1080日圓
名稱是取自於不昧公創作的和歌

彩雲堂 在這裡
●さいうんどう
除了「若草」之外，還有以宍道湖的光線為主題的「彩紋」等等，都是充滿松江風格的菓子。
LINK→P.40

山川（1塊）886日圓
日本三大銘菓之一的落雁

風流堂本店 在這裡
●ふうりゅうどうほんてん
因受到不昧公熱愛而聞名的「山川」，還有在月照寺（P.41）搭配抹茶的「路芝」都是店家引以為豪的名品。
LINK→P.40

姫小袖（6個裝）951日圓
以前只在松江藩主的要求下才會製作的打菓子

一力堂 ●いちりきどう 在這裡
開業270年的老字號菓子店，這裡販售的「姫小袖」是使用去皮紅豆餡與三盆糖來製作，外觀美麗的和菓子。
LINK→P.40

松江MENU

享用7種海鮮滋味

宍道湖七珍

在宍道湖的豐富海鮮中，鱸魚、沙蝦、鰻魚、西太公魚、銀魚、鯉魚、鮮蜆等7種食材被稱為「七珍」，是深受在地人喜愛的鄉土料理。

宍道湖七珍
6500日圓～（2人起）
※僅秋冬春季提供
其中像是鱸魚奉書燒等菜色，可以奢侈地一次享用7種松江美味

懷石 おもい川 在這裡
●かいせきおもいがわ
這是家可以一邊欣賞宍道湖和松江大橋的景象，一邊享用鄉土料理和當季美食的懷石料理店。位於2樓的懷石吧檯座位，是能一覽松江大橋的特等席。
MAP附錄②20F-1
☎0852-21-2941（松江Club）
⏰11:30～13:30、17:30～20:00
🏠不定休 📍島根県松江市東本町1-5 松江くらぶ2～4F 🚃JR松江站搭巿營巴士5分，大橋北詰下車，步行3分 Ｐ免費

坐在能眺望大橋川的和式座位或吧檯座位，同時享受松江的風情與美味

18

必吃 美食

鳥取·境港MENU

海鮮蓋飯

大口滿足到讓人笑容滿面

蓋飯裡鋪滿來自日本海的新鮮生魚片,可說是極品美味。每家店的海鮮蓋飯都各有特色,一碗就能讓人心滿意足!

大漁蓋飯 2000日圓

5種當令海鮮再搭配紅頭矮蟹、海膽、鮭魚卵,吃起來分量滿點

旬の漁師料理 和泉 在這裡
●しゅんのりょうりしょうりいずみ
除了華麗的海鮮蓋飯之外,另外還有生魚片、烤物、炸物等等,都是使用當天捕撈的在地海鮮來製作。

LINK→P.66

鳥取·境港MENU

螃蟹

鳥取美食中最推薦的食材

說到鳥取,就屬被譽為「冬季美味王者」的松葉蟹最為知名。可以用各種吃法來享用香甜又飽滿的蟹肉。

螃蟹火鍋全餐
15000日圓~(11月6日~3月下旬)

吃完螃蟹火鍋後再品嘗蟹膏,最後用螃蟹稀飯來收尾!

カ二吉 在這裡
●かによし
位於鳥取市的螃蟹名店。使用嚴選松葉蟹的招牌螃蟹火鍋無比美味。

LINK→P.87

鳥取·境港

位於漁港附近,剛捕撈上岸的新鮮海產就是必吃美食。拉麵、咖哩、漢堡等在地平民美食也是大受歡迎。

三朝溫泉·倉吉MENU

牛骨拉麵

特徵是濃醇又不失清爽的湯頭

牛骨拉麵從昭和20年左右開始就出現在鳥取縣中部,在日本各地是相當少見的拉麵種類。使用牛骨烹煮出的美味湯頭,讓拉麵迷都著迷不已。

拉麵(正常分量) 570日圓

是使用在地醬油的極品湯頭,由於表面覆蓋了一層牛油,吃到最後都還是熱呼呼的。

すみれ飲食店 在這裡
●すみれいんしょくてん
昭和33(1958)年開業至今的店。烹煮湯頭的時間會依季節改變,相當講究滋味。

MAP 附錄②3A-2
📞0858-52-2817
🕐10:00~14:45 🈺星期三
📍鳥取縣琴浦町浦安189
🚉JR浦安站步行10分 🅿免費

在週六日和假日會大排長龍的店。

鳥取·米子MENU

鳥取漢堡

緊緊夾入當地的美味食材!

全集結日本各地在地漢堡的「鳥取漢堡節」十分受歡迎。在鳥取縣內各個區域,也陸續出現許多使用當地食材的獨特漢堡。

奧日野蕈菇油封漢堡 800日圓

搭配了油封調理後的極厚原木香菇、鴻喜菇和杏鮑菇,和肉排十分對味

THE BURGER STAND BUBNOVA 在這裡
●ザバーガースタンドブブノワ
使用了沒有添加增黏配料的100%純牛肉肉排與在地蔬菜。這道充滿了蕈菇滋味的油封漢堡十分受歡迎。

LINK→P.26

鳥取MENU

鳥取咖哩

咖哩王國鳥取的縣民美食

鳥取是深愛咖哩的縣,甚至還主辦了咖哩高峰會。在喫茶店、食堂、咖啡廳等地方都可以品嘗到種類豐富的咖哩。

雞排咖哩 800日圓

香脆雞排與耗費10天熟成的香辣咖哩十分對味

喫茶 ベ二屋 在這裡
●きっさベニや
店內提供了咖哩與咖啡,是60年來深受在地人喜愛的餐廳。用餐後可以再品嘗種類豐富的剉冰。

MAP 附錄②15B-3
📞0857-22-2874
🕐8:00~18:45 🈺週三
📍鳥取縣鳥取市末広温泉町151
🚉JR鳥取站步行5分

能讓人放鬆心情的店

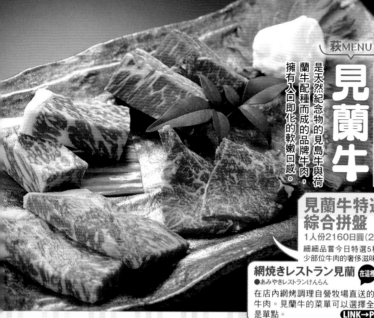

萩·山口

面朝日本海的萩匯集了各種新鮮無比的海產。滋味十足的在地牛肉和豬肉也是必吃美味。

見蘭牛

油花恰到好處的極致肉品

是天然紀念物的見蘭牛與荷蘭牛配種而成的品牌牛肉，擁有入口即化的軟嫩口感。

萩MENU

見蘭牛特選綜合拼盤
1人份2160日圓（2人起）
細細品嘗今日特選5種稀少部位牛肉的奢侈滋味。

網燒きレストラン見蘭 在這裡
●あみやきレストランけんらん
在店內網烤調理自營牧場直送的上等牛肉。見蘭牛的菜單可以選擇全餐或是單點。
LINK→P.115

劍先烏賊

香甜驚豔的烏賊女王

肉質厚實又香甜，在烏賊中是屬於最高級的種類。主要都是在日本海捕獲，烏賊釣船的燈火也成為了夏天的風情畫。

萩MENU

活跳跳的烏賊生魚片
2700日圓～（需確認）
用一整隻劍先烏賊作成活跳跳的生魚片。透亮的烏賊吃起來香甜又帶勁，令人欲罷不能

浜料理がんがん 在這裡
●はまりょうりがんがん
是位於公路休息站 萩しーまーと內的和食創意料理店。在店內的定食、午餐和單品料理中，可以品嘗到一早剛上岸的新鮮海產。
LINK→P.115

MUTSUMI豬

肉質和油脂香甜又軟嫩

是由萩的專門牧場培育的品牌豬。以麵包粉為主體的飼料。飼育出香甜深醇的肉質。

萩MENU

MUTSUMI豬炸豬排定食
950日圓
香脆的麵衣中有滿滿的肉汁

ふるさと家族 在這裡
●ふるさとかぞく
店內使用了稀少的MUTSUMI豬來做成炸豬排，在定食等料理中還吃得到店主親自釣的魚。
LINK→P.115

瓦蕎麥麵

放在熱呼呼的瓦片上，個性十足的蕎麥麵

加了抹茶的茶蕎麥麵經過水煮和熱炒之後，放在熱呼呼的瓦片上，再配上牛肉和蛋絲等配料，搭配特製麵汁來享用。雖然這道鄉土料理是發祥自下關的川棚溫泉，但是在山口市內和萩等地也都吃得到。

萩·山口MENU

瓦蕎麥麵 1000日圓（照片為2人份）
長萩和牛的美味配上茶蕎麥麵的香脆口感

公路休息站 萩往還 在這裡
●みちのえきはぎおうかん
結合了物產館、蔬菜直銷所、松陰紀念館等6個設施的公路休息站。其中在「うどん茶屋 橙々亭」就能品嘗到充滿萩式風格的獨創瓦蕎麥麵。

MAP 附錄②13C-2
☎0838-22-9889　LINK→P.115
🕐9:00～18:00（餐廳為11:00～17:00）
🚫無休（餐廳需確認）
📍山口縣萩市椿鹿背ヶ坂1258
🚃JR萩站搭計程車5分　🅿免費

使用萩在地食材做成的定食也很受歡迎

甘鯛

香醇甘甜的高級魚

魚肉的特色是沒有腥味，散發著淡淡的香甜滋味。在距離漁場很近的萩和仙崎，可以捕撈到新鮮無比的甘鯛。

萩MENU

甘鯛全餐
（2人份起，預約制）1人8640日圓
包含甘鯛生魚片等總共9道菜色

割烹千代 在這裡
●かっぽうちよ
使用來自萩海岸的當季海鮮做成蓋飯、定食或全餐料理。甘鯛全餐採用預約制。
LINK→P.114

在家享受 山陰的 美食 精選大全

在擁有豐富大自然的山陰地區，推出了許多使用山珍海味製作而成的伴手禮。可以直接品嘗或是多加一點工夫來調理，在家也能享受在地美味。

（頁面商品的販售時期和價格視當年的收穫成果而異）

螃蟹 鳥取

時價

【販售時期】紅頭矮蟹9月～翌6月、松葉蟹11月～翌3月

一到冬天，山陰的市場上就會出現紅色的螃蟹。境港的紅頭矮蟹漁獲量是日本第一。

在這裡買得到
境港魚中心(→P.67)、
大漁市場中浦(→P.67)等地

ねばりっこ 鳥取

1000日圓前後～

ねばりっこ是以鳥取北榮町為中心出產的山藥，具有強勁的黏度和細緻的質感，可以做出絕品的美味山藥泥。

在這裡買得到 地場產プラザ わったいな(→P.84)等地

鳥取辣韭 鳥取

(130g)550日圓

【販售時期】全年

鳥取是日本首屈一指的辣韭產地，鳥取砂丘的辣韭是能改善血液循環的人氣食材。

在這裡買得到
見晴之丘砂丘中心(→P.83)
等地

魷魚糀漬 鳥取

(120g)380日圓(未稅)

魷魚的濃郁滋味很適合用來做成茶泡飯或是下酒菜。

在這裡買得到
大漁市場中浦(→P.67)

綿密蟹肉燒賣

(8個裝)1200日圓(未稅)

【販售時期】全年

大漁市場中浦的獨創燒賣。加了滿滿的紅頭矮蟹蟹肉，吃起來入口即化。

在這裡買得到 大漁市場中浦(→P.67) 鳥取

海鮮乾貨 鳥取

500日圓～

【販售時期】全年

像是白烏賊一夜干、梭子魚開干、紅喉魚一夜干等等，這些境港的海鮮乾貨和白飯都十分對味。

在這裡買得到
境港魚中心(→P.67)、
大漁市場中浦(→P.67)等地

見蘭香腸 萩

(4條裝)524日圓

【販售時期】全年

手工香腸，使用了萩特有品牌的見蘭牛及MUTSUMI豬。

在這裡買得到
MIDORIYA FARM
(→P.24)

宍道湖產 大和鮮蜆 島根

M尺寸367日圓 L尺寸497日圓

【販售時期】全年

鮮蜆是島根代表性的食材。本產品為調理包，不需水洗，可直接放入味噌湯或清湯裡。

在這裡買得到
チャレンジショップ
ちげもん(→P.49)等地

片句海帶芽 島根

(30g)650日圓

【販售時期】3月～5月

仔細揀選早春時節採收的優質海帶芽，製作成板狀後乾燥而成的商品。直接用小火稍微炙燒一下就會很好吃。

在這裡買得到
チャレンジショップちげもん(→P.49)等地

十六島海苔 島根

(10g)1400日圓前後～

【販售時期】12月～1月，需預約

在日本海的波濤駭浪中長成，品質最高級的天然岩海苔。只要稍微放一點在清湯裡，就會散發出高雅的海潮香氣。

在這裡買得到
チャレンジショップちげもん(→P.49)等地

仁多米越光 島根

(2合)400日圓、(5kg)3870日圓
(5kg需預約)

【販售時期】全年

仁多米是島根縣的品牌米，滋味越吃越濃郁。口感Q彈，就算冷掉也很好吃。

在這裡買得到 チャレンジショップちげもん(→P.49)等地

萩月魚板 萩

470日圓

【販售時期】全年

使用新鮮狗母魚的魚板。具有魚肉的甜味和彈力十足的口感，讓人一吃就上癮。

在這裡買得到
荒川蒲鉾店(→P.119)

燒抜魚板 柚子卷 萩

648日圓

【販售時期】全年

把生柚子皮融進魚漿一起攪拌，做成風味絕佳的魚板。

在這裡買得到
忠小兵衛蒲鉾本店
(→P.119)

山陰超推薦 美味伴手禮

在山陰有許多採用當地食材的加工品，以及在包裝和名稱上獨具巧思的點心，各種食品伴手禮琳瑯滿目。大家去各個地方觀光時，別忘了帶個伴手禮當作旅行的回憶。

島根

出雲祝賀鮮蜆（紅高湯）
251日圓

不用水洗也OK的鮮蜆，輕鬆就能喝到道地的鮮蜆味噌湯

在這裡買得到 D J

※J為P.49的「島根縣物產觀光館」

也有綜合味噌可以選擇

鳥取

華貴婦人 粉紅華麗咖哩
1080日圓

咖哩中使用了鳥取產的甜菜根，並搭配細細熬煮的蔬菜

在這裡買得到 A B

華麗的顏色和包裝令人驚艷

鳥取

鳥取銘菓 二十世紀
8片裝 540日圓

充滿梨子風味，香氣高雅的寒天類點心，而且每一片都仔細重現了種籽的模樣

在這裡買得到 A B

薄片的梨子造型十分吸睛

講究和風色彩的精品店
博物館商店 緣雫 E

ミュージアムショップえにしずく

位於松江歷史館（→P.39）內的精品店，主要販售在地創作者的作品，以及和風的小物與雜貨等商品。

MAP 附錄②21C-1

☎0852-32-1607（松江歷史館）
🕐9:00~18:30（（10月~翌3月為~17:00）🈲第3週週四（逢假日則翌日休）
🚉島根縣松江市殿町279 松江歷史館內 🚃JR松江站搭松江Lake Line13分，大手前堀川遊覽船乘場・歷史館前下車即到 🅿免費

也有眾多獨創品牌的商品

位於出雲大社附近的伴手禮店
觀光センターいずも D

かんこうセンターいずも

位於出雲大社巴士轉運站附近的觀光中心。販售了出雲的銘菓和特產，還有民俗藝品等種類豐富的商品。

MAP 附錄①16B-2

☎0853-53-3030
🕐9:00~16:40
🈲無休
🚉島根縣出雲市大社町杵築東273 🚃一畑電車出雲大社前站步行15分 🅿免費

相關的和風甜點

也有許多與出雲神話

一次搞定松江伴手禮
松江名產センター 大手前店 C

まつえめいさんセンターおおてまえてん

位於松江城附近的伴手禮店。以和菓子及小物為主，齊聚了松江及山陰相關的多樣商品。

MAP 附錄②21C-2

☎0852-31-4800
🕐9:00~18:00
🈲12月31日、1月1日 🚉島根縣松江市殿町191-10 🚃JR松江站搭松江Lake Line13分，大手前堀川遊覽船乘場・歷史館前下車即到 🅿免費

與鳥取縣物產觀光館（↑P.49）位於同一棟建築物

活躍的鳥取觀光據點
鳥取市國際觀光物產中心 鳥取MACHIPAL B

とっとりしこくさいかんこうぶっさんセンターまちパルとっとり

位於鳥取站附近，同時身兼觀光服務處的伴手禮商店。在這裡可以獲得鳥取各地的觀光情報，並設有免費的休憩空間。

MAP 附錄①15B-3

☎0857-36-3767
🕐9:00~19:00
🈲無休
🚉鳥取縣鳥取市末広温泉町160 🚃JR鳥取站步行5分

從入口處走進去就能看見裝飾的砂雕擺設

齊聚眾多的鳥取特產
鳥取大丸 A

とっとりだいまる

鳥取站北口步行2分即到。在時髦又新穎的店鋪中，食品和服飾等商品一應俱全。另外也有設置鳥取名產和工藝品的專區。

MAP 附錄②15A-3

☎0857-25-2111
🕐10:00~19:00
🈲無休
🚉鳥取縣鳥取市今町2-151 🚃JR鳥取站下車即到 🅿1小時200日圓（消費2000日圓以上即可免費停車2小時）

鳥取縣東部唯一的百貨公司

大受女性歡迎

鳥取
二十世紀梨之酒
(360ml) 1080日圓
使用鳥取特產的二十世紀梨來製作,是偏甜又多汁的利口酒
在這裡買得到 **A** **B**

國寶松江城最中
6個裝 1242日圓
桂月堂推出的商品,外觀模仿了堀尾吉晴公的家紋「分銅紋」
在這裡買得到 **C** **J**
※J為P.49的「島根縣物產觀光館」

島根

吃得到滿滿的紅豆

華貴婦人
粉紅醬油
(100ml) 1836日圓
使用了鳥取縣產的甜菜根,讓餐桌變得更華麗的甘口醬油
在這裡買得到 **A**

鳥取

是有點濃稠的醬油

鳥取

清爽的滋味

鮮榨全梨果汁
280日圓
使用嚴選的二十世紀梨果汁,以果汁60%的黃金比例製成的梨子飲料
在這裡買得到 **A** **B**

該店的獨創商品

島根

綠雫金平糖
1袋 350日圓
混和了島根縣產的生薑和茶等自然食材
在這裡買得到 **E**

出雲神話
1條 880日圓
內餡模樣就像勾玉一樣的抹茶蛋糕卷
在這裡買得到 **D**

島根

以勾玉為主題的和風甜點

充滿抹茶原有滋味的逸品

島根縣產抹茶
湖都之白
1罐裝・15g 1080日圓
在發展出茶湯文化的松江把特上抹茶帶回家吧
在這裡買得到 **E**

島根

ご縁遊びかん 540日圓

以巫女形象來設計的羊羹，總共有生薑和紅羊羹兩種口味

在這裡買得到 **J**

島根

島根

島根貓酒藏之旅
180㎖ 3瓶裝 1620日圓

一次品嘗到出雲、石見、隱岐區域的在地美酒

在這裡買得到 **J**

酒瓶上的插圖也引人注目

其中有一顆會是愛心形狀

鮮蜆瑪德蓮
(2個) 290日圓

兩個一組，有加了竹炭＆鮮蜆精華的「鮮蜆口味」和檸檬風味的「原味」

在這裡買得到 **J**

在島根才買得到的瑪德蓮

在店面有賣地加工販賣

島根

海鮮脆片
1袋 350日圓(未稅)、
3袋 1000日圓(未稅)

使用鮮蝦、烏賊、吻仔魚等日本海海鮮直接製作的脆片。

在這裡買得到 **I**

鳥取

H 柚子屋本店
LINK→P.119

I 大漁市場中浦
LINK→P.67

J 島根縣物產觀光館
LINK→P.49

K 境港魚中心
LINK→P.67

招牌商品就是軟綿綿的
蛋糕捲「赤米卷」
萩椿 **C**
はぎつばき

店內陳列了許多季節性的蛋糕和燒菓子，使用赤米或蜂蜜等萩出產的食材來製作，是結合和風滋味的西點店。

歡迎來品嘗店主最自豪的手工甜點

☎0838-26-9300 **MAP** 附錄②22D-2
🕐9:00～19:00(週二、日為～18:30) 🈺週三(逢假日則翌日休)
🏠山口縣萩市椿東1068-3 🚃JR東萩站步行15分 🅿免費

牧場直送，
追求真正的美味
MIDORIYA FARM **F**

在直營市場裡除了有見蘭牛之外，還有使用牧場直送牛肉做成的自家製火腿、香腸、手工熟食等商品。

另有附設網烤餐廳，可以在店內享用鮮度超群的牛肉

☎0838-25-1232 **MAP** 附錄②23A-2
🕐10:00～18:30 🈺不定休 🏠山口縣萩市堀內89 🚃JR萩站搭萩循環巴士MAARU西回45分，ミドリヤファーム入口下車，步行5分 🅿免費

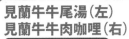

見蘭牛牛尾湯（左）
見蘭牛牛肉咖哩（右）

（左）719日圓／（右）616日圓

加了綿密牛尾肉的
清湯，以及牛肉角
煮的中辣咖哩

在這裡買得到 F

萩

輕鬆就能吃
到萩的品牌
牛「見蘭牛」

有深邃的
紅頭矮蟹
風味

鳥取

紅頭矮蟹脆片

540日圓

在脆片中加了許多淡淡甜味的紅頭
矮蟹魚肉

在這裡買得到 K

夏蜜柑果凍

80g 257日圓

使用手榨夏蜜柑果汁
及大塊果肉製成的
果凍

在這裡買得到 H

萩

冰起來
也很好吃
♥

赤米卷 **1條 1318日圓**

添加在地赤米和蜂蜜的蛋糕捲中裹
入了卡士達醬和鮮奶油

在這裡買得到 G

萩

顆粒紅豆餡
的口感讓人
欲罷不能

萩

萩燒

7個裝 1334日圓

是加了山口產米粉的
燒菓子，總共有夏蜜
柑、黑芝麻等6種口味

在這裡買得到 G

夠味的關鍵
就在米粉

萩

夏蜜柑Orange4
輕巧瓶 **180ml 648日圓**

具有淡淡甜味
和新鮮滋味的
濃縮果汁

在這裡買得到 H

橘子造型
的容器
十分可愛！

這個滋味必吃

在這裡！
THE BURGER STAND BUBNOVA
●ザバーガースタンドブブノワ

在漢堡中能品嘗到沒有添加增黏配料的100%牛肉肉排和在地蔬菜。其中除了有油封調理的原木香菇之外，和風青醬與瑞可達起司也讓油封漢堡的美味更上一層樓。

MAP 附錄②18E-2
☎050-3778-6401
🕐10:00～16:00 休週四
📍鳥取縣米子市皆生溫泉3-16-35 🚃JR米子站搭日本交通、日之丸巴士19分，皆生溫泉觀光中心下車，步行6分
🅿免費

🍔 鳥取漢堡節
2015年第2名&最美味漢堡賞
2016年第4名

油封調理過的極厚原木香菇、鴻喜菇、杏鮑菇等

米子

奧日野蕈菇油封漢堡
800日圓

★內用OK
★外帶OK
★數量限定

100%牛肉的手工肉排

濕潤又Q彈，充滿小麥郁香氣的自家製酵母麵包

使用天美美料理而成的半熟荷包蛋，彈力十足的蛋白與濃郁蛋黃為其特色。

讓嘴裡充滿大山豬的美味，散發煙燻香氣的自家製無添加培根

🍔 鳥取漢堡節
2017年第1名&最美味漢堡賞

YAZU漢堡
648日圓

★內用OK
★外帶OK

在這裡！
大江之鄉自然牧場
大江之鄉Village
●おおえのさとしぜんぼくじょうおおえのさとヴィレッジ

八頭町

凝聚了八頭町在地食材的重量級漢堡。大江之鄉自然牧場引以為豪的天美蛋荷包蛋，配上龍田炸雞和自家製培根等8種配料的最佳組合，成為鳥取地區第一個奪下漢堡節冠軍的漢堡。

☎0570-077-505 **MAP** 附錄②2E-3
🕐10:00～17:00 休無休 📍鳥取縣八頭町橋本126 🚃JR郡家站車程15分 🅿免費

年年進化的配料和滋味
請享用鳥取漢堡吧！

在鳥取縣內各個區域，陸續出現許多使用當地食材的在地漢堡！其中也有數量限定和需要預約的人氣漢堡！推薦漢堡迷一定要去品嘗看看，絕對會讓你不虛此行。

🍔 鳥取漢堡節
2015年第9名
2017年RECRUIT JALAN賞

使用來自大山山麓的無農藥糯米，製成口感Q彈的米漢堡

米子

大山寺漢堡禪
700日圓
（需事前預約）

★內用OK
★外帶OK
★數量限定

使用在地的豆腐和山藥，製作出仿浦燒鰻魚口感的肉排

在這裡！
和Café & Dining
えんや 淀江店
●ワカフェアンドダイニングえんやよどえてん

凝聚了大山開山1300年的歷史，以及美味山產和傳統素食料理的魅力，是齊聚山麓恩惠的重量級漢堡。完全沒有使用任何肉、魚、雞蛋、牛奶等食材，是少見的山菜素食米漢堡。

使用大山寺傳統的芝麻豆腐和生豆皮等素食料理食材

MAP 附錄②4D-2
☎0859-56-1588
🕐11:00～14:30、17:00～23:00 休不定休
📍鳥取縣米子市淀江町西原1135-4 🚃JR淀江站步行10分 🅿免費

可以自選配料的

🍔 鳥取漢堡節
2014年Performance賞

貝殼鮮魚漢堡
400日圓

★內用OK
★外帶OK

呈現貝殼造型，飽滿可愛的自家製麵包

襯托出鮮魚滋味的自家製塔塔醬

主配料是使用自選鮮魚做成的香脆炸魚排

在這裡！
café ippo ●カフェイッポ

湯梨濱町

以湯梨濱町泊漁港流傳的「泊貝殼節小調」為主題，製作成獨家的扇貝造型麵包，然後夾入客人自選的鮮魚做配料（有青甘、鰆魚、鯖魚、鬼頭刀等種類）。在地鮮魚與自家製塔塔醬就是最完美的搭配。

☎0858-35-6161 **MAP** 附錄②3C-2
🕐10:00～16:30（12月～翌3月為11:00～15:30） 休週一
📍鳥取縣湯梨浜町南谷573 🚃JR松崎站車程11分 🅿免費

漢堡迷必去不可
全國在地漢堡大集合的祭典
去參加鳥取漢堡節吧！

始於2009年，日本最大的在地漢堡祭典，是在地漢堡爭奪日本第一的唯一戰場。北至北海道，南至南九州和沖繩的在地漢堡都集結在此，由現場試吃的遊客和評審進行投票，選出冠軍及各大獎的漢堡。在2017年的大賽上總共有21家店鋪參加，累計5萬名遊客參加，在盛況空前中閉幕。

漢堡節的會場每年都擠滿了人潮

歡迎各位來鳥取，品嘗比較全國各地的在地漢堡吧！

鳥取漢堡節實行委員會
柄木孝志

☎0859-52-2523（鳥取漢堡節實行委員會事務局）
預定舉辦日：2019年尚未公布
活動會場：大山寺博勞座（免費入場，購買漢堡費用另計）
※最新情報需至HP確認 🌐http://www.tottori-bf.jp/

中國地區的最高峰「大山」是日本最古老的神山

才剛結束話題火熱的開山1300年！

前往景緻優美的 大山（だいせん）遊玩吧

2018年是鳥取縣的名峰「大山」開山1300週年。
為了慶祝這值得紀念的時刻，在大山區域舉辦了許多這個時期才能體驗的活動和觀光服務。
即使活動結束了，也歡迎來體驗大山的自然與文化歷史。

山岳佛教的修練道場，展現了寺方氣勢的大山寺山門

攝影／柄木孝志

使用大山與周邊在地食材的料理也值得期待

山頂上一望無際的雲層令人心曠神怡

來自深綠意的大山名水，優良的水質享譽日本全國各地

鮮艷的花田與天空形成鮮明對比，洗滌了我們的心靈

穿過紅葉隧道，暢快的兜風之旅

攝影／柄木孝志

被列為日本遺產的 大自然寶庫 大山

自古被視為神明而受到信仰，長久以來都禁止登山和伐木，直到近代才正式開放，讓大山儼然成為大自然的寶庫。山麓有日本最大規模的山毛櫸原生林，還有來自清流和山林的美味山產，是個適合登山健行、騎單車觀光等戶外活動，以及體驗自然景觀和產物的觀光名勝。

大山寺開創超過1300年

奈良時代養老2（718）年，金蓮上人開創了大山寺，讓大山成為廣為人知的信仰對象。境內有供奉御本尊地藏菩薩的本堂、被列為重要文化財的阿彌陀堂，還有作為寶物館的靈寶閣等眾多值得一看之處。

昭和26（1951）年重建的本堂

大山寺 ●だいせんじ
☎0859-52-2158 **MAP** 72C-1
⏰9:00〜16:00　休無休　參拜志納金（含寶物館）300日圓
所鳥取縣大山町大山9　JR米子站搭日本交通巴士54分，大山寺下車，步行15分　P使用周邊停車場

日本神社與寺院之旅

從日本為數眾多的神社與寺院中精挑細選，並分門別類呈現給讀者。編輯超推薦此生必訪！

精美的大張圖片，好美！還有詳細解說、參訪＆交通資訊、周遭的觀光景點。

介紹日本知名的大型祭典、神社與寺院的建築知識、宗派等，美感度＆知識性含金量都超高！！眾目亮睛！

一輩子一定要去一次！

修身 休憩

祈福 療癒

行程範例、交通方式、參拜重點、
伴手禮、重要祭典、周邊景點…
依季節、依主題走訪超過130間的神社與寺院！
超經典的參拜探訪指南

系列姊妹作：
《日本觀光列車之旅》《日本絕景之旅》
定價450元

就算
你不是鐵道迷也
心動！

豐富精采圖片讓
你已置身在列車
之旅中。

以地圖方式呈現周
邊景點，為列車之
旅量身打造專屬兩
天一夜小旅行。

介紹多達67款的觀光
列車，列出詳細乘車
資訊，一目了然讓你
輕鬆上手，選擇喜歡
的列車去搭乘吧！

系列姊妹作：
《日本絕景之旅》
《日本神社與寺院之旅》

定價450元

▶ 行程範例、票務資訊、延伸旅遊、乘務員才知道的職人推薦…超完備的日本觀光列車搭乘指南

結緣神社等
能量景點
一網打盡！

出雲·松江
玉造溫泉

いずも・まつえ・たまつくりおんせん

最吸睛的觀光景點就是
出雲大社！

集結了出雲大社、八重垣神社、玉作湯神社等人氣結緣景點的區域。其中的出雲大社在結束平成大遷宮之後，境內充滿了更加靈驗的氣氛，是人氣居高不下的景點。另外保留了城下町風情的松江地區，還有以美肌之湯聞名的玉造溫泉也是必去的觀光地。出雲蕎麥麵和宍道湖七珍等當地特有的美食料理也是不可錯過的重點。

大國主大神鎮座的正殿

記得
CHECK
附錄①的
**出雲大社
參拜BOOK！**

出雲大社
參拜
BOOK

區域INDEX

交通路線

山陽新幹線「希望號」 岡山站 JR特急「八雲號」

從大阪

電車 新大阪站
⏱ 3小時37分 ¥ 10810日圓

車 中國吹田IC
中國道→米子道→山陰道
275km ¥ 6390日圓
松江中央LAMP 21 3km

這裡是本區域的入口

松江站

山陽新幹線「希望號」 岡山站 JR特急「八雲號」

從廣島

電車 廣島站
⏱ 3小時25分 ¥ 9950日圓

車 広島IC
山陽道→廣島道
→中國道→松江道→山陰道
166km ¥ 3120日圓
松江玉造IC 9 5km

區域移動 CHECK!

循環巴士松江 Lake Line

在JR松江站每班間隔20～30分發車，約50分即可遊覽松江區域的主要觀光景點。車資1次200日圓，划算的1日乘車券是500日圓。

充滿懷舊風設計的可愛巴士

出雲

各地信徒絡繹不絕的結緣聖地

出雲是這樣的地方

以出雲大社為中心的繁榮區域。神社內供奉以結緣之神而聞名的大國主大神。在出雲大社周邊的徒步圈內，聚集了眾多像出雲蕎麥麵專賣店等，販賣結緣相關料理和商品的商店。

推薦大家也可以走遠一點到日御碕神社參拜（→P.52）

資訊洽詢
出雲觀光協會 ☎0853-53-2112
神門通觀光服務處 ☎0853-53-2298

交通路線

巴士	出雲結緣機場	→出雲一畑交通機場連絡巴士 35分 880日圓→	出雲大社前站					
巴士/電車	松江站	→松江市營巴士 20分 210日圓→	松江宍道湖溫泉站	→一畑電車北松江線 48分→	川跡站	→一畑電車大社線 11分 810日圓→	出雲大社前站	
車	山陰自動車道 出雲IC	→337 431 161 約9km 約18分→	出雲大社					

GO 往這邊！ 出雲大社
前往供奉大國主大神締結了各種良緣的出雲大社祈求好姻緣。
→附錄①P.2

松江

品味江戶時代風情的城下町

松江是這樣的地方

在這個區域有圍繞著松江城的堀川，可以欣賞到恬靜的水岸風光。由於傳承了茶湯文化，這裡也林立了眾多老字號的茶鋪和和菓子店。大家可以一邊品茶，一邊周遊附近各個結緣景點。在街頭漫步閒逛。

↑可以搭乘松江堀川遊覽船，悠閒遊覽城下町風情（→P.36）

資訊洽詢
松江市觀光文化課 ☎0852-55-5214
松江觀光協會 ☎0852-27-5843

交通路線

巴士	松江站	→松江Lake Line 10分 200日圓→	国宝松江城（大手前）	
車	山陰道 松江中央LAMP	→21 431 260 約5km 約10分→	松江城	

GO 往這邊！ 國寶 松江城
在松江最推薦的松江城和周邊區域體驗城下町氣氛。
→P.38

玉造溫泉

享受歷史悠久的名湯島根縣數一數二的溫泉街

玉造溫泉是這樣的地方

是曾登場於《出雲國風土記》中，清少納言也在《枕草子》中讚嘆過的歷史古湯。在流經溫泉街的玉湯川兩側林立著溫泉旅館，周邊還有玉作湯神社等眾多結緣景點。在玉作湯神社用許願石和成就石來製作的御守十分受歡迎。

↑可以在流經溫泉街的玉湯川泡泡足湯，稍微小憩片刻

資訊洽詢
松江觀光協會 玉造溫泉支部 ☎0852-62-3300
玉造溫泉旅館協同組合 ☎0852-62-0634

交通路線

巴士	松江站前	→一畑巴士 28分 520日圓→	玉造溫泉
車	山陰自動車道 松江玉造IC	→9 25 約5km 約10分→	玉造溫泉

GO 往這邊！ 玉作湯神社
拿著成就石碰一下許願石，讓許願石的力量灌注到成就石中，製作出獨一無二的結緣御守吧。
→P.33

參拜時，也別忘了這裡！

緣神社

在緣分之國島根有許多保佑締結良緣的神社。來出雲大社參拜的時候，大家也順便探訪一下位於松江周邊的人氣神社吧。

參拜時間40分

在鏡池占卜良緣
八重垣神社
● やえがきじんじゃ

相傳擊退八岐大蛇而聲名大噪的素盞嗚尊與稻田姬命，就在這個地方展開了夫妻生活，而八重垣神社就是供奉這兩位神明的結緣神社。傳說中稻田姬命用來當作鏡子的鏡池和夫婦椿都是神社的良緣景點。

☎0852-21-1148 **MAP** 附錄②19C-2
自由參拜（寶物殿9:00～17:00） 寶物殿參觀門票200日圓 島根縣松江市佐草町227 JR松江站搭松江市營巴士20分，八重垣神社下車即到 免費

八重垣神社

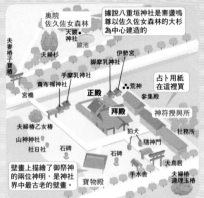

奧院
佐久佐女森林
天鏡・神社
鏡池
夫婦杉
伊勢宮
脚摩乳神社
手摩乳神社
貴布禰神社
荒神
占卜用紙在這裡買
參集殿
正殿
神符授與所
拜殿
夫婦椿乙女椿
狛犬
社務所
山神社日社
石碑
隨神門
大鳥居
石碑
夫婦椿連理玉椿
寶物殿
手水舍

據說八重垣神社是素盞嗚尊以佐久佐女森林的大杉為中心建造的

壁畫上描繪的御祭神的兩位神明，是神社界中最古老的壁畫。

讓愛情運UP的護身符
結緣護身符 500日圓 也有夫婦買來保佑生活美滿

美之護身符
500日圓 以被譽為國民少女之花的稻田姬命作為設計主題

❷ 到社務所拿占卜用紙
占卜用紙只能到社務所的神符授與所購買，也可以在這裡買到御守和結緣繩。

占卜用紙1張100日圓

❸ 走進綠意茂密的小徑
鏡池位於神社後面的庭院，走進據說是稻田姬命藏身的佐久佐女森林，步行約3分即可抵達。

照著指示圖前進吧

小小的祠堂

❶ 首先前往拜殿參拜
穿過鳥居後方的隨神門就可以看到後面的拜殿。在手水舍潔淨身心之後，照著「二禮、二拍手、一禮」的方式來參拜吧。

除了能祈求良緣，也可以保佑夫妻圓滿、兒孫滿堂。

❹ 抵達鏡池！占卜前先前往天鏡神社
抵達鏡池之後，在占卜姻緣之前先去供奉稻田姬命的天鏡神社參拜一下吧。

❺ 緊張萬分⋯⋯ 在鏡池占卜姻緣
將硬幣放在占卜用紙的中心位置，然後讓紙飄流在水面上。這時候占卜用紙上會浮現出文字，接著依照紙沉入池中的時間和沉入地點來作占卜。

占卜的重點
如果水面上的紙在15分鐘內沉入池中，就表示緣分很快就會到來；如果沉入的地點離岸邊很近，則表示緣分就近在身邊。另外如果在池裡游泳的蠑螈有靠近此，就代表將有良緣降臨。

瀰漫著神聖氛圍的水池

出雲國三大神社之一
佐太神社
● さだじんじゃ

曾出現於《出雲國風土記》中，是出雲國二之宮，自古受到信奉的神社。採用莊嚴的大社造建築樣式，三殿並排的社殿是神社建築史上值得注目的焦點，也被列為重要文化財。另外身為攝社的田中神社則是能夠斬斷惡緣，在日本也算是十分少見的神社。

在平成年間進行大型修復之後，正殿重回亮麗的身姿

☎0852-82-0668 **MAP** 附錄②6E-1
自由參拜 島根縣松江市鹿島町佐陀宮內72 JR松江站搭一畑巴士30分，佐太神社前下車即到 免費

和出雲大社一起參拜運勢更升級
美保神社
● みほじんじゃ

日本全國3385間惠比壽神社的總本宮。據說同時和出雲大社一起參拜，就可以獲得更美好的良緣。正殿為2棟大社造並排，是少見的美保造建築樣式。主要是保佑工作相關的緣分，也是守護漁業、海運、商業繁榮的守護神。

供奉事代主神（惠比壽神）和三穗津姬命的社殿

☎0852-73-0506 **MAP** 附錄②5C-1
自由參拜 島根縣松江市美保關町美保關608 JR松江站搭一畑巴士44分，美保關ターミナル下車，轉搭美保關巡迴巴士28分，美保關下車即到 免費

出現於奈良時代《出雲國風土記》中的古社

充滿莊嚴氛圍的出雲大社正殿

松江周邊的 結

出雲、松江、玉造溫泉
松江周邊的結緣神社

參拜時間20分

祈求幸福&美肌
玉作湯神社
●たまつくりゆじんじゃ

位於被稱為神之湯的玉造溫泉後方位置。供奉了製作三種神器「八坂瓊勾玉」的造玉之神櫛明玉命，還有發現玉造溫泉的大名持命和少彥名命等神明。據說只要觸摸被稱為許願石（真玉）的石頭來許願，就可以心想事成。

📞0852-62-0006 **MAP** 附錄②19B-4
自由參拜 🏠島根縣松江市玉湯町玉造508 🚋JR玉造溫泉站車程5分 🅿免費

穿過第一座鳥居後就可以在左邊看到

1 先去購買成就石
參拜前先前往社務所，購買被稱為成就石的小顆天然石吧。參拜時必須拿著這顆成就石來許願。

成就石搭配許願符和御守袋的組合600日圓

2 登上石階前往境內
穿過第二座鳥居，登上石階前往拜殿。在前面的手水舍洗手漱口，然後在拜殿依照「二禮、二拍手、一禮」的程序來參拜。

整個神社境內都是國家史蹟

3 將許願石（真玉）的力量注入到成就石內
用許願石底下湧出的神水清潔石頭和手，再將成就石輕觸許願石，讓神力灌入成就石裡面，同時一邊在心裡默念自己的願望即可。

許願石（真玉）位於神社境內

4 在許願符裡寫下自己的願望

拜殿前有準備桌子提供遊客使用。在複寫紙所製成，一式兩份的許願符寫上願望，1張放入許願符納入箱，1張放進御守袋裡，最後再去拜殿參拜一次。

地址和名字也是必寫內容

社方會為奉納在神社裡的許願符作祈禱

5 獨一無二的專屬御守大功告成！！

把獲得神力的成就石和許願符一起放進御守袋裡帶回家吧。

古代造玉的場所，整個境內都被列為國家史蹟

藍瑪瑙的原石。可以保佑去除災厄

正殿舊基石安置所
守護石
湯山遙拜所
土俵
許願石（真玉）
玉宮神社
金刀比羅神社
福德神社
澤玉神社
正殿
稻荷大明神
秦姬大明神
記加羅志神社
玉英池
拜殿
手水舍
翹著屁股，豎起尾巴的獨特狛犬
親子狛犬
湯姬大明神
湯姬椿
翹臀狛犬
收藏庫
第二鳥居

在這裡購買成就石
社務所
第一鳥居

供奉美女神的小神社
八上姬神社
●やがみひめじんじゃ

供奉出雲神話〈因幡白兔〉中，與大國主大神結為連理的絕世美女「八上姬」。被視為能保佑信徒獲得美貌的的神社，據說八上姬就是泡了這裡的溫泉而變得更加美麗。

位於湯之川溫泉的旅館「湯元 湯之川（P.60）」的區域內

MAP 附錄②6D-2
📞0853-72-0333（湯元 湯の川）
自由參拜 🏠島根縣出雲市斐川町學頭1329-1 🚋JR莊原站搭計程車3分

出雲國一之宮的高貴古社
熊野大社
●くまのたいしゃ

是日本火出初之社（火的發祥神社），與出雲大社一樣，是自古以來就受到民眾信奉的神社。鎮座於山林之間，清淨的境內建造了供奉素盞鳴尊的正殿、供奉後神的稻田神社，還有供奉母神的伊邪那美神社等社殿。

神門上掛著巨大的注連繩，走進神門後就會看到社殿

📞0852-54-0087 **MAP** 附錄②6F-2
自由參拜（開放參拜時間8:30～16:30）
🏠島根縣松江市八雲町熊野2451 🚋JR松江站搭一畑巴士22分，八雲巴士終點站下車，轉搭八雲巡迴巴士12分，熊野大社下車即到 🅿免費

讓人感受到滿滿的幸福氣息♥

美肌 & 幸福 景點 巡禮

在以美肌之湯而聞名的玉造溫泉，集合了眾多對戀愛運很靈驗（？）的能量景點。大家一起逛逛溫泉街，祈求美肌和幸福吧！

---

1 玉作湯神社
●たまつくりゆじんじゃ
幸福 SPOT

MAP 附錄②19B-4　**LINK→P.33**

在《出雲國風土記》中也有記載的古寺。用許願石（真玉）下的神水潔淨身心之後，拿著「成就石」輕觸「許願石（真玉）」，然後在心裡祈禱，讓許願石（真玉）的力量灌注到成就石裡後，就可以把成就石當作護身符帶回家。這個全世界獨一無二的護身符，感覺好像會特別有效。

在這裡小憩片刻
おすそわけ茶屋
●おすそわけちゃや

位於玉作湯神社旁邊，由當地義工經營的休息場所。這裡也有提供觀光諮詢服務，大家可以一邊品嘗抹茶和咖啡，一邊聽聽關於溫泉街的故事。

參拜後休息一下

🕐9:00～12:00、15:00～18:00（冬季的下午時段為14:00～17:00）
🈺不定休
💴抹茶100日圓、咖啡100日圓、煎茶免費

守護石
位於許願石（真玉）旁邊的藍瑪瑙原石，自古就被認為擁有守護的力量。

成就石
在社務所購買的成就石、許願符、御守袋的組合（600日圓）

溫泉街景點 CHECK‼
在玉造溫泉街上處處都有許多露出獨特表情，為遊客介紹景點的「長舌看板」，以及重現出雲神話場景的雕像。一邊開逛一邊尋找這些景點也非常好玩。

總共有8座重現神話場景的雕像

停下來仔細一看後，讓人會心一笑的「長舌看板」

---

2 清巖寺的白粉地藏王
●せいがんじのおしろいじぞうさま
美肌 SPOT

MAP 附錄②19B-4

位於玉作湯神社南側的清巖寺內，據說能帶來美肌而引發話題的地藏菩薩。先在境內的美肌符所購買祈願符，用色鉛筆在想變白晰的地方塗上顏色，許好願之後拿去供奉，最後再去參拜白粉地藏王！

美肌祈願符
分成臉部用和身體用的2種類型，各300日圓。用色鉛筆在想變白晰的地方塗上顏色。

把寫好的祈願符供奉起來

白粉地藏王
用刷具幫地藏王塗上白粉來祈求獲得美肌

在「溫泉總選舉2017」榮獲款待特別賞

在2017年舉辦的溫泉總選舉中，玉造溫泉榮獲了「款待特別賞」。繼2016年獲得最大獎項之後，玉造溫泉多方面的貼心服務再度得到肯定。

逛逛溫泉街的觀光景點
玉造アートボックス
●たまつくりアートボックス

是集合多家店舖的複合設施，1樓進駐了販賣島根名產和美肌商品的商店以及浴衣出租店，2樓則是集合在地活躍作家作品，另外也附設了咖啡廳。這裡也有提供免費租借雨傘和陽傘的服務，來玉造溫泉街閒逛時歡迎順道來這裡看看。

可以作為溫泉街的觀光據點

☎0852-67-5050　**MAP** 附錄②19B-3
🕐9:00～19:00（咖啡廳為～18:00）
🈺週四　📍島根縣松江市玉湯町玉造1241　🚃JR玉造溫泉站搭一畑巴士4分，溫泉下下車即到
🅿免費（使用玉造溫泉停車場）

ラララ ラスク（540日圓～），使用具有排毒效果的玄米來製作

必買伴手禮

就像在抽籤一樣能占卜運勢的姬神占卜神社餅乾（5片裝540日圓、1片裝150日圓）

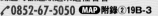

①深層浸透角質層，讓肌膚變光滑的**姬ラボ精華乳** 2200日圓

②去除頑強髒污和老舊角質，使肌膚更有透明感的**姬ラボ去角質凝露** 2400日圓

③姬ラボ卸妝凝露1980日圓。不會帶給肌膚太多負擔，洗起來清爽舒適

④使用100%溫泉水，讓細微粒子溫柔滲透進深層肌膚的保濕噴霧**キラキラミスト**(80g)1100日圓

⑤使用具有保濕效果的溫泉水製作，**姬ラボ潔顏凝露**2500日圓

⑥姬肌膚變得水潤Q彈的**姬ラボ洗面皂**1500日圓。是擁有眾多忠實客戶的商品

⑦姬ラボ護手霜880日圓。能迅速滲透肌膚，使用起來清爽舒適

玉造溫泉 美肌研究所 姬ラボ
●たまつくりおんせんびはだけんきゅうじょひめラボ

MAP 附錄②19B-3

販售玉造溫泉水製作的原創保養品，推出了洗面皂、精華乳、去角質凝露等品項。

☎0852-62-1556
⏰8:30～21:30
休無休
所島根縣松江市玉湯町玉造46-4
🚌JR玉造溫泉站搭一畑巴士5分，姬神廣場下車即到

傳聞中的**溫泉美妝**

內含溫泉水，讓肌膚變得水潤滑嫩

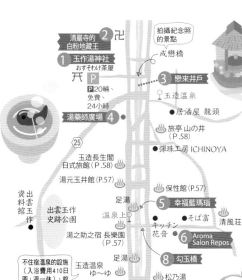

（地圖標示：）
清巖寺的白粉地藏王
玉作湯神社 おすそわけ茶屋 ①
拍攝紀念照的景點
成戀橋
戀來井戶 ③
玉造溫泉
居酒屋 龍頭
湯藥師廣場 ④
旅亭 山の井 (P.58)
彈珠工房 ICHINOYA
玉造長生閣 日式旅館 (P.58)
湯元玉井館 (P.57)
保性館 (P.57)
幸福藍瑪瑙 ⑤
そば富 清風荘
キッチン 花音
Aroma Salon Repos ⑥
勾玉橋 ⑧
松乃湯
出雲玉作史跡公園
湯之助之宿 長樂園 (P.57)
溫泉上
足湯
資出雲作史料館玉作
不住宿溫泉的設施（入浴費用410日圓，週一休），館內設有販賣部
玉造溫泉 ゆ～ゆ
Cake House Agate
たこ焼き樓
玉造溫泉美肌研究所 姬ラボ
姬神廣場 ⑦
姬神廣場
姬神像
湯陣 千代之湯
佳翠苑 皆美 (P.58)
星野度假村界 出雲 (P.56)
多管閒事玉造
玉造アートボックス(P.34)
出雲眾神結緣之宿 紺家 (P.56)
玉井別館
山陰自動車道
P100輛、免費、9:00～19:00
翠鴨之巢溫泉民宿 八百萬マーケット
若竹寿し
白石家 (P.57)
海鮮蓋飯(1620日圓)很有人氣，中午有時候會大排長龍
〜曲水之庭〜玉泉飯店 (P.58)
溫泉下
P80輛、免費、9:30～19:00
郵局
觀光服務處 郵便局前
有風景圖案戳印的「風景印」
出雲玉作史跡公園入口
Omojiro 釜
玉湯小學
263
自己帶雞蛋和網子過來，可以在這裡製作溫泉蛋
玉造溫泉 泉站
湯町窯 (P.48)
湯町保育園
JR山陰本線
松江市 玉湯支所
25
松江豐來榮彌傳承館 (P.46) ⑨
N

8 勾玉橋
●まがたまばし **幸福SPOT**

MAP 附錄②19B-4

是橫跨玉湯川的橋，橋上的巨大勾玉欄杆十分吸睛。現場設有方便拍照的攝影台，是個很受歡迎的拍照景點。

在玉湯川上一覽充滿溫泉街風情的景色

7 姬神廣場
●ひめがみひろば **美肌SPOT**

MAP 附錄②19B-3

先向姬神大人許下希望獲得美肌的願望，再去旁邊的足湯放鬆一下。足湯池內鑲了玉造的名產瑪瑙，看起來十分豪華，而且還蓋有屋頂，在雨天也能悠閒地泡足湯。

姬神大人
成為祈求美肌的景點而引發話題的姬神像

現場也有提供毛巾(1條100日圓)

6 Aroma Salon Repos
●アロマサロンレポス **美肌SPOT**

芳香療程會準備50種以上的香氛現場調配，是大受客人好評的療程。美體療程（40分）4500日圓起，臉部療程（50分）5000日圓起。

除了有準備各種療程外，也有販賣香氛商品

☎0852-62-3351
⏰10:30～17:00（最終受理時間16:00）
休週日、假日
所島根縣松江市玉湯町玉造1200
🚌JR玉造溫泉站搭一畑巴士5分，姬神廣場下車，步行5分
P免費

5 幸福藍瑪瑙
●しあわせあおめのう **幸福SPOT**

MAP 附錄②19B-4

在玉湯川上有個勾玉形狀的小島，位於中間的藍瑪瑙原石被大家稱為「幸福藍瑪瑙」，據說只要摸一摸它就能獲得幸福。

藍瑪瑙原石
因為位在玉湯川中，大家要記得小心腳步

4 湯藥師廣場
●ゆやくしひろば **美肌SPOT**

MAP 附錄②19B-4

設置了會湧出玉造溫泉的手湯。大家可以在這裡把富含美肌成分的溫泉水帶回家，並記得在5天之內用完。

美肌溫泉瓶
噴霧式的專用瓶，80㎖200日圓。總共有5色可以選擇。

3 戀來井戶
●こいくるいど **幸福SPOT**

MAP 附錄②19B-4

在過去會使用這裡的井水供奉給湯藥師堂，又另稱為湯閼伽井。據說在這邊往河裡撒上「戀愛之素」，並有鯉魚聚集而來的話，就代表將會有理想的對象現身。

從JR玉造溫泉站到溫泉街距離大約是1km。建議大家可以搭乘公車和計程車，或是利用旅館飯店提供的接送服務。

戀愛之素
1袋100日圓。如果有吸引白色鯉魚來吃就會效果加倍的樣子!?

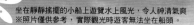
坐在靜靜搖擺的小船上遊覽水上風光，令人神清氣爽
※照片僅供參考，實際觀光時遊客無法坐在船頭。

萬種的街景
城下町
散步

坐在靜靜搖擺的小船上遊覽水上風光，令人神清氣爽

搭船享受美好風光
3大重要美景

松江堀川遊覽船

好想搭搭看！

搭乘「松江堀川遊覽船」途中，眼前會接連出現城下町風情的美景，還能感受到沿岸的自然風光。坐在悠閒搖擺的船上時，千萬別錯過從船上看出去的美景。

View Point 1
椿谷 ●つばきだに

穿過蒼鬱茂密的山茶花樹林之間，彷彿就像巡航在叢林中一樣。

View Point 2
鹽見繩手 ●しおみなわて

在護城河上欣賞留有城下町風情的鹽見繩手，看起來也與平常的印象不太一樣。這片如詩如畫的風景就是適合按快門的景點。

View Point 3
宇賀橋 ●うがばし

在堀川北側的宇賀橋附近，可以看見藏身在茂密樹林中的天守閣。環繞在四季自然中的天守閣，就是在船上不可錯過的必看景點。

搭船周遊護城河

「松江堀川遊覽船」是周遊日本國寶松江城外圍護城河的遊覽船。船程全長3.7km，大約50分鐘。遊客可以在船上欣賞陸續出現在眼前的景觀，感受松江的歷史和大自然。遊覽船備有屋頂，下雨或下雪時也不用擔心。夏季和冬季還會分別推出風鈴船和暖桌船。

MAP 附錄②21C-1

📞 0852-27-0417
（堀川遊覽船管理事務所）
休 無休（會依天候和水位狀況臨時停航或更改路線）💰1日乘船券1230日圓

僅提供1日不限搭乘次數的乘船券

1日不限搭乘次數！

僅提供1日不限搭乘次數的乘船券。總共有3座乘船場可任意上下船，要前往想去的景點時也是便利的交通工具之一。

運航時間

3月～6月	9:00～17:00	15分一班
7月1日～8月15日	9:00～18:00	15分一班
8月16日～10月10日	9:00～17:00	15分一班
10月11日～11月30日	9:00～16:00	15分一班
12月～翌2月底	9:00～16:00	20分一班

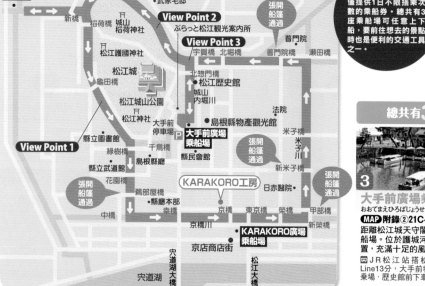

P 城山西停車場
小泉八雲記念館
小泉八雲故居（赫恩故居）
田部美術館
鹽見繩手
武家宅邸
交流廣場乘船場
新橋
稻荷橋
城山稻荷神社
松江護國神社
松江城
龜田橋
松江城山公園
松江神社
大手前停車場
縣立圖書館
綠樹庵
島根縣廳
縣立武道館
花園橋
鵜部屋橋
縣廳本部
中橋
幸橋
View Point 1
張開船篷通過
View Point 2
ぷらっと松江觀光案內所
View Point 3
宇賀橋 北堀橋
普門院橋
北惣門橋
松江歷史館
城山內堀川
大手前廣場乘船場
縣民會館
張開船篷通過
KARAKORO工房
日赤醫院
京橋
東京橋
榮橋
新榮橋
KARAKORO廣場乘船場
京橋川
京店商店街
松江大橋
宍道湖大橋
宍道湖
張開船篷通過
甲部橋
新米子橋
米子川
米子橋
瀨田橋
普門院
張開船篷通過
島根縣物產觀光館
法院
千鳥橋

總共有3座可以任意上下船的乘船場！

3
大手前廣場乘船場
おおてまえひろばじょうせんじょう

MAP 附錄②21C-2

距離松江城天守閣最近的乘船場。位於護城河盡頭的位置，充滿十足的風情。

🚌 JR松江站搭松江Lake Line13分，大手前堀川遊覽船乘場・歷史館前下車即到

2
KARAKORO廣場乘船場
カラコロひろばじょうせんじょう

MAP 附錄②20F-1

位於KARAKORO工房前的京橋川上。

🚌 JR松江站搭松江Lake Line8分，京橋下車即到

1
交流廣場乘船場
ふれあいひろばじょうせんじょう

MAP 附錄②21B-1

3座乘船場中最大的一處。

🚌 JR松江站搭松江Lake Line17分，堀川遊覽船乘場下車即到

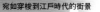
宛如穿梭到江戶時代的街景

悠閒遊覽風情
松江

松江街頭保留了濃濃的江戶時代風情，是山陰數一數二的觀光名勝。歡迎大家悠閒遊覽國寶松江城與周邊景點，體驗一下城下町的魅力吧。

鹽見繩手的 3大重要美景

精彩看點1 小泉八雲紀念館
●こいずみやくもきねんかん

透過各種資料來追思小泉八雲

透過淺顯易懂的照片介紹《怪談》的作者——小泉八雲的生涯事蹟和思想特色。這裡不僅展示了小泉八雲的遺物、親筆手稿、首刷書等等，還能在這裡聽到有關山陰的怪談故事。

☎0852-21-2147 **MAP** 附錄②21B-1

2樓部分經過了增建，空間變成原本的2倍以上
🕗8:30～18:10（10～翌3月為→16:40）休無休 ¥門票400日圓 🏠島根縣松江市奧谷町322 🚌小泉八雲紀念館前巴士站即到

精彩看點2 小泉八雲故居（赫恩故居）
●こいずみやくもきゅうきょ（ヘルンきゅうきょ）

擁有美麗日本庭園的文豪宅邸

明治24（1891）年大約5個月期間，小泉八雲與節子夫人一起度過新婚生活的武家宅邸。主屋房間的三個方向都能看到日本庭園，在小泉八雲的著作中也曾提到這座庭園和宅邸。

☎0852-23-0714 **MAP** 附錄②21B-1

緊鄰小泉八雲紀念館
🕗8:30～18:10（10～翌3月為→16:40）休無休 ¥入場門票300日圓 🏠島根縣松江市北堀町315 🚌小泉八雲紀念館前巴士站即到

精彩看點3 武家宅邸
●ぶけやしき

中級武士的生活情景現在也能認識到

是建於江戶時代初期的中級藩士住家。從屋外就能看到的氣派大門，營造出風情十足的景觀。

☎0852-55-5218 **MAP** 附錄②21C-1
（松江市觀光施設課）
面向馬路的厚重長屋門
🏠島根縣松江市北堀町305 🚌小泉八雲紀念館前巴士站即到

鹽見繩手

想來這裡看看！

漫步在武家宅邸旁

位於松江城北側的堀川沿岸，美麗安靜的松並木大道上。這裡在過去林立著中級武士的住宅，由於鹽見小兵衛的宅邸就座落於大道的中段位置，因此這一邊便被稱為鹽見繩手，亦被列為日本之道100選之一。

MAP 附錄②21C-1

☎0852-27-5843（松江觀光協會）
🏠島根縣松江市北堀町 🚃JR松江站搭松江Lake Line16分，小泉八雲紀念館前下車即到

堀川盡頭這棵可以穿過底下的松樹，是鹽見繩手的名勝之一

在老松樹上發現橫向的愛心！

購買伴手禮＋小憩片刻的好去處

販賣著在地作家的可愛作品
てづくり雜貨ちろり LINK→P.48
●てづくりざっかちろり

改建屋齡140年古民宅的雜貨店，陳列了身兼手工藝品創作家的店主和在地創作家的作品。使用宍道湖鮮蜆製作的首飾十分受歡迎。

使用宍道湖的鮮蜆貝殼製作。鮮蜆蝴蝶胸針3218日圓起（價格視設計和個數而異）

能帶來緣分的可愛雨滴護身符。雨粒御傳（1個）650日圓

咖啡廳內有使用隱岐牛的菜色
カフェ畔庵 -haan-
●カフェハーン

位於小泉八雲故居前的伴手禮店「松江ごころ」內。店內的牛肉蓋飯和漢堡可以品嘗到來自隱岐島的牛肉滋味，另有咖啡、果汁等豐富的飲料品項。

MAP 附錄②21B-1
☎080-4812-5009
🕗9:30～17:30 休週三 🏠島根縣松江市北堀町318 🚌小泉八雲紀念館前巴士站即到

隱岐牛和牛漢堡680日圓（搭配飲料780日圓）

鹽見繩手 MAP

小泉八雲故居（赫恩故居）
武家宅邸
小泉八雲紀念館
小泉八雲紀念館前
鹽見繩手
てづくり雜貨 ちろり
カフェ畔庵 -haan-（松江こころ內）
新橋通
在松樹行道樹的樹幹上發現愛心形狀的切痕♥
松江城（P.38）

白色牆壁與黑色雨淋板的對比搭配十分美麗

松江城

松江的地標就是國寶天守閣

松江城於2015年被列為日本國寶，也是睽違63年成為國寶的天守閣。從JR松江站出發的交通路線也十分便利，是來山陰觀光時必去的名勝之一。

天守閣周圍有豐富的大自然♪

松江城是這樣的城堡

日本國內現存的12座天守閣之一。慶長16（1611）年，在關原之戰立功而成為出雲‧隱岐大守的堀尾吉晴所建造。即使歷經了400年以上的歲月，至今依然威風凜凜地佇立在松江城下町的中心。天守閣是採用形狀像千鳥在張開翅膀的破風板，因此又別名「千鳥城」。在最上面的樓層可以一覽松江街景和宍道湖的風光。

MAP 附錄②21C-1

📞0852-21-4030（松江城山公園管理事務所）
🕐8:30～18:00（10～翌3月為～16:30）　休無休
¥登閣門票560日圓　所島根縣松江市殿町1-5　JR松江站搭松江Lake Line10分，国宝松江城（大手前）下車，步行10分
P使用市營大手前停車場（收費）

成為國寶的理由

獨特的建築工法
深受肯定

天守閣內擁有被稱為「包板」，周圍受到木板包裹的柱子。這是能加強耐久性的獨特建築工法，具有高度的歷史價值。

位於天守閣1樓的包板

夢幻的祈禱符
發現了

由於發現了證明松江城完工的「祈禱符」，才確定天守閣是建於慶長16（1611）年。

2012年在二丸的松江神社（→P.39）發現了祈禱符

CHECK 建築外觀的重點！

鯱鉾
是日本目前現存最大的木造鯱鉾

望樓
可以從這裡一覽松江街景

入母屋破風
三角形的屋頂破風板就是「千鳥城」之稱的由來

鬼瓦
每一片都有風格不同的設計

雨淋板
黑色厚重的擋雨木板看起來十分堅固

野面積工法
堅固的石牆歷經了400年也沒有倒場

38

城堡變身成廣大的公園
松江城山公園 的精采景點

地圖標示：
鹽見繩手／鹽見繩手／新橋／新橋通／城山稻荷神社／鎮守之森 散策路／へるんの小径／稻荷橋／松江護國神社／北之丸／東屋／馬洗池／宇賀橋／北惣門橋／松江歷史館／二之丸 下段／天守閣／米藏跡／城山內堀川／ぶらっと松江 觀光案內所／北之門遺址／松江城／龜田橋／椿谷散策路／本丸／三之門遺址／太鼓門 遺址／大手門跡／西之門遺址／門票販售處／一之門／中櫓／二之門遺址／二之丸 上段／堀川遊覽 大手前廣場 乘船場／大手前廣場／松江神社／興雲閣／南櫓／千鳥橋（御廊下橋）／京店 商店街
🚻 廁所　🅿 停車場　ℹ 諮詢處

松江神社
●まつえじんじゃ

寫下愛心繪馬，祈求良緣降臨吧

在氣氛莊嚴的神社內祈求良緣到來

ぶらっと松江觀光案內所和興雲閣都有販賣繪馬（610日圓）

供奉了松江藩松平家初代藩主的松平直政等，對松江發展有所貢獻的人物。大家可以在觀光服務處購買愛心繪馬供奉於神社，祈求愛情的到來。
📞 0852-23-3849　MAP 附錄②21C-2
🕐 自由參拜　🏠 島根縣松江市殿町1
🚃 JR松江站搭松江Lake Line10分，国宝松江城（大手前）下車，步行10分

城山稻荷神社
●じょうざんいなりじんじゃ

成為松江藩 守護神的知名神社

是與日本三大船祭神儀式之一「豐來榮彌」甚有淵源的神社

園內遊步道旁的小路佇立著無數的紅色鳥居，令人印象深刻。在拜殿周圍環繞了眾多狐狸石像，聽說其中也有深受小泉八雲喜愛的石像。
📞 0852-21-1389　MAP 附錄②21C-1
🕐 自由參拜　🏠 島根縣松江市殿町449-2
🚃 JR松江站搭松江Lake Line16分，小泉八雲記念館前下車，步行8分

觀光資訊全都在這裡
ぶらっと松江觀光案內所

走進松江城大手門遺址即可看到
MAP 附錄②21C-2
📞 0852-23-5470
🕐 8:30～17:00　休 無休

齊聚了松江觀光設施的手冊，也有精通松江觀光的工作人員常駐。

興雲閣
●こううんかく

可以入內參觀優美的裝潢設計

明治36（1903）年，松江市為了迎接明治天皇行幸而建造的迎賓館。雖然最後天皇未能行幸此地，但當時的皇太子（之後的大正天皇）曾在這裡留宿過，被列為縣指定有形文化財。

建築外觀仍保留了明治45（1912）年時的光采

建於明治時代的珍貴洋館

📞 0852-61-2100　MAP 附錄②21C-2
🕐 8:30～18:30（10～翌3月為～17:00）※最後入館時間為閉館前15分　休 無休　💴 免費入館
🏠 島根縣松江市殿町1-59　🚃 JR松江站搭松江Lake Line10分，国宝松江城（大手前）下車，步行10分

公園對面的這個景點也別忘了CHECK一下

武家宅邸風格的大型資料館
松江歷史館
●まつえれきしかん

武家宅邸風格的和風外觀

本區域是用模型和繪畫來介紹松江城下町的變遷

也可以到館內的喫茶きはる（→P.41）享用松江和菓子，小憩片刻

位在松江市傳統美觀保存區域內，建於松江城東側的博物館。館內透過豐富的資料和影像，還有模型及剪紙藝術等方式來介紹松江城和城下町的歷史文化與產業。

📞 0852-32-1607　MAP 附錄②21C-1
🕐 8:30～18:30（10～翌3月為～17:00）　休 第3週四（逢假日則翌日休）　💴 免費入館、基本展示參觀門票510日圓（企劃展另計）　🏠 島根縣松江市殿町279　🚃 JR松江站搭松江Lake Line13分，大手前堀川遊覽船乘場・歷史館前下車即到　🅿 免費

參觀天守閣 內的必看之處

❶ 從望樓看出去的景觀

包含宍道湖在內的遼闊街景都能盡收眼底

最上層在過去具有司令塔的功能，是能以360度的角度觀看松江城下町的絕佳景點。

❷ 珍貴的建築遺跡

隨時可以取得飲用水，深達24m的水井

在柱子上發現了愛心木紋！

天守閣內保存了地下室水井和包板柱子等建築遺跡，其中都採用了能長久保護天守閣的工法。

❸ 相關展示品

天守閣內展示了許多與歷代藩主和松江歷史有關的物品。像是武士的甲冑，以及描繪著築城故事的襖繪等等。

厚重的甲冑十分有看頭

不昧公

在松江推廣的茶湯文化

松江從江戶時代開始，就是與京都和金澤齊名的茶湯文化之地，各處有許多能讓人追思往昔的恬靜茶室。在這個紀念不昧公的年度，歡迎大家一起來享用松江的抹茶與和菓子吧。

遠眺不昧公喜愛的茶室，喝杯抹茶休息一下

美景 Check!
在別棟的百草亭，可以欣賞風情十足的茶室和氣派的庭園。茶室可以自由入內參觀。

明明庵 ●めいめいあん

建造於松江藩家老的有澤家本宅內，依不昧公的喜好設計成入母屋造樣式的茅草茶室。之後在紀念不昧公逝世150年的時候，便將茶室移到現址。在入母屋的屋頂上，就掛著不昧公親筆題字的「明々庵」匾額。另外在別棟的百草亭則是可以邊欣賞庭園和茶室邊享用抹茶。

☎0852-21-9863　**MAP** 附錄②21C-1
🕐8:30～18:30（10～3月為～17:00），抹茶提供時間9:50～16:30（10～翌3月為～16:00）　休無休　¥入園費410日圓　所島根縣松江市北堀町278　交JR松江站搭松江Lake Line15分，塩見繩手下車，步行4分　P免費

抹茶（附點心）410日圓
附上2種和菓子「菜種之里」和「若草」，與帶有淡淡苦味的抹茶十分對味

不昧公喜愛的茶室

入母屋造樣式的茅草茶室。壁龕深度較淺，屋內沒有設置中柱，反映出不昧公的瀟灑性格。

推廣茶湯文化的不昧公

在松江推廣茶湯文化的人物就是第7代松江藩藩主，人稱不昧公的松平治鄉。松平治鄉是知名的茶人，為了獻給城內的茶會使用，進而誕生出各式各樣的銘菓。其中深受松平治鄉喜愛的和菓子又被稱為「不昧公的最愛」，松江市內的和菓子店至今仍在繼續傳承這個美味。

◆松江藩松平家第7代藩主松平治鄉（松江・月照寺所藏）

推薦的松江傳統銘菓

全部適合當伴手禮，也很適合當伴手禮

彩雲堂 ●さいうんどう
在這裡
MAP 附錄②20D-4
☎0852-21-2727
🕐9:00～18:00　休無休（元旦休）　所島根縣松江市天神町124　交JR松江站步行10分　P免費

若草（6個裝）1080日圓
在求肥裡灑上寒梅粉，是不昧公喜歡的滋味

姬小袖（6個裝）951日圓
鬆軟綿密的三盆糖充滿高雅的甜味

一力堂 ●いちりきどう
在這裡
MAP 附錄②20F-1
☎0852-28-5300
🕐9:30～18:30　休無休（元旦休）　所島根縣松江市末次本町53　交JR松江站搭松江Lake Line8分，京橋下車，步行5分

瑞雲（1條）1404日圓
在剝皮紅豆的內餡裡撒上栗子的羊羹

向月庵 ●こうげつあん
在這裡
MAP 附錄②21B-3
☎0852-26-7393
🕐9:00～18:00　休週日、假日　所島根縣松江市苧町1-36　交JR松江站搭市營巴士7分，市役所前下車即到　P免費

薄小倉（6個裝）799日圓
用錦玉羹鎖住大顆大納言紅豆的甜點

桂月堂 ●けいげつどう

MAP 附錄②20D-4
☎0852-21-2622
🕐9:30～19:00　休無休　所島根縣松江市天神町97　交JR松江站步行10分　P免費

菜種之里（1塊）864日圓
以油菜花田與白色蝴蝶為主題，典型傳統的落雁

山川（1塊）886日圓
紅白色的落雁，口感綿密濕潤
在這裡

風流堂本店 ●ふうりゅうどうほんてん
MAP 附錄②20D-3
☎0852-21-3241
🕐9:00～18:00　休無休　所島根縣松江市寺町151　交JR松江站步行10分

三英堂本店 ●さんえいどうほんてん
在這裡
MAP 附錄②20D-3
☎0852-31-0122
🕐9:00～18:00　休無休　所島根縣松江市寺町47　交JR松江站步行10分　P免費

※實際商品及價格可能會有變動

月照寺 ●げっしょうじ

MAP 附錄②21A-2

☎0852-21-6056

🕐9:00～17:00（冬季為9:30～16:30，最後入場時間是關門前20分），抹茶提供時間9:30～16:30（冬季為10:00～16:00，團體需預約）🈚無休 🏯島根縣松江市外中原町179 🚃JR松江站搭松江Lake Line21分，月照寺前下車即到 🅿免費

距離松江城很近的月照寺是松平藩主松平家的菩提寺，境內安置了第1代到第9代藩主的墳墓。另外還有唐門、巨龜造型的壽藏碑，以及與不昧公甚有淵源的茶室「大円庵」等等。寺內種植了約3萬株繡球花，也是個賞繡球花的知名景點。

在廣大的境內散步

位於境內的巨龜石像。據說摸一摸巨龜的頭就可以延年益壽

這裡也是知名的「山陰繡球花寺」，花期約在6月中旬左右。

抹茶400日圓
使用境內湧出的名水來點茶。另有附上充滿白芝麻風味的「路芝」

在與松平家甚有淵源的寺院欣賞四季分明的庭園美景

美景 Check!
坐在能眺望日本庭園的緣廊喝一杯茶。據說這座風情十足的庭園也曾受到小泉八雲的讚賞

美景 Check!
位於能遠眺松江城的大房間。庭園旁邊是經過修復完成，與利休甚有淵源的茶室

遠眺松江城天守閣 在大房間裡放鬆一下

深受不昧公的喜愛 可以仰望明月的茶室

美景 Check!
位於能看見茶室「觀月庵」的庭院。為了欣賞月色特別興建的風雅茶室是必看景點。

喫茶きはる ●きっさきはる

MAP 附錄②21C-1

☎0852-32-1607（松江歷史館）

🕐9:00～16:30 🈑第3週四（逢假日則翌日休）🏯島根縣松江市殿町279 松江歷史館內 🚃JR松江站搭松江Lake Line13分，大手前堀川遊覽船乘場・歷史館前下車即到 🅿免費

位於松江歷史館內的茶館，不需門票即可進入。有現代名工之稱的伊丹二夫師傅會在現場親手製作和菓子，很多客人都是被和菓子的淡淡清香吸引而來。店內除了備有一般桌席座位之外，也可以在鄰接的大房間裡享用抹茶。

松江和菓子、抹茶套餐800日圓
可以從7種和菓子中選擇1種

普門院（觀月庵）●ふもんいん(かんげつあん)

MAP 附錄②20D-1

☎0852-21-1095

🕐9:00～16:00（抹茶在1、2月時需預約）🈑週二（逢假日則開放）🈯觀月庵參拜門票300日圓 🏯島根縣松江市北田町27 🚃JR松江站搭松江Lake Line15分，塩見繩手下車，步行7分 🅿免費

建立於享和元（1801）年的細川三齋流茶室，不昧公曾從城內搭船來這裡舉辦茶會，在茶室東側還有用來觀月的圓窗。據說小泉八雲也曾在這裡接受過品茶的指導，普門院門前的橋還成為其著作《怪談・洗豆橋》中的故事題材。

抹茶（附點心）700日圓（含參拜門票）
搭配當季和菓子一同享用抹茶

盡情欣賞日本庭園和名家作品
足立美術館
●あだちびじゅつかん

建於創館者足立全康的出身地，館內設有美麗的日本庭園，並展示了令人目不暇給的名畫和陶藝作品。推薦大家可以來這裡體驗極致的日本之美，欣賞精采的收藏品。

向自然山林借景
枯山水庭
本館1F 樓層MAP Ⓐ
●かれさんすいてい

主庭採用傳統造景方式，沒有使用真實的水，而是透過石頭的排列組合和地形高低來呈現山水景色，表現出流經山林的溪流，最後匯集成大河的意象。遠景有連綿群山，中景是綠意森林，再搭配近景的枯山水庭，是層次分明又充滿情趣的美景。

本館1F 樓層MAP Ⓑ
重現大觀的名作
白砂青松庭
●はくさせいしょうてい

取景於橫山大觀的名畫《白砂青松》，纖細地表現出畫中的氛圍。代表海岸的白砂上錯落著大大小小的松樹，呈現出絕妙的平衡感。
杜鵑、庭石、錯落於白砂上的黑松，彼此讓庭園美景展現了絕妙的平衡感。

焦點 No.1
必看的美麗日本庭園！

欣賞倒映水面的景色
池庭
●いけにわ
本館1F 樓層MAP Ⓓ

湧出豐沛水量的池塘中有鯉魚正在悠游。無論是池塘上的石橋，石頭的鋪設方式和樹木大小，全都是經過精心設計的美景。

宛如圖畫一般的庭園美景
自然畫框
本館1F 樓層MAP Ⓒ
●なまのがくえ

窗框成為了「畫框」，讓窗外的枯山水庭彷彿就像是一幅畫，是本館內的一大焦點。從宛如畫框的窗戶看出去，擁有四季美景的庭園就像琳派的屏風畫。

用苔蘚描繪出平穩線條
表現簡樸的美麗
苔庭
●こけにわ

是運用杉苔等苔蘚塑造出美感，呈現京風色彩的典雅庭園。考量到苔庭的赤松都是生長於斜面的山坡地上，所以特意以傾斜方向來栽種。

本館1F 樓層MAP Ⓔ

足立美術館是這樣的地方

占地5萬坪的美術館設置了6座日本庭園，在美國的日本庭園雜誌中連續15年奪下日本榜首。館內收藏了從近代到現代的日本畫及陶藝作品，其中多達120件的橫山大觀收藏品更是一大吸睛之處。

MAP 附錄②5B-3
☎0854-28-7111
🕐9:00～17:30（10～3月為～17:00）　無休(僅新館有休館日)
💴入館門票2300日圓　島根縣安來市古川町320　JR安來站搭黃色巴士22分，鷺の湯溫泉‧足立美術館前下車即到（從安來站有免費接駁巴士）　P免費

足立美術館的交通路線

開車的遊客可從山陰自動車道安來IC到縣道45號，往西南方向約10分；搭電車的遊客可至JR安來站搭乘免費接駁巴士比較方便（1天17班往返）。詳細資訊請洽HP。
🌐http://www.adachi-museum.or.jp/

樓層MAP

樓層MAP（本館1F）：
龜鶴瀑布／Ⓑ白砂青松庭／枯山水庭／自然畫框／Ⓐ／茶室 寿楽庵／木彫展示室／View Cafe／喫茶室 翠／大廳／自然掛軸／中庭／童畫展示室／Ⓙ／Ⓓ池庭／電梯／View Cafe／喫茶室 大観／正面入口／入口櫃台／美術館商店／苔庭Ⓔ／工藝／河井寬次郎室／地下通路／電梯／大觀／美術館商店／展示室／藝術劇場／新館／有地下通路連結／陶藝館1F

樓層MAP（本館2F）：
小展示室／Ⓗ大展示室／野像區／Ⓘ橫山大觀特別展示室／電梯／Ⓖ北大路魯山人室／陶藝館2F

名畫

收藏了橫山大觀、上村松園等近代到現代的畫家作品。其中最引人注目的就是橫山大觀的作品，館內常設展示了20件左右的畫作。

本館2F
樓層MAP①

橫山大觀
「乾坤輝煌」
（昭和15年）

橫山大觀為紀念作畫50年而製作的作品。富士山的山肌使用銀白稜線來描繪，充滿了壯麗的美感。

本館1F
樓層MAP⑪

林義雄
「天使的睡臉」
（平成8年）

設置了常設展區，展出林義雄等6位童畫畫家的溫馨童話作品。

本館2F
樓層MAP①

橫山大觀「紅葉」
（昭和6年）

描繪著火紅的紅葉，畫出秋天清冽自然的六曲一雙屏風。是館內的橫山大觀收藏中尺寸最大的作品，會在每年舉辦的秋祭特別展（8/31～11/30）公開展示。

本館2F
樓層MAP⑪

上村松園
「娘深雪」（大正3年）

本作品是在描繪淨琉璃《生寫朝顏話》的女主角秋月深雪。畫出了清純可愛的女主角在思念戀人的模樣。

★所有作品皆為足立美術館所藏

河井寬次郎
「盌」（大正10年）

陶藝館1F
樓層MAP⑤

碗口邊緣的黃色與器皿本身的藍色呈現出美麗對比。

陶藝館1F
樓層MAP⑤

河井寬次郎
「三色扁壺」（昭和38年左右）

河井寬次郎晚年時期的作品。器皿上的釉藥表現出自由奔放的躍動美感。

陶藝館2F
樓層MAP⑥

北大路魯山人
「椿鉢」（昭和15年左右）

整個器皿都添上大膽的圖樣，紅白色的山茶花呈現了華麗色彩。

陶藝

在陶藝館1樓和2樓，分別展示了大約50件出自安來的陶藝家「河井寬次郎」，還有稀世料理人兼陶藝家「北大路魯山人」之手的作品。

陶藝館2F
樓層MAP⑥

北大路魯山人
「金襴手壺」（昭和20年左右）

出自魯山人之手最絢爛豪華的作品。「金襴手」是指陶器上用金箔或金粉來呈現的圖樣。

充滿名作餘韻氣息的 美術館伴手禮

本館和新館的美術館商店販賣了日本畫的商品和複製畫，以及色紙和點心等商品。歡迎大家帶回家當作回憶吧。

橫山大觀的名畫手帕
（附明信片）
各1400日圓

「淺春」、「紅葉」、「冬之夕」等名畫的手帕

林義雄作品的馬克杯
各1300日圓

奇幻風格的圖樣相當受到歡迎

香合
各1630日圓
附有成熟花樣的品茶用具

童畫T恤
各尺寸2980日圓
兒童尺寸備有90、100、120、160cm等

黃粉豆 各500日圓
在國產大豆外裹上安來產大豆的豆奶和黑糖，最後再撒上國產黃豆粉的點心

一邊眺望庭園美景 一邊小憩片刻

館內附設了可以休息的咖啡廳和茶館，可以讓遊客眺望著美麗庭園休息一下。大家可以在這邊欣賞四季分明的庭園風景，一邊享受幸福的時光。

喫茶室 大觀
●きっさしつたいかん
位於本館1樓，可以眺望池庭的咖啡廳。除了有咖啡等飲料之外，也有提供輕食餐點。

抹茶冰淇淋
800日圓

喫茶室 翠
●きっさしつみどり
從店內可以欣賞到美麗的枯山水庭。提供了咖啡和拿鐵等餐點。

拿鐵
1000日圓

推薦的郷土料理

在湖中長大
滋味豐郁的海鮮

宍道湖七珍
しんじこ
しっちん

宍道湖綜合了海水與淡水，這道料理就使用了湖中的鱸魚、沙蝦、鰻魚、西太公魚、銀魚、鯉魚、鮮蜆等7種食材。

細細品味宍道湖和日本海的美味海鮮

松江齊聚了山海湖的豐富食材，擁有宍道湖七珍等知名在地料理。接著就來看看可以於午餐或晚餐品嘗的松江3大招牌美食吧。

松江和らく ●まつえわらく

除了宍道湖七珍料理，也能享用到松葉蟹、紅頭矮蟹、白烏賊等山陰的招牌食材。在點餐之後，店員會從店內的水槽豪邁地撈出活跳跳的螃蟹和烏賊，或是新鮮的在地鮮魚來做調理，可以品嘗到當季最美味的鮮魚滋味。

MAP 附錄②20E-3
☎0852-21-0029
🕐11:30～14:00，17:30～22:00
🈺無休 📍島根縣松江市御手船場町565 🚃JR松江站步行3分 🅿免費

松江物語 禄
6264日圓
包含宍道湖七珍和境港的紅頭矮蟹、島根和牛陶板燒及安來特產泥鰍柳川鍋等等，是可以盡享山陰滋味的人氣全餐。

鮮魚水槽就設置在吧檯
座位前

代代傳承，
松江傳統的鰻魚料理

季節の風 蔵 ●ときのかぜくら

米店經營的和食料理店。店內提供的蓋飯料理使用了來自奧出雲，滋味香甜可口的越光米，再搭配島根和牛或日本海海鮮等在地食材，深受客人歡迎。白天提供11種，晚上提供5種餐點。

☎0852-21-2270 **MAP** 附錄②20F-1
🕐11:30～14:30、18:00～20:30（週日、假日僅午餐時段營業）🈺週三 📍島根縣松江市東本町1-64 🚃JR松江站搭松江Lake Line7分，榮橋下車，步行3分 🅿免費

在面對坪庭美景的包廂悠閒享用餐點

大はかや ●おおはかや

昭和22（1947）年開業的鰻魚料理專賣店。將生鮮鰻魚用炭火烤得鬆鬆軟軟，再淋上秘傳醬汁做成鰻魚蓋飯，美味到令人不禁吃得笑容滿面，是吸引客人千里迢迢前來造訪的人氣名店。

鰻魚蓋飯
重二段 **3650日圓**
（附鰻魚肝清湯）
用關西風烤法將鰻魚烤得鬆軟綿密，再配上滋味醇厚的醬汁一起享用。

MAP 附錄②6E-1
☎0852-36-8652
🕐10:00～14:15，15:00～17:00（週日僅中午營業）🈺週四、第1、3、5週日、第3週一 📍島根縣松江市西浜佐陀町304 🚃一畑電車松江イングリッシュガーデン前站下車即到 🅿免費

店內備有寬敞的日式座位等多種類型的位子

搭配在地食材的蓋飯大受客人歡迎

鮮蜆蓋飯
1520日圓
在鮮蜆高湯烹煮的白飯上鋪滿蜆肉的「米店的蓋飯」。

品嘗日本海當季海鮮的美味鮮魚午餐

生魚片定食(中)
1404日圓
用平易近人的價格就能吃到新鮮美味的海鮮。備有小舟生魚片和紅燒魚等料理的定食，菜色十分華麗（實際菜色依季節而異）

刺身定食とのどぐろめし さくら川
●さしみていしょくとのどぐろめしさくらがわ

2017年6月重新整修新開幕，由鮮魚店直營的店舖，可以在午餐中享用到新鮮海鮮的滋味。像是豪華的小船生魚片定食，還有炙燒紅喉魚的蓋飯「紅喉飯」，熱騰騰的海鮮釜飯定食都很受歡迎。

MAP 附錄②21B-1
☎0852-24-1807
🕐11:00～14:30
休週日、假日、過年期間　所島根縣松江市黑田町468-4　交JR松江站搭松江Lake Line17分，堀川遊覽船乘場下車，步行5分　P免費

在包廂風格的和風空間中細細品味料理

山陰紅喉飯
2592日圓
炙燒紅喉魚和加了鹽麴的白味噌飯十分對味。最後再淋上高湯作成茶泡飯來享用。

享用來自日本海的恩惠 美味海產

在距離日本海很近的松江，聚集了各種新鮮肥美的當季鮮魚。大家千萬別錯過這些價格划算的定食和居酒屋美食。

鹽烤紅喉魚
2138日圓～
（依進貨狀況而異）
簡單的鹽烤紅喉魚能讓人品嘗到油脂肥美的魚肉滋味。

挑高的空間設計充滿開放氣氛

與不昧公甚有淵源的皆美家傳料理

庭園茶寮 みな美
●ていえんさりょうみなみ

位於深受島崎藤村等藝文人士喜愛的旅館「皆美館（→P.59）」內。可以在能欣賞日本庭園的平靜空間享用料理。雖然山陰的螃蟹和島根和牛都值得品嘗，但是最推薦的還是皆美家傳的鯛魚飯。這道也深受不昧公喜愛的鯛魚飯散發高雅滋味，讓身心都充滿優雅的氛圍。　**MAP** 附錄②20F-1

☎0852-21-5131
（松江宍道湖畔・文人ゆかりの宿 皆美館）
🕐11:30～14:30、17:30～20:00
休不定休　所島根縣松江市末次本町14 皆美館內　交JR松江站搭松江Lake Line8分，京橋下車，步行4分　P免費

てまひま料理 根っこや
●てまひまりょうり ねっこや

料理以日本海和宍道湖的海產，還有島根和牛和當季蔬菜等在地食材為中心。添加了西式風格，發揮食材美味的用心料理也與在地美酒十分對味。

☎0852-24-2060　**MAP** 附錄②20D-3
🕐11:30～14:00、17:00～22:00（週五、六為～22:30）
休無休　所島根縣松江市伊勢宮町542-6
交JR松江站步行7分　P免費

能在店內品嘗到依食材作變化的料理

鯛魚飯御膳「八雲」
3888日圓～
白飯鋪上鯛魚鬆和濾過的雞蛋等配料，最後再淋上秘傳的高湯。

眺望著白砂青松的庭園，享受優雅時光

八雲庵
●やくもあん

可以在店內一邊欣賞百年古松和錦鯉悠游的景色，一邊悠閒品嘗手打蕎麥麵。其中最推薦的就是招牌的割子蕎麥麵，還有搭配香醇湯汁的鴨肉南蠻蕎麥麵。

☎0852-22-2400　**MAP** 附錄②21C-1
🕐10:00～14:00（售完打烊）　休無休
所島根縣松江市北堀町308　交JR松江站搭松江Lake Line16分，小泉八雲記念館前下車即到　P免費

全日本數一數二的美味蕎麥麵 出雲蕎麥麵

松江、出雲、安來等舊出雲地區各地的傳統蕎麥麵。其中使用圓形漆器，吃法獨特的割子蕎麥麵特別出名。

中国山地蕎麦工房 ふなつ
●ちゅうごくさんちそばこうぼうふなつ

用石臼研磨奧出雲地區特約農家栽培的蕎麥，並使用在地名水來製作手打十割蕎麥麵。搭配柴魚高湯調配的濃郁麵汁，讓蕎麥麵的滋味更上一層樓。

使用嚴選食材的上等蕎麥麵

MAP 附錄②21B-2
☎0852-22-2361
🕐11:00～15:00（售完打烊）
休週一　所島根縣松江市外中原町117-6　交JR松江站搭松江Lake Line20分，四十間堀川下車即到　P免費

在武家宅邸風格的店內品嘗美味蕎麥麵

改建自武家宅邸的蕎麥麵店

鴨肉南蠻和割子二段蕎麥麵
1400日圓
能同時品嘗到冷熱兩種口味的人氣蕎麥麵，是分量滿點又划算的套餐組合。

千鳥割子蕎麥麵
980日圓
在三層的割子容器中，一層放了豪華配料，一層是月見蕎麥麵，還有一層是山藥蕎麥麵，可以享受到三種不同的滋味。

店內充滿民族風的溫暖氛圍

松江是位於宍道湖周邊的水都，擁有能欣賞夕陽美景的美術館，還有美味的蕎麥麵和海鮮美食，到處都有好玩的景點。

了解華麗傳統儀式的魅力

松江豐來榮彌傳承館
●まつえホーランエンヤでんしょうかん

文化館　景點

☎0852-32-1607(松江歷史館)

MAP 附錄② 21C-1

附近於松江歷史館建

透過影像和展示品來介紹豐來榮彌的起源和歷史，還有櫂傳馬船和櫂傳馬船舞的特色。中庭展示了1/2尺寸的櫂傳馬船，遊客可以自由體驗搭乘。

⏱8:30～18:30(10～翌3月為～17:00) 休第3週四 ¥入館門票200日圓(參觀松江歷史館付費展覽者免費入館) 所島根縣松江市殿町250 🚃JR松江站搭松江Lake Line15分，塩見縄手下車即到

茶道之都特有的美術館

田部美術館
●たなべびじゅつかん

美術館　景點

☎0852-26-2211

MAP 附錄② 21C-1

入口的松江市屋被指定的松江市文化財

曾擔任島根縣知事，同時也是知名藝文人士的田部長右衛門精選了茶道相關的美術品，開設了這間美術館。包括了與不昧公有淵源的物品在內，展示了各種茶道用具和出雲的陶器等等。

⏱9:00～16:30 休週一(逢更換展示品時會臨時休館) ¥入館門票620日圓(特別展另計) 所島根縣松江市北堀町310-5 🚃JR松江站搭松江Lake Line16分，小泉八雲記念館前下車

四季分明的自然美景

松江城山公園
●まつえじょうざんこうえん

公園　景點

☎0852-21-4030(松江城山公園管理事務所)

MAP 附錄② 21C-1

約有190棵櫻花樹妝點著黑色的天守閣

以松江城為中心的公園，遍地是四季分明的豐富自然美景。到了櫻花時節會舉辦「城祭」，也能欣賞到夜櫻的景色。

⏱自由入園(本丸4～9月是8:30～18:00，10～翌3月是8:30～16:30) 休無休 ¥入園免費(登閣門票560日圓) 所島根縣松江市殿町1-5 🚃JR松江站搭松江Lake Line10分，国宝松江城(大手前)下車，步行10分

日本最古老的大社造神殿

神魂神社
●かもすじんじゃ

神社　景點

☎0852-21-6379

MAP 附錄② 19C-2

用大樹建造的高床神殿

供奉伊弉冉大神和伊弉諾大神的神社。比出雲大社還要早400年建造的高床式正殿已被列為日本國寶。

自由參拜
所島根縣松江市大庭町563 🚃JR松江站搭一畑巴士18分，風土記の丘入口下車，步行10分 🅿免費

認識島根的傳統工藝和民俗故事

出雲かんべの里
●いずもかんべのさと

文化設施　景點

☎0852-28-0040

MAP 附錄② 19C-2

體驗製作和紙手鞠

館內設有和紙手鞠、藤工藝、陶藝、機織、木工等5個工房，能讓遊客自由參觀或體驗(需預約)。另外還有可以在現場聽專人說故事的民話館，以及廣大的自然森林。

⏱9:00～17:00(民話館為～16:30) 休週二(逢假日則翌日休) ¥工藝館免費入館，民話館入館門票260日圓 所島根縣松江市大庭町1614 🚃JR松江站搭一畑巴士18分，風土記の丘入口下車，步行10分 🅿免費

古代出雲文化發祥之地

島根縣立八雲立風土記之丘
●しまねけんりつやくもたつふうどきのおか

史蹟　景點

☎0852-23-2485

MAP 附錄② 19C-2

展示學習館的屋頂成為了展望台

這一帶分布了像是國分寺遺跡等，從古墳時代到奈良時代的眾多遺跡。在展示學習館內展出了埴輪，還有復原了古代出雲景觀的模型。

⏱9:00～16:30 休展示體驗館週二休(逢假日則翌日休) ¥展示學習館門票200日圓(企劃展另計) 所島根縣松江市大庭町456 🚃JR松江站搭一畑巴士18分，風土記の丘下車，步行3分 🅿免費

介紹瑪瑙工藝和勾玉

出雲勾玉之里 傳承館
●いずもまがたまのさとでんしょうかん

文化設施　景點

☎0852-62-2288

MAP 附錄② 19A-2

可以近距離觀賞職人製作勾玉的過程

以出雲工藝品和瑪瑙工藝為主題的設施，館內的博物館介紹了勾玉的歷史和製造方法，另外還設備有瑪瑙工藝的實演工房、餐廳等空間。

⏱8:00～17:30(體驗報名至16:00) 休無休 ¥入館免費，勾玉製作體驗800日圓(勾玉以外的材料費另計) 所島根縣松江市玉湯町湯町1755-1 🚃JR玉造溫泉站搭免費接駁巴士

也想繞來這裡看看 從松江區域稍微走遠一點

也順道來這裡看看

牡丹と雲州人参の里
★ぼたんとうんしゅうにんじんのさと

設施內的博物館介紹了松江雲州(高麗)人參的歷史，還有雲州人參的加工廠和資料展示區，另外也有在處理人參的集運、加工、販售等項目。

將松江藩人蔘方的長屋門重新復原，打造出「平成的人蔘方(掌管人蔘產業的單位)」

全年都能欣賞大朵牡丹的「牡丹之館」

秋冬時期會在庭園內舉辦夜間點燈&燈飾活動

非常值得一看　3萬朵的池泉牡丹賞花會

黃金週時期(4月29日～5月6日)～舉辦

到日本庭園欣賞牡丹花

日本庭園由志園
●にほんていえんゆうしえん

由志園位於盛行栽種島根縣花「牡丹」的大根島，是山陰數一數二的迴遊式日本庭園。占地1萬坪的廣大園區內，春天有牡丹，夏天有菖蒲，秋天有紅葉，冬天有寒牡丹，四季都有美麗花卉綻放。在園內的「牡丹之館」，全年都能欣賞到色彩鮮豔的大朵牡丹。另外像是使用當季食材來展現日本庭園風格的餐廳，可以眺望著庭園美景小憩片刻的茶館，以及介紹在地高麗人蔘的「牡丹と雲州人参の里」等設施也都相當受到歡迎。

☎0852-76-2255　**MAP** 附錄② 5B-2
⏱9:00～17:00(入園～16:30，黃金周、11、12月舉辦夜間點燈活動期間延長營業) 休無休 ¥入園門票800～1000日圓 所島根縣松江市八束町波入1260-2 🚃JR松江站搭松江境港連絡巴士25分(JR境港站出發為16分)，由志園下車即到 🅿免費

浪花壽司

開業於明治20(1887)年的壽司老店

浪花壽司
● なにわずし

美食

壽司

☎ 0852-21-4540

MAP 附錄② 20F-1

元祖蒸壽司 1100日圓

招牌的「蒸壽司」是由初代店主的太太研發。在拌入了香菇和竹筍等食材的壽司飯中，再搭配鮮蝦、鰻魚、牛肉甘露煮、蛋絲等配料一起蒸。

🕙 10:30~14:10、16:30~19:40(售完打烊)
🈺 週四、每月2次週三不定休
🏠 島根縣松江市東茶町27
🚃 JR松江站搭松江Lake Line8分，京橋下車，步行3分 🅿 免費(3輛)

出雲そばきがる

比較兩種研磨方式不同的蕎麥麵

出雲そばきがる
● いずもそばきがる

美食

蕎麥麵

☎ 0852-21-3642

MAP 附錄② 21C-1

以在地產的玄丹蕎麥麵為主，使用依季節嚴選的國產蕎麥粉製成自家製粉。店內提供了嚼勁十足的「帶殼研磨」，和口感滑順的「去殼研磨」兩種蕎麥麵，客人可以依照個人的喜好來選擇。

割子蕎麥麵三碟（帶殼研磨）810日圓

🕙 11:00~19:00(售完打烊)
🈺 週二(逢假日則擇日休)
🏠 島根縣松江市石橋町400-1
🚃 JR松江站搭松江Lake Line15分，塩見繩手下車，步行8分 🅿 免費

神代そば

用傳統料理酒調配的麵汁

神代そば
● かみよそば

美食

蕎麥麵

☎ 0852-21-4866

MAP 附錄② 21B-1

山藥割子蕎麥麵 1270日圓

自開業以來都遵循著古早法——「自家製粉．十割蕎麥麵．石臼研磨」。另外在麵汁中使用了本枯柴魚片和島根古早味的料理酒，吃得到傳統的蕎麥麵滋味。

🕙 11:00~15:00(售完打烊)
🈺 週三、不定休
🏠 島根縣松江市奧谷町324-5
🚃 JR松江站搭松江Lake Line16分，小泉八雲記念館下車即到 🅿 免費

海鮮うまいもん料理 京らぎ黑田店

清爽的天然真鯛茶泡飯

海鮮うまいもん料理 京らぎ黑田店
● かいせんうまいもんりょうりきょうらぎくろたでん

美食

和食

☎ 0852-25-2233

MAP 附錄② 21B-1

餐點配上熱呼呼高湯的鯛魚茶泡飯午品 1706日圓

可以品嘗到來自宍道湖、中海、日本海的海產，享用美味的海鮮料理。當天進貨的海鮮蓋飯、割子蕎麥麵、豆皮壽司都很受歡迎。

🕙 11:00~14:00、17:00~21:00
🈺 週一、第1、3週二(逢假日則翌日休)
🏠 島根縣松江市黑田町512-5
🚃 JR松江站搭松江Lake Line17分，堀川遊覽場乘場下車即到 🅿 免費

やまいち

提供日本海與宍道湖的美味鮮魚

やまいち

美食

魚料理

☎ 0852-23-0223

MAP 附錄② 20D-3

極品的鮮蜆味噌湯 500日圓

知名的鮮蜆味噌湯使用了松江釀造的綜合味噌，提出了鮮蜆的美味。品嘗近海鮮魚料理時可以搭配在地美酒一起享用。

🕙 16:30~21:30(週日、假日為~21:00)
🈺 不定休
🏠 島根縣松江市東本町4-1
🚃 JR松江站步行12分
🅿 免費

松江堀川・地ビール館

可以品嘗5種在地啤酒的美味

松江堀川・地ビール館
● まつえほりかわじビールかん

美食

在地啤酒

☎ 0852-55-8877

MAP 附錄② 21B-1

鄰接松江堀川交流廣場的建築

在2樓的啤酒餐廳可以享用5種在地啤酒和美味BBQ(1700日圓~)。1樓另設有品嘗在地啤酒的立飲吧檯。

🕙 9:00~17:30(餐庭營業時間11:00~)
🈺 無休 🏠 島根縣松江市黑田町509-1
🚃 JR松江站搭松江Lake Line17分，堀川遊覽船乘場下車即到

川京

享受獨創的鄉土滋味

川京
● かわきょう

美食

和食

☎ 0852-22-1312

MAP 附錄② 20F-1

護肝鮮蜆 961日圓

使用在地當季食材製作的鄉土料理及在地美酒都大受好評。由於價格平易近人，客人可以輕鬆點餐。另外店家建議客人最好事先訂位。

🕙 18:00~21:00
🈺 週日(逢假日則翌日休)
🏠 島根縣松江市末次本町65
🚃 JR松江站松江Lake Line7分，榮橋下車，步行5分

蓬萊吉日庵

重建明治時代建築物的庭園料亭

蓬萊吉日庵
● ほうらいきちじつあん

美食

和食

☎ 0852-28-1358

MAP 附錄② 21C-2

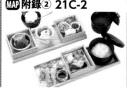

午餐菜單中的「湖都山水便當」 2376日圓

重建明治時代建築物的日本料理店。使用在地的當季食材，細細調理的美味料理充滿溫柔滋味。包廂(另有10%服務費)為預約制，最晚需於前一天預約。

🕙 11:00~13:30、17:00~20:30
🈺 週一 🏠 島根縣松江市殿町101 蓬萊莊內
🚃 JR松江站搭市營巴士9分，縣民會館前下車即到 🅿 免費(5輛)

CLOSE UP 宍道湖夕陽景點

西沉的夕陽將湖面染成了橘紅色，這片美妙景色就被選為日本夕陽百選之一。為了欣賞到極致的夕陽美景，大家記得先選好最佳觀賞時間和地點哦。

☎ 0852-27-5843 (松江觀光協會)
自由入場 🏠 島根縣松江市袖師町 🚃 JR松江站搭市營巴士6分，松江警察署前下車即到 🅿 免費(使用TORUPA停車場)

能欣賞到層層疊疊的觀賞地點
重疊的夕陽與嫁島相互

<也可以參考夕陽資訊>
松江觀光協會的官方網站裡，提供了用來判斷是否適合觀賞夕陽的指數「夕陽予報」，其中也有註明日落時間，可以當參考。http://www.kankou-matsue.jp/shinjiko_yuuhi

島根縣立美術館

大自然中的夕陽也是精采的藝術

★ しまねけんりつびじゅつかん

面向湖畔的絕佳地點。入口大廳和草地廣場都是免費開放，只是單純來觀賞夕陽也沒有問題。

MAP 附錄② 21C-4 LINK→P.48

將周圍染成一片橘紅色的落日

白潟公園

可以靠近宍道湖的親水公園

★ しらかたこうえん

在公園內往西側望去，就能看到宍道湖上的嫁島，通往水邊的樓梯和步道也規劃得相當完善。

MAP 附錄② 21C-4

☎ 0852-27-5843 (松江觀光協會)
入園自由 🏠 島根縣松江市灘町
🚃 JR松江站步行15分 🅿 免費

推薦一邊觀賞夕陽一邊散步的路線

宍道湖觀光遊覽船

搭船觀賞湖面美景和松江街景

★ しんじこかんこうゆうらんせん

花1小時周遊宍道湖的遊覽船。從大橋川附近的第1、第2乘船場出發，穿過宍道湖大橋，周遊嫁島和松江宍道湖溫泉周邊。

MAP 附錄② 20D-3・20F-3

☎ 0852-24-3218 (白鳥觀光)
🕙 9:30~日落為止，一天提供6、7班航班 🈺 無休(12~翌2月僅週六日、假日運航)
🎫 乘船費1450日圓 🏠 島根縣松江市朝日町150-7(第1乘船場) 🚃 JR松江站步行5分即到第2乘船場 🅿 免費(使用第1乘船場停車場)

最後一班有人氣的落日巡航

老字號茶鋪打造的日本茶咖啡廳

Scarab136
○ スカラベいちさんろく

甜點	咖啡廳

☎ 0852-22-2003
MAP 附錄② 20E-2

抹茶與和菓子的套餐〈HOT〉600日圓

由出雲茗茶茶鋪「千茶莊」打造的咖啡廳，可以輕鬆享用抹茶而大受歡迎。店內提供許多使用上等抹茶的甜點，每種都是鮮豔又芬芳。
🕐 9:00～19:00
休 週二（逢假日則營業）
所 島根縣松江市學園南1-3-6
🚃 JR松江站步行10分
🅿 免費

齊聚了各種招牌洋食餐點

レストラン西洋軒
○ レストランせいようけん

洋食	美食

☎ 0852-22-3434
MAP 附錄② 20E-1

燉煮牛舌＆餐奶油可樂餅套餐1400日圓

位於幸橋附近的洋食老店，擁有許多忠實老客人，可以在輕鬆的氣氛下品嘗洋食。菜單中的燉煮牛舌，還有淋上多明格拉斯醬的蛋包飯也很人氣。
🕐 10:30～14:00、17:00～20:30
休 週日 所 島根縣松江市片原町111
🚃 JR松江站搭松江Lake Line8分，京橋下車步行3分
🅿 免費

在宍道湖美景中享用義式料理

Vecchio Rosso

義式料理	美食

☎ 0852-31-2252
MAP 附錄② 21C-4

可以一覽美麗湖景

附上湯品等菜色的A午餐1646日圓

位於島根縣立美術館1樓的義式餐廳，可以一邊用餐一邊欣賞夕陽美景。午餐使用了日本海海鮮及在地特約農家的蔬菜，十分受到歡迎。
🕐 10:00～19:30(4～9月為～21:00)
休 週二（逢假日則翌日休）
所 島根縣松江市袖師町1-5 島根縣立美術館內 🚃 JR松江站搭市營巴士6分，縣立美術館下車即到 🅿 免費（最多3小時，之後每1小時100日圓）

販賣了在地作家的可愛小物

てづくり雜貨 ちろり
○ てづくりざっかちろり

雜貨	購物

☎ 0852-23-1722
MAP 附錄② 21B-1

貨2樓也有販售可愛、小巧雜

這裡是位於堀川沿岸，改建自140年古民宅的雜貨店。身兼手工藝品創作家的店主在店內陳列了自己的作品，還有在地創作家製作的布製小物、首飾、古早味雜貨等琳瑯滿目的商品。
🕐 10:00～17:00 休 週三
所 島根縣松江市北堀町327
🚃 JR松江站搭松江Lake Line16分，小泉八雲記念館前下車步行3分
🅿 免費

適合當伴手禮的勾玉首飾

さきたま-karakoro-
○ さきたまカラコロ

石頭工藝	購物

☎ 0852-24-1797
MAP 附錄② 20F-1

陳列了色彩繽紛的天然石

店內有瑪瑙等種類豐富的能量石勾玉及天然石的石珠。大家可以在工房內挑選自己喜歡的石頭，請店家幫忙製作成獨創的首飾。
🕐 9:30～18:30 休 不定休
所 島根縣松江市殿町43 カラコロ工房內
🚃 JR松江站搭松江Lake Line8分，京橋下車即到
🅿 使用karakoro工房停車場

在能眺望宍道湖的和菓子小憩片刻

清松庵たちばな
○ せいしょうあんたちばな

甜點	咖啡廳

☎ 0852-32-2345
MAP 附錄② 19B-1

當季上生菓子搭配抹茶的套餐750日圓

位於宍道湖附近的和菓子店。店內有販賣「宍道湖萬十」和其他季節性的和菓子。在內用的喫茶區可以品嘗甜味高雅的上生菓子，並搭配抹茶或咖啡一起享用。
🕐 9:00～19:30(喫茶區為～19:00)
休 無休 所 島根縣松江市袖師町11-1
🚃 JR松江站搭市營巴士6分，袖師町西下車即到 🅿 免費

開業以來始終不變的滋味

珈啡館 京店店
○ こーひーかんきょうみせてん

咖啡	咖啡廳

☎ 0852-25-0585
MAP 附錄② 20F-1

珈啡館特調咖啡450日圓，維也納森林410日圓（套餐則折扣50日圓）

位於京橋川沿岸的店家，以紅磚所建。店內咖啡都是自家焙煎，做給客人的每一杯咖啡都會仔細地手沖滴濾。另外也可以搭配自家製蛋糕一起享用。
🕐 8:00～22:00
休 無休
所 島根縣松江市末次本町1-1
🚃 JR松江站搭松江Lake Line8分，京橋下車即到

製作便利陶器的人氣窯場 CLOSE UP

跨越時代傳承的陶器
湯町窯 ○しまねけんりつ ゆまちがま

MAP 附錄② 19A-2
☎ 0852-62-0726
🕐 8:00～17:00(週六日、假日為9:00～)
休 無休 所 島根縣松江市玉湯町湯町965
🚃 JR玉造溫泉站下車即到 🅿 免費

建於大正11（1922）年的布志名燒窯場。販賣了接受伯納·李奇（Bernard Leach）的指導，採用泥釉技法（Slipware）的碗盤。另外在2樓也有設置作品展示區。

1樓販賣了相關作品

代表作品「煎蛋鍋」3500日圓（未稅）等商品

在宍道湖畔親近藝術 CLOSE UP

迎接遊客的宍道湖兔子
島根縣立美術館 ○しまねけんりつびじゅつかん

MAP 附錄② 21C-4

展示並收集國內外描繪了水的繪畫及版畫，還有工藝品和照片等作品。在免費開放的入口大廳和餐廳以及林立著戶外雕刻品的湖畔，都可以一覽宍道湖的美麗景觀。

☎ 0852-55-4700
🕐 10:00～18:30(3～9月的開館時間至日落後30分，展示室最後入場時間為閉館前30分) 休 週二（逢假日則翌日休，視企劃展舉辦日程而變動）💴 免費入館(展示室另計) 所 島根縣松江市袖師町1-5 🚃 JR松江站搭市營巴士6分，縣立美術館下車即到 🅿 免費（最多3小時，之後每1小時100日圓）

藪內佐斗司「宍道湖兔子」

齊聚結緣商品的
美術館商店

MAP 附錄② 21C-4
☎ 0852-55-8311
🕐 準同美術館開館時間
休 週二（逢假日則翌日）

研發出白折的元祖店家

千茶荘
●せんちゃそう

茶　購物

☎ 0852-24-0703

MAP 附錄② 20F-1

店內陳列了眾多茗茶

出雲茗茶的老店，是首家推出加了抹茶的茶品「白折」（100g 648日圓～）的店。在隔壁的日本茶咖啡廳「Scarab別邸」可以享用抹茶聖代，還有當季的甜點及飲料。

🕘9:30～18:00　休第1、3週日
🏠島根縣松江市末次本町74　🚃JR松江站搭松江Lake Line8分，京橋下車，步行即到

販售嚴選島根精品的伴手禮店

チャレンジショップ ぢげもん
雜貨　購物

☎ 080-5756-4795

MAP 附錄② 21B-1

最適合啤酒的下酒菜「香辣煙燻鱸魚」各（20g）620日圓

販售了嚴選島根精品的伴手禮店。店內陳列了大約200件，經過精心生產的美味特產和工藝品。宍道湖產的生鮮鮮蜆也有提供郵寄至日本各地的服務。

🕘9:30～17:30　休週三　🏠島根縣松江市北堀町318 松江ごころ内　🚃JR松江站搭松江Lake Line16分，小泉八雲記念館前下車，步行即到

島根特產一網打盡

島根縣物產觀光館
●しまねけんぶっさんかんこうかん

伴手禮　購物

☎ 0852-22-5758

MAP 附錄② 21C-2

加了宍道湖大和鮮蜆的宍道湖鮮蜆仙貝（2×20包）1080日圓

幾乎齊聚所有島根縣特產的伴手禮店。販售了食品、陶器、漆器、瑪瑙工藝、木工藝品、鄉土玩具等眾多價格平易近人的商品。

🕘9:00～18:00　休無休　🏠島根縣松江市殿町191　🚃JR松江站搭松江Lake Line13分，大手前堀川遊覽船乗場・歴史館前下車即到　Ｐ免費

✳ 同時享受祈求結緣和逛街購物的樂趣　CLOSE UP ◎

集合了各式各樣好玩的店家！
KARAKORO工房 **MAP** 附錄②20F-1
★カラコロこうぼう

由前日本銀行的懷舊風建築改裝而成的觀光設施。館內有各式各樣的工房，提供了和菓子、雕金、線香等豐富的手作體驗。另外還有進駐販賣時髦雜貨和伴手禮的商店、餐飲店等店舖。

☎0852-20-7000（KARAKORO工房事務局）
🕘9:30～18:30（視店舖而異）　休視店舖而異
🏠島根縣松江市殿町43　🚃JR松江站搭松江Lake Line8分，京橋下車即到　Ｐ免費

建於京橋川沿岸，懷舊又摩登的建築

充滿懷舊又時髦的氣氛
京店商店街 **MAP** 附錄②20F-1
★きょうみせしょうてんがい

齊聚了販賣松江特產的商店，還有各種隱藏幸福景點的迷你商店街。

許多可愛店舖林立的街道上

☎0852-26-5610（松江京店商店街協同組合）
🕘視店舖而異　🏠島根縣松江市末次本町
🚃JR松江站搭松江Lake Line8分，京橋下車即到
Ｐ每30分100日圓

還有這些幸福景點！

是個人氣拍照景點的KARAKORO工房的「粉紅幸運郵筒」

京店商店街的「KARAKORO大黑神」據說會為信徒帶來良緣

為生活帶來快樂的豐富雜貨商品

木綿屋
●もめんや

雜貨　購物

☎ 0852-21-3658

MAP 附錄② 20F-1

一邊煩惱一邊挑選商品也十分有趣

店內陳列的商品都是以實用為中心，是店主從日本各地窯場收集而來的器皿。另外還有像是餐具和陶器小物，布包和編織籠型包等種類豐富的商品。

🕘10:00～18:00　休週一、二(不定休)
🏠島根縣松江市末次本町4　🚃JR松江站搭松江Lake Line8分，京橋下車，步行3分　Ｐ免費(2輛)

穿上可愛外衣的電車「島根貓號」

搭上專屬這裡的電車GO！

從松江開往出雲大社，體驗在地氣氛

一起來搭乘 一畑電車
（いちばたでんしゃ）

如果要從松江前往出雲大社，搭乘慢慢行駛在宍道湖畔的電車也別有一番情趣。選擇搭乘有可愛吉祥物圖案的電車，半路隨意下車逛逛，到處都充滿了自在樂趣。

良緣電車
「島根貓號」人氣強強滾！

島根貓號從車輛外觀到裝潢，都充滿了島根縣觀光吉祥物「島根貓」，還有各種和島根甚有淵源的圖案作為裝飾。無論是吊環、座位、地板，車廂中都有許多和「良緣」有關的有趣設計。搭上這輛「可以搭乘的結緣景點」，一路往出雲大社出發吧。

★1日運行時刻等資訊請參考一畑電車官方網站
（資訊洽詢※0853-62-3383 一畑電車營業課）

以粉紅色為基底的車廂內外都有可愛插圖

Start

松江宍道湖溫泉站

一畑電車北松江線

高ノ宮站
松江フォーゲルパーク站
秋鹿町站
長江站
朝日ヶ丘站
松江イングリッシュガーデン前站

島根縣立古墳之丘古曾志公園
公路休息站 秋鹿なぎさ公園
松江花鳥園
松江英式花園

東松江站
松江站

從這一站 Start

松江市北邊的入口
松江宍道湖溫泉站
●まつえしんじこおんせんえき

這棟佈滿整面玻璃幃幕的現代感站舍，就是前往出雲大社的起點。站前有來自松江宍道湖溫泉（→P.59）源泉的足湯，民眾可以免費使用。

MAP 附錄②21B-3
☎0852-21-2429
所島根縣松江市中原町30-2

JR松江站搭巴士約15分

★一畑電車的路線

種別	線名	區間	距離	時間
—	北松江線	松江宍道湖溫泉站⇔川跡	29km	48分
		川跡⇔電鐵出雲市	4.9km	9分
—	大社線	川跡⇔出雲大社前	8.3km	11分

【特別注意】
除了平日通勤時間及假日外，一畑電車運行班次為1小時1班。中途下車觀光的時候，記得先在車站確認下一班電車的發車時間。

趣味不斷的 途中下車景點

松江フォーゲルパーク站下車即到
松江花鳥園
●まつえフォーゲルパーク

日本國內最大規模的室內花園。園內以秋海棠及吊鐘花為主，綻放了約一萬株的花卉。另外還可以親近園內各處約4000隻的鳥。

MAP 附錄②6E-1
☎0852-88-9800
⏰9:00～16:45（10～3月為～16:15）休無休
¥入園門票1540日圓 所島根縣松江市大垣町52 P最多2小時免費（之後每小時200日圓）

溫室內綻放著繽紛鮮豔的花卉

秋鹿町站步行7分
公路休息站 秋鹿なぎさ公園
●みちのえきあいかなぎさこうえん

是能一覽宍道湖美景的景點。4～10月可以在湖上搭乘獨木舟或腳踏船等遊樂。另外也可以在附設的餐廳小憩片刻。

MAP 附錄②6E-1
☎0852-88-3700
⏰9:00～21:00（餐廳為～18:00）休週二（逢假日視店舖營業，暑假期間餐廳另以外營業）所島根縣松江市岡本町1048-1 P免費

園區內還有與宍道湖相關的資訊區域及草地廣場

朝日ヶ丘站步行5分
島根縣立古墳之丘 古曾志公園
●しまねけんりつこふんのおかこそしこうえん

介紹了島根縣內的特色歷史和文化遺產。公園內有移築復原後的古曾志大谷1號墳等遺跡，另外還建設了展望廣場等設施。

MAP 附錄②6E-1
☎0852-60-2055（MI島根）
⏰9:00～17:00（17:30閉園）休無休 ¥免費入園 所島根縣松江市古曾志町562-1 P免費

正在復原前方後方墳

松江イングリッシュガーデン前站步行5分
松江英式花園
●まつえイングリッシュガーデン

重現19世紀中期到20世紀初期，英國代表性的庭園樣式。園內約有550種花草樹木，讓人賞心悅目。

MAP 附錄②6E-1
☎0852-36-3030
⏰9:00～17:30（視時期而異）休無休（過年期間休）所島根縣松江市西浜佐陀町330-1 P最多2小時免費（之後每小時200日圓）

華麗綻放的玫瑰

步行5分即可抵達出雲大社！

讓人聯想到教堂的美麗站舍

等候區的天花板採用充滿時髦氣氛的挑高設計

這一站就是Goal

復古摩登的西洋建築站舍
一畑電車出雲大社前站
●いちばたでんしゃいずもたいしゃまええき

建於昭和5（1930）年，是畑電的終點站。開設當時的站名為「大社神門」，之後在昭和45（1970）年改名為現在的「出雲大社前」。摩登的西洋建築站舍採用拱門形天花板，搭配了裝飾藝術風格的裝潢，現在已被列為日本的有形文化財。

📍MAP 附錄①16B-4
📞0853-53-2133
🏠島根縣出雲市大社町杵築南1346-9

展示了日本最古級的電車「DEHANI50型」

別錯過車站內的幸福景點

HAPPY 1
據說只要2人在車站的等候區內，一起沐浴在彩繪玻璃窗灑進來的光線中，就能讓戀情順利開花結果

HAPPY 2
位於站內的票閘口附近，據說能招來幸福的愛心圖樣和吊鐘

還出現睽違86年的新列車

一畑電車是這樣的電車
連接松江與出雲大社之間，總車程約1小時，是山陰地區唯一的地方私鐵。通稱「畑電」，是深受在地人和觀光客喜愛的交通工具。

便利情報
還有各種划算車票！
提供許多適合中途下車或是附有贈品的車票，對於遊客來說十分便利（於松江宍道湖溫泉站等地販售）。

1日自由乘車券 1500日圓
1日內自由搭乘一畑電車的復古車票

結緣完美車票 3000日圓
3日內可自由搭乘周遊出雲的一畑電車和路線巴士等交通工具

悠閒POTAPOTA車票 3500日圓
1日內可自由搭乘一畑電車、松江Lake Line、堀川遊覽船

電車伴手禮CHECK！
還有許多以一畑電車為主題的獨創周邊商品，歡迎大家參觀選購。

DEHANI50型、7000系迴力車（各1300日圓）
【販售地點】松江宍道湖溫泉站賣店、雲州平田站、出雲大社前站賣店

結緣電車島根貓號車票附票夾（310日圓）
【販售地點】松江宍道湖溫泉站賣店、雲州平田站、電鐵出雲市站、出雲大社前站賣店

人氣列車盒裝餅乾（12片裝430日圓）
【販售地點】松江宍道湖溫泉站賣店、雲州平田站、出雲大社前站賣店

可以中途下車繞來這裡看看

從雲州平田站步行7分即可抵達木棉街道（→P.53）。可以在古色古香的街頭漫步閒逛。

一畑藥師
一畑口站
伊野灘站
湖遊館新站
園站
布崎站
🛑島根縣立宍道湖自然館GOBIUS
宍道湖

湖遊館新站步行10分
島根縣立宍道湖自然館GOBIUS
●しまねけんりつしんじこしぜんかんゴビウス

位於島根縣的水族館，展示了棲息在島根的河川和宍道湖，以及中海裡面的生物。在週六日和假日的15時開始，館方會一邊解說一邊介紹魚群進食的模樣。

📍MAP 附錄②6D-1
📞0853-63-7100
🕐9:30～16:30　🚫週二（逢假日則翌日的平日休）　💴入館門票500日圓　🏠島根縣出雲市園町1659-5　🅿免費

在高濱站～遙堪站之間，可以看見鐵道橫越粟津稻生神社參道的獨特景象

木棉街道
雲州平田站
旅伏站
美談站
大寺站
斐伊川

Goal
出雲大社前站 一畑電車
濱山北口公園站
遙堪站
高濱站
一畑電車大社線
川跡站
武志站
出雲科學館パークタウン前站
電鐵出雲市站
出雲市站
大津町站
直江站
西出雲站
JR山陰本線

這樣也很便利
★停車便利&舒適移動
在松江宍道湖溫泉站、出雲大社前站等車站附近的停車場可以免費停車。
★在車站租借腳踏車吧
所有區間皆可攜帶腳踏車隨行。1輛310日圓。另外也有提供租借腳踏車的服務。
（各相關洽詢請至📞0853-62-3383 一畑電車營業課）

在這裡轉搭大社線

平日從松江宍道湖溫泉站前往出雲大社站時，必須在川跡站轉搭大社線

從水族箱上方的特別視角，可以體驗身在水中的……

日御碕神社
●ひのみさきじんじゃ

神社是由供奉天照大御神的日沉宮和供奉素盞嗚尊的神宮而構成。相對於負責「守護日本白晝」的伊勢神宮，收到神諭的日御碕神社則是負責「守護日本夜晚」，這也是「日沉宮」一名的由來。

MAP 附錄②7A-3
☎0853-54-5261
自由參拜 ⏰島根県出雲市大社町日御碕455 🚌出雲大社連絡所巴士站搭一畑巴士20分，日御碕下車即到 🅿免費

↑以日沉宮的樓門為首，境內總共有14棟重要文化財

朱紅色的鮮豔樓門與社殿

↑奉德川家第3代將軍德川家光的命令興建，是權現造樣式的社殿

(詳細交通指南和本區域路線圖請參考P.126)

名種觀光樂趣都能讓人盡興

出雲大社附近
不容錯過的 矚目景點

出雲大社為中心而興盛的區域，在出雲大社內供奉著知名的結緣之神「大國主大神」。出雲大社周邊除了出雲蕎麥麵專賣店之外，在徒步圈內還林立著許多日式甜點店和販賣結緣商品的伴手禮店。

日本全國最多人造訪的結緣聖地
出雲
（いずも）

出雲日御碕燈塔
●いずもひのみさきとうだい

高約44m，是日本第一高的石砌燈塔，於明治36（1903）年首次點燈。外牆用石頭推砌，內壁則是磚瓦材質，採用了雙層結構來建造，遊客也可以入內參觀燈塔內部。在天氣晴朗的時候，還可以從眺望台看到隱岐群島。

☎0853-54-5341 **MAP** 附錄②7A-2
⏰9:00～16:30 休無休 塔內參觀門票200日圓 🚌島根県出雲市大社町日御碕 🚌出雲大社連絡所巴士站搭一畑巴士23分，日御碕灯台下車，步行10分 🅿免費（使用縣營停車場）

↑在通往燈塔的遊步道上看得到由大大小小的島嶼排列而成，景觀獨特的「出雲松島」。

↑被選為世界燈塔100選之一

欣賞日本海的絕景
日御碕

出雲大社 車程20分

這裡是位於島根半島西端的海岬，在連綿著奇岩峭壁的海岸上佇立著一座白色燈塔。附近一帶被指定為大山隱岐國立公園，放眼望去都是風光明媚的絕世美景。

MAP 附錄②7A-3

如果想欣賞夕陽餘暉的絕景

這裡也是個觀賞夕陽的知名景點。大家在出發前可以先到官方網站查詢日落時間，算好在日落前的30分鐘前出發吧。

放眼望去盡是日本海的美景

來這裡吃午餐
花房商店
●はなふさしょうてん

能品嘗到來自日御碕的新鮮海產。招牌的日本海蓋飯中有3、4種切成厚片的當季鮮魚，外觀和滋味都讓人吃得心滿意足。另外還有配上蛋花的蠑螺蓋飯和生魚片等餐點。

→放了滿滿新鮮食材的日本海蓋飯1080日圓

☎0853-54-5126 **MAP** 附錄②7A-3
⏰10:00～16:00 休週三 🚌島根県出雲市大社町日御碕1481-1 🚌出雲大社連絡所巴士站搭一畑巴士23分，日御碕灯台下車，步行7分 🅿免費

豪邁地享用裝滿日本海美味的蓋飯

交通路線

巴士	出雲結緣機場	出雲一畑交通機場連絡巴士 35分 ¥880日圓	出雲大社前站
巴士電車	松江站	松江市營巴士 20分 ¥210日圓	松江宍道湖温泉站
	一畑電車北松江線 48分	川跡站	一畑電車大社線 11分 ¥810日圓	出雲大社前站
車	山陰自動車道 出雲IC	337 431 161 約9km 約18分	出雲大社

資訊洽詢

出雲觀光協會
☎0853-53-2112

大社觀光服務處
☎0853-53-2298

松江宍道湖温泉
湯之川温泉
這裡
松江
出雲
安來
濱田 三瓶山
島根縣 玉造温泉
石見銀山
温泉津温泉
津和野
有福温泉

來間屋生姜糖本舖

來這裡
買伴手禮

來自老店的生薑糖
充滿帶勁的生薑辣味

●くるまやしょうとうほんぽ
開業300年的老店。生薑糖裡加了出雲特產的出西生薑汁，還被稱為能讓人「早生貴子」的點心。

MAP 附錄②6D-1
☎0853-62-2115
🕐9:00～19:00　🈺不定休
🚉島根縣出雲市平田町774
🚃一畑電車雲州平田站步行7分

→風格十足的招牌令人印象深刻

↓板狀生薑糖（1片486日圓），復古的包裝也很有魅力

持田醬油店

嚴選講究的醬油和香醇甘甜的霜淇淋都很有人氣

→販售了花時間慢慢成的嚴選醬油

●もちだしょうゆてん
採用代代相傳的古早味製法來釀造醬油，店內招牌的霜淇淋（300日圓）是使用香醇可口的「羽衣生魚片醬油」來製作。

MAP 附錄②6D-1
☎0853-62-3137
🕐9:00～19:00　🈺不定休
🚉島根縣出雲市平田町807
🚃一畑電車雲州平田站步行7分

↑濃郁的羽衣生魚片醬油（1L880日圓）和鮮榨生醬油3年（1L1500日圓）都很適合當作伴手禮

出雲拼布美術館

純樸的日本原始風景 療癒了身心

●いずもキルトびじゅつかん
在這棟屋齡200年的日本家屋建築中，展示了拼布作家八幡垣睦子女士的作品。這裡以拼布、插花、室內陳設等為中心，展出了許多表達日本之心的主題作品。

↑館內也附設了美術館商店和咖啡廳

MAP 附錄②6D-2
☎0853-72-7146
🕐10:00～17:00　🈺週三、第3週日
🈺入館門票700日圓　🚉島根縣出雲市斐川町福富330　🚃JR直江站搭計程車7分　🅿免費

↓沉穩的和風空間為心靈帶來平靜

漫步復古街頭
木棉街道

MAP 附錄②6D-1

在過去的江戶時代，當地人會將出雲地區的木棉賣往松江和大阪等地，是個繁榮的市場聚落。在全長約400m的大道上，林立著商家的酒廠和醬油廠等樣式獨特的建築物。

出雲大社出發 車程30分

留下了江戶時代的影子，鎮上最具象徵性的存在

本石橋邸

●ほんいしばしてい
建於江戶時代中期的地主住家。為2層樓建築，是典型的切妻妻入塗家造樣式。內廳是松江藩主前往出雲大社參拜時，會順路來造訪的宴會廳。

↑在江戶時代，內廳是松江藩主作為宴會廳的地方

↓已成為日本國登錄有形文化財

☎0853-62-2631（木棉街道交流館）　MAP 附錄②6D-1
🕐10:00～16:00　🈺週二（逢假日則翌日休）　🈺入館門票200日圓
🚉島根縣出雲市平田町841　🚃一畑電車雲州平田站步行10分

木棉街道交流館

傳播木棉街道歷史與文化的場所

●もめんかいどうこうりゅうかん
復原了大約200年前，身為醫生世家的長崎宅邸。館內提供了觀光指南、周遊老店迷你之旅、本石橋邸入館申請等服務，是對木棉街道瞭若指掌的設施。館內也附設了和風餐廳「棉の花」。

↑鄰接本石橋邸的設施

→抹茶（486日圓）搭配的茶點，是來間屋生姜糖本舖的生薑糖

MAP 附錄②6D-1
☎0853-62-2631
🕐9:00～17:00（餐飲為10:00～16:00）
🈺週二（逢假日則翌日休）　🚉島根縣出雲市平田町841　🚃一畑電車雲州平田站步行10分

欣賞手工藝&藝術
斐川區域

出雲大社出發 車程30分

遼闊的斐川町位於宍道湖西南部的出雲平原上，在豐富自然中孕育出的傳統手工藝，還有美術館和遺跡等景點都十分有名。

和簡單美麗的造型 特色是便利的實用性

出西窯　●しゅっさいがま

↑從招牌款式到新作商品，在附設的展示販售館「無自性所」都應有盡有

接受過柳宗悅、伯納‧李奇等人指導的5位年輕人，在昭和22（1947）年開設的共同窯場，堅持使用島根縣產的泥土和釉藥原料。這些實用又美麗的器皿在日本各地都有忠實粉絲。

☎0853-72-0239　MAP 附錄②6D-2
🕐9:30～18:00　🈺週二（逢假日則翌日休）
🚉島根縣出雲市斐川町出西3368
🚃JR出雲市站搭計程車10分　🅿免費

↑黑、白、藍3色一組的砂糖壺3500日圓（未稅）

↓杯緣觸感舒適，拿起來順手的早餐杯2500日圓（未稅）

※實際價格可能會有異動

享用島根葡萄酒和島根和牛

島根葡萄酒廠
●しまねワイナリー

酒廠　**景點**
☎0853-53-5577
MAP 附錄② 7C-2

興建於葡萄產地的葡萄酒廠

除了可以參觀釀造葡萄酒的過程之外，也可以在銷售館免費試喝葡萄酒。在園內附設的烤肉餐廳「彌山堡」可以享受島根和牛搭配葡萄酒的美味。

⏰參觀工廠9:30～16:30、銷售館9:30～17:00(4～9月為～18:00)、彌山堡10:30～18:00(6～9月為～19:00)　休無休　所島根縣出雲市大社町菱根264-2　交一畑電車濱山公園北口站步行15分　P免費

供奉安產之神的古社

御井神社
●みいじんじゃ

神社　**景點**
☎0853-72-3146
MAP 附錄② 6D-2

記載於古事記中的古老和神風社

供奉大國主大神與其妻子八上比賣的長男「木俣神」的總本社，是保佑安產和長壽的神明。從附近3口井中湧出的清水被列為島根縣歷史名水之一。

自由參拜(社務所9:00～17:00)
所島根縣出雲市斐川町直江2518　交JR直江站車程5分　P免費

神社內聳立著靈氣逼人的大杉樹

須佐神社
●すさじんじゃ

神社　**景點**
☎0853-84-0605
MAP 附錄② 7C-3

這棵大杉樹是大受矚目的能量景點

擊退八岐大蛇的須佐之男命最後的安息之地，也是供奉其靈魂的唯一本宮。境內聳立著樹齡1300年的大杉樹，瀰漫著威風凜凜的靈氣。

自由參拜
所島根縣出雲市佐田町須佐730　交JR出雲市站搭一畑巴士40分，出雲須佐下車，計程車車程5分　P免費

綻放各種當季花卉的花卉樂園

島根花之鄉
●しまねはなのさと

公園　**玩樂**
☎0853-20-1187
MAP 附錄② 7C-2

四季綻放了各式各樣的花卉

是能欣賞到四季花卉的療癒景點，還可以在草地廣場上盡情玩耍。距離出雲IC只要5分鐘車程，交通十分便利。

⏰9:30～17:00(12～翌2月為～16:30)　休無休(12～翌2月週二休，逢假日則翌日的平日休)　¥入園門票200日圓　所島根縣出雲市西新町2-1101-1　交JR西出雲站步行10分　P免費

探究出雲古代遺跡的謎團

荒神谷博物館
●こうじんだにはくぶつかん

博物館　**景點**
☎0853-72-9044
MAP 附錄② 6D-2

風花6月底盛開的荷花

位於荒神谷史跡公園內，鄰接國家指定史跡「荒神谷遺跡」的博物館。介紹了荒神谷遺跡的歷史以及挖掘時的風景。

⏰9:00～16:30　休無休(展示室週二休，逢假日則翌日休；替換展示品時休)　¥免費入館，展示室參觀門票205日圓(特別展、企劃展另計)　所島根縣出雲市斐川町神庭873-8　交JR莊原站車程5分　P免費

充滿出雲生活風情的民俗藝品

出雲民藝館
●いずみんげいかん

民藝館　**景點**
☎0853-22-6397
MAP 附錄② 7C-2

到在展示館內看和長屋門、木材倉

將出雲的富貴農家——山本家住宅改建成展示室，以山陰地區為中心，介紹了日本各地的陶瓷器、木工藝品、染織品等。另外在賣店可以購買到在地的民俗藝品。

⏰10:00～16:30　休週一(逢假日則翌日休)　¥入館門票500日圓(舉辦特別展時可能會有變動)　所島根縣出雲市知井宮町628　交JR西出雲站步行10分　P免費

出雲大社過去的正門

舊大社站
●きゅうたいしゃえき

站舍　**景點**
☎0853-53-2112(出雲觀光協會)
MAP 附錄① 16C-4

被指定為重要文化財

站舍建於大正13(1924)年，於1990年廢站的JR大社站受到良好保存，現正公開展示。雖然是日本少見的純和風建築，內部卻充滿摩登的氣息。

⏰9:00～17:00　休無休　¥自由參觀　所島根縣出雲市大社町北荒木441-3　交一畑電車出雲大社前站步行15分　P免費

向當代傳達踏鞴製鐵的面貌

菅谷踏鞴山內
●すがやたたらさんない

文化設施　**景點**
☎0854-74-0350
MAP 附錄② 6D-4

日本唯一現存的踏鞴高殿，被指定為重要民俗文化財的「菅谷高殿」

「山內」是指踏鞴製鐵人員的工作場所和居住地區，這裡就是專門介紹山內的設施。館方保存了從寬曆元(1751)年起營運170年的「菅谷高殿」，以及村下宅邸和元小屋等場所。

⏰9:00～16:00　休週一(逢假日則翌日休)　¥入館門票300日圓　所島根縣雲南市吉田町吉田4210-2　交JR出雲橫田站步行15分　P免費

認識自古傳承的踏鞴歷史

奧出雲踏鞴與刀劍館
●おくいずもたたらととうけんかん

文化館　**景點**
☎0854-52-2770
MAP 附錄② 6F-4

在第2週日和第4週六會請刀匠實際展現鍛冶刀劍的過程

透過展示品和影片來介紹具有古老傳統及悠久歷史，出雲地區的踏鞴製鐵文化。可以在館內參觀生產和鐵的模樣，以及使用生產後的玉鋼實際製作刀劍的過程。

⏰9:30～17:00(入館～16:30)　休週一(逢假日則翌日休)　¥入館門票520日圓(第2週日和第4週六的刀劍鍛冶實演日為1250日圓)　所島根縣奧出雲町橫田1380-1　交JR出雲橫田站步行15分　P免費

欣賞奇岩怪石的壯麗風景

縣立自然公園 鬼之舌震
●けんりつしぜんこうえんおにのしたぶるい

公園　**景點**
☎0854-54-2260(奧出雲觀光文化協會)
MAP 附錄② 6E-4

被指定為日本國家勝及天然紀念物之一

位於斐伊川支流的大馬木川，全長約2km的溪谷。溪谷內有連綿的奇岩巨石，清流經過石間縫隙潺潺流動。無障礙的遊步道也規劃得十分完善。

自由入園
所島根縣奧出雲町三成・高尾　交JR出雲三成站車程5分　P免費

請專業人士來幫忙導覽出雲大社吧

神門通りおもてなしステーション
●しんもんどおりおもてなしステーション

觀光服務處　**景點**
☎0853-53-2298(神門通光服務處)
MAP 附錄① 16A-4

在這裡也可以得到出雲周邊的觀光資訊

每天定時舉辦參拜導覽，一邊介紹出雲大社的魅力，一邊與遊客漫步在1.5km左右的觀光路線上(一次90分)。10:00～、13:00～、15:00～總共3個時段，1人即可報名，費用500日圓。

⏰8:30～17:00　休無休　所島根縣出雲市大社町杵築南780-4　交一畑電車出雲大社前站步行3分

深受在地人喜愛的蕎麥麵店

そばの加儀
● そばのかぎ

蕎麥麵　美食

☎ 0853-21-0659

MAP 附錄② 7A-2

美味樸實的圓蕎麥麵750日圓

靜靜佇立在高瀬川附近的後巷內，店面是白牆壁搭配格扇門的蕎麥麵店。為了品嘗傳統滋味的手打蕎麥麵，在地人總是絡繹不絕。

🕐 11:00～15:00
休 週四（逢假日則營業）
所 島根縣出雲市今市町635
🚉 JR出雲市站步行5分
Ｐ 免費

品味繼承傳統的手打蕎麥麵

献上そば 羽根屋本店
● けんじょうそばはねやほんてん

蕎麥麵　美食

☎ 0853-21-0058

MAP 附錄② 7A-2

5色割子蕎麥麵（1500日圓）也很受歡迎

大正天皇於山陰地區旅遊時，就曾品嘗過這裡的蕎麥麵。招牌的割子蕎麥麵（3層、750日圓）使用了朱紅漆器來盛裝。

🕐 11:00～15:00、17:00～20:00
休 無休
所 島根縣出雲市今市町549
🚉 JR出雲市站步行10分
Ｐ 免費

能夠帶來良緣的眼之藥師

一畑藥師（一畑寺）
● いちはたやくし（いちはたじ）

寺院　景點

☎ 0853-67-0111

MAP 附錄② 6D-1

以「眼之藥師」、「諸病平癒」之稱而聞名的健康之神，自古以來就擁有眾多信徒。一般人也可以在寺院內體驗寫經和坐禪。雖然有1300層階梯的參道，但現在開車也可以輕鬆前往。

自由入內　✉ 寫經體驗（奉納）1000日圓、坐禪體驗1000日圓　所 島根縣出雲市小境町803　🚉 一畑電車一畑口站搭平田生活巴士12分，一畑藥師下車即到
Ｐ 免費

建於深山幽谷的知名古寺

鰐淵寺
● がくえんじ

寺院　景點

☎ 0853-66-0250

MAP 附錄② 7C-1

色彩繽紛的紅葉將境內妝點得美麗多彩

據傳是創建於推古2（594）年的天台宗寺院，也是知名的賞楓勝地。傳說弁慶曾在這裡修行過。

🕐 8:00～17:00（入山申請～16:30）
休 無休　✉ 入山費用500日圓　所 島根縣出雲市別所町148　🚉 一畑電車雲州平田站搭平田生活巴士23分，鰐淵寺駐車場下車，步行10分　Ｐ 免費（視時節收費）

品嘗獨特的在地美食

きんぐ

和食店　美食

☎ 0853-53-2473

MAP 附錄① 16B-2

在當地開了60年的老字號餐廳。推薦大家一定要品嘗看看吃法獨特的大社炒麵（一般分量600日圓）。

長年受到在地人喜愛的大社炒麵

🕐 11:30～23:30
休 無休（1月1日～3日休）
所 島根縣出雲市大社町杵築東599
🚉 一畑電車出雲大社前站步行15分
Ｐ 免費

自古始終如一，使用石臼研磨的出雲蕎麥麵

鶴華 波積屋
● つるがはづみや

蕎麥麵　美食

☎ 0853-72-0770

MAP 附錄② 6D-2

推薦的天婦羅蘿蔔泥蕎麥麵918日圓

移築修復江戶時代後期的富貴農家住宅，改造成店面的出雲蕎麥麵店。使用石臼研磨的蕎麥粉來製作手打蕎麥麵，到切麵之前的步驟全都採用手工作業。

🕐 11:00～17:00　休 無休（1月1日休）
所 島根縣出雲市斐川町沖洲1630 出雲そばお土産處 そば庄たまき内
🚉 JR莊原站步行15分
Ｐ 免費

美味的秘密就是採用了家傳製法

そば処 八雲
● そばどころやくも

蕎麥麵　美食

☎ 0853-53-0187

MAP 附錄① 16B-2

天婦羅割子蕎麥麵1950日圓

使用八雲山的石清水，採用家傳製法的手打蕎麥麵具有滑順口感。三段割子（750日圓）、五段割子、三色割子都廣受好評。

🕐 9:00～15:50
休 週四（逢假日則營業）
所 島根縣出雲市大社町杵築東276-1
🚉 一畑電車出雲大社前站步行10分
Ｐ 免費

使用國產蕎麥的手打蕎麥麵

平和そば本店
● へいわそばほんてん

蕎麥麵　美食

☎ 0853-53-3240

MAP 附錄① 16A-3

三色割子蕎麥麵950日圓

隱身在恬靜住宅區的蕎麥麵店。店內的招牌帶殼研磨蕎麥麵，以偏黑顏色及濃郁香氣為特徵。由於這家店是在二次大戰結束後開業，店名中也隱含了期盼和平的心願。

🕐 11:00～15:00（售完打烊）
休 週四（逢假日則擇日休）
所 島根縣出雲市大社町杵築西2034
🚉 一畑電車出雲大社前站步行12分
Ｐ 免費

使用自古傳承的染製技法

長田染工場
● ながたせんこうじょう

藍染　購物

☎ 0853-21-0288

MAP 附錄② 7B-2

位於高瀬川沿岸的招牌十分醒目

明治時代開業的藍染店。販賣了充滿出雲風格的嫁妝包巾和門簾，還有絲巾（4320日圓～）和手帕（1080日圓）等眾多商品。

🕐 9:00～18:00
休 不定休
所 島根縣出雲市大津町1109
🚉 JR出雲市站步行15分
Ｐ 免費

吉祥的裝飾風箏和華麗的鄉土玩具

大社の祝凧 高橋
● だいしゃのいわいだこたかはし

玩具　購物

☎ 0853-53-1553

MAP 附錄① 16A-3

大社的祝賀風箏（3240日圓～）和鯛車8640日圓

大膽地使用鶴和烏龜的文字來做設計，是唯一製作「大社祝賀風箏」的店家。另外也有製作色彩鮮豔的鄉土玩具「鯛車」和「じょうき」，這些都是島根縣的鄉土傳統工藝品。

🕐 9:00～19:00
休 不定休
所 島根縣出雲市大社町杵築東724
🚉 一畑電車出雲大社前站步行10分
Ｐ 免費

以米袋造型點心作為招牌的和菓子店

俵屋 神門店
● たわらやしんもんてん

和菓子　購物

☎ 0853-53-4737

MAP 附錄① 16A-4

俵饅頭（1個）130日圓

店內最招牌的商品，就是以大國主大神的米袋作為主題造型的俵饅頭。鬆軟的蜂蜜蛋糕基底中包了入口即化的自家製白豆沙，充滿了高雅的滋味。另外俵仙貝（2片110日圓～）也是大受好評的商品。

🕐 8:00～18:30
休 無休
所 島根縣出雲市大社町杵築南771
🚉 一畑電車出雲大社前站步行3分
Ｐ 免費

運用日本茶的和風甜點

和かふぇ 葉楽koto
● わかふぇはらコト

甜點　咖啡廳

☎ 0853-21-8810

MAP 附錄② 7A-2

人氣特選餡蜜甜點680日圓

附設於出雲的老字號茶館「原圓」內的咖啡廳。在店內可以品嘗到使用了上等抹茶的聖代和冰淇淋，以及各種季節性的美味甜點。

🕐 10:00～17:30
休 週二
所 島根縣出雲市今市町2076
🚉 JR出雲市站下車即到
Ｐ 免費

能讓肌膚變光滑的美肌之湯
玉造溫泉

玉造溫泉是來自宍道湖南岸，玉湯川上游2km處的山間湧泉。溫泉水質具有補充滋潤和優秀的保濕效果，能讓肌膚變得光滑柔嫩，相當受到遊客歡迎。

在高雅的和風空間放鬆身心

面向坪庭，充滿沉穩氣氛的1樓客房

講究當季食材和器皿的宴席料理

附設信樂燒露天浴池的1樓客房

以神社為主題的大浴場

每晚都會舉辦精采的石見神樂表演，帶來出雲神話中的精華片段「大蛇」

星野度假村
界 出雲

★ほしのリゾート かいいずも

露天浴池　信用卡OK

所有客房都有附設露天浴池，又可以體驗出雲文化的旅館。大浴場內有神社主題的玻璃帷幕室內浴池，以及富饒野趣的岩石浴池，可以在這裡盡情享受「美肌之湯」。獨具匠心，巧妙搭配當地食材並精心製作的料理也很值得期待。

MAP 附錄②19B-3

☎0570-073-011（界預約中心）

¥1泊2食27000日圓～　IN/15:00、OUT/12:00　島根県松江市玉湯町玉造1237　JR玉造溫泉站搭一畑巴士5分，姬神広場下車，步行3分　P免費　客室24間

女性專用大浴場充滿療癒的溫泉熱氣

在風格多采多姿的浴場盡情享受泡湯樂趣

出雲眾神結緣之宿
紺家

★いずもかみがみえんむすびのやど こんや

露天浴池　房內用餐OK（預約制）　接送服務　信用卡OK

過去曾是經營藍染工房（紺家）的旅館。在風情十足的浴場內，有環繞著美麗日本庭園的露天浴池，還有飄散木頭香氣的室內浴池。晚餐則是享用日本海海鮮的宴席料理。

☎0852-62-0311　**MAP** 附錄②19B-3

¥1泊2食14190日圓～　IN/15:00、OUT/10:00　島根県松江市玉湯町玉造1246　JR玉造溫泉站搭一畑巴士4分，溫泉下下車即到　P免費　客室70間

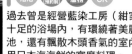

男用大浴場的露天浴池「月影」

松江、出雲區域的溫泉住宿

島根縣內齊聚了山陰首屈一指的溫泉勝地，在這裡悠閒度過一晚才是王道的旅行。接下來要向大家介紹各個地區值得留宿一次的推薦旅館。

※1泊2食（或是1泊附早餐）為2人1房時的1人費用。

56

出雲、松江玉造溫泉

松江・出雲區域的溫泉住宿

眼前就是美麗庭園，日本最大規模的露天浴池

可以欣賞美麗的日本庭園，日本最大規模的混浴露天浴池

湯之助之宿 長樂園
★ゆのすけのやどちょうらくえん

露天浴池 / 信用卡OK

邁入開業150周年的玉造溫泉旅館。在1萬坪的日本庭園中建造了3棟客房棟，還有山莊和離屋。館內最招牌的露天浴池「龍宮之湯」占地120坪，可以享受十足的開放感。晚餐則是使用了來自日本海、宍道湖、中國山地等在地食材來製作美味料理。

☎0120-62-0171　MAP附錄②19B-4

¥1泊2食18360日圓～　🕐IN/15:00、OUT/10:00　🏠島根県松江市玉湯町玉造323
🚃JR玉造溫泉站搭一畑巴士6分，溫泉上下車即到　P免費　客室67間

佇立在1萬坪日本庭園內的客房棟

眼前就是日本庭園，開業300年的老字號旅館

位於「紅柄」的露天岩石浴池能欣賞日本庭園美景

約4～6坪的一般客房範例之一

保性館　★ほせいかん

露天浴池 / 房內用餐OK / 接送服務（預約制） / 信用卡OK

位於玉湯川沿岸，開業300年以上的老字號旅館。在館內的庭園林木間堆砌了巨石，充滿了風情十足的氣氛。風格不同的客房和附設露天浴池的大浴場也都能讓人好好放鬆身心。

☎0852-62-0011　MAP附錄②19B-4

¥1泊2食13110日圓～　🕐IN/15:00、OUT/10:00　🏠島根県松江市玉湯町玉造1191-1　🚃JR玉造溫泉站搭一畑巴士6分，溫泉上下車即到(提供預約制的玉造溫泉站接駁服務)　P免費　客室57間

湯元玉井館
★ゆもとたまいかん

露天浴池 / 房內用餐OK / 信用卡OK

擁有從庭園地底下31m處湧出的自家源泉，是名符其實的溫泉旅館。3層樓的木造建築醞釀出古色古香的風情。位於離屋客房的露天浴池相當寬敞，多人也可以一起入浴。

☎0852-62-0314　MAP附錄②19B-4

¥1泊2食16350日圓～　🕐IN/16:00、OUT/10:00　🏠島根県松江市玉湯町玉造328
🚃JR玉造溫泉站搭一畑巴士6分，溫泉上下車即到　P使用特約停車場　客室8間

昭和風情的復古和室

瀰漫著懷舊氣氛的木造風旅館

堆砌著岩石的露天浴池「夢之湯」

白石家　★しらいしや

露天浴池 / 接送服務（預約制） / 信用卡OK / 不住宿泡溫泉OK 1000日圓（不定休）

擁有從浴池、牆壁到天花板都奢侈使用檜木的「織姬」，以及採用黑御影石建造的「彥星」兩座大浴場。另外還有提供讓女性房客免費挑選各種花色浴衣的服務。

☎0852-62-0521　MAP附錄②19B-3

¥1泊2食18510日圓～　🕐IN/15:00、OUT/10:00　🏠島根県松江市玉湯町玉造44-2　🚃JR玉造溫泉站搭一畑巴士4分，溫泉下下車即到　P免費　客室58間

品嘗當季美味的宴席料理

就連浴池底部也使用檜木的優雅大浴場

大浴場「織姬」充滿清新的檜木香氣

佳翠苑 皆美

★かすいえんみなみ

露天浴池 | 接送服務(預約制) | 信用卡OK

採用現代風的數寄屋造樣式,是間特色十足的旅館。旅館最引以為豪的展望露天浴池和風格多變的溫泉浴池,都能讓人好好放鬆身心。館內另設有伴手禮和美容沙龍等療癒設施。

MAP 附錄②19B-3

☎0852-62-0331

¥1泊2食19590日圓～ IN/15:00、OUT/10:00 島根縣松江市玉湯町玉造1218-8 JR玉造溫泉站搭一畑巴士5分,姬神廣場下車即到 P免費 客室109間

和風設計,精心款待的旅館

展望露天浴池是男女浴池左右對稱的構造

開放感十足,位於最上層的展望露天浴池

旅亭 山之井

★りょていやまのい

露天浴池 | 房內用餐OK(預約制) | 接送服務(預約制) | 信用卡OK

的島根在地日本酒專家設計的

像是從岩石表面流出溫泉的男用浴池,還有環繞在竹林中的女用浴池等等,各種雅致情趣的浴池就是這間旅館的自豪之處。另外在餐點中,還能品嘗到使用眾多日本海食材的鄉土料理。

女能欣賞竹林夜間點燈的女用浴池

☎0852-62-0621 **MAP** 附錄②19B-4

¥1泊2食12000日圓～(未稅)

IN/15:00、OUT/10:00 島根縣松江市玉湯町玉造1042 JR玉造溫泉站搭一畑巴士7分,玉造溫泉下車即到 P免費 客室38間

盡享山珍海味的「島根和牛宴席」

靜心享受風情十足的舒適溫泉

鑲滿充滿能量的瑪瑙石,氣派豪華的溫泉浴池

充滿瑪瑙石能量的「女神之湯 瑪瑙浴池」

玉造長生閣日式旅館

★たまつくりグランドホテルちょうせいかく

露天浴池 | 接送服務(預約制) | 信用卡OK | 不住宿泡溫泉OK 1500日圓(不定休)

位於玉湯川沿岸,6層樓建築的老字號旅館。大浴場的浴池和牆面鑲滿了特產瑪瑙,是難得少見的風格樣式。館內還有充滿四季美景的日本庭園,可以在園內悠閒散步。

☎0852-62-0711 **MAP** 附錄②19B-4

¥1泊2食16350日圓～ IN/15:00、OUT/10:00 島根縣松江市玉湯町玉造331 JR玉造溫泉站搭一畑巴士6分,溫泉上下車即到 P免費 客室84間

庭園露天浴池「神話之湯」

建於溫泉街的高處,是玉造當地數一數二的大型旅館

風情十足的「巖之湯」

～曲水之庭～ 玉泉飯店

★きょくすいのにわホテルぎょくせん

露天浴池 | 信用卡OK | 不住宿泡溫泉OK 1600日圓(不定休)

所到之處盡是奢華的飯店。岩石浴池和檜木浴池兩大寬敞的浴場,分別都可容納200人同時入浴。館內附設了宴會廳和居酒屋等完善充足的設施,也備有無障礙空間的客房。

☎0852-62-0021 **MAP** 附錄②19B-3

¥1泊2食18510日圓～ IN/15:00、OUT/10:00 島根縣松江市玉湯町玉造53-2 JR玉造溫泉站搭一畑巴士4分,溫泉下車步行4分 P免費 客室121間

挑高的大廳令人驚艷

※1泊2食(或是1泊附早餐)為2人1房時的1人費用。

大橋館
★おおはしかん

房內用餐 OK（僅部分房客）　信用卡 OK

位於松江大橋橋頭的和風旅館。館內面向大橋川的大廳，還有日本庭園和茶室等設施都充滿十足的風情。地下浴場引水自松江宍道湖溫泉的溫泉水，另也備有面向宍道湖的客房。

MAP 附錄②20F-1

☎0852-21-5168

¥1泊2食16350日圓～

⌚IN/15:00、OUT/10:00

🏠島根縣松江市末次本町40

🚃JR松江站搭市營巴士5分，大橋北詰下車即到

Ｐ免費　客室20間

充滿日本風情，與小泉八雲甚有淵源的老字號旅館

地下大浴場引用溫泉水

位於橫越大橋川的松江大橋橋頭

享受深受衆多文人喜愛的溫泉風情

能一覽宍道湖美景的展望浴池客房

2樓的男用大浴場

松江宍道湖畔・文人ゆかりの宿
皆美館
信用卡 OK

★まつえしんじこはん
ぶんじんゆかりのやどみなみかん

明治21（1888）年開業的傳統旅館，深受島崎藤村等文人雅士的青睞。1樓的庭園茶寮提供了與松江藩甚有淵源的「家傳鯛魚飯」，還有使用來自日本海與宍道湖食材製作的豐富料理。

MAP 附錄②20F-1

☎0852-21-5131

¥1泊2食27474日圓～

⌚IN/14:00、OUT/11:00（和室為IN/16:00、OUT/10:00）

🏠島根縣松江市末次本町14

🚃JR松江站搭松江Lake Line8分，京橋下車，步行4分

Ｐ免費　客室13間

推薦的松江站前住宿*

位於JR松江站南側的Universal飯店適合觀光和商務需求，住宿費用也相當平易近人。在松江站前總共有3家可以選擇，歡迎大家參考看看。

松江站前Universal飯店
★まつええきまえユニバーサルホテル

☎0852-28-3000　**MAP** 附錄②20E-4

¥S4620日圓～/T・W8324日圓～ ※所有價格不含稅金及服務費，早晚餐免費　⌚IN/16:00、OUT/10:00　🏠島根縣松江市朝日町460-8　🚃JR松江站下車即到　Ｐ1泊1080日圓　客室781間

松江Universal飯店
★まつえユニバーサルホテル

☎0852-25-0001　**MAP** 附錄②20E-4

¥S4620日圓～/T・W8324日圓～ ※所有價格不含稅金及服務費，早晚餐免費　⌚IN/16:00、OUT/10:00　🏠島根縣松江市朝日町471　🚃JR松江站下車即到　Ｐ1泊1080日圓　客室316間

松江Universal飯店別館
★まつえユニバーサルホテルべっかん

☎0852-25-8100　**MAP** 附錄②20E-4

¥S4620日圓～/T・W8324日圓～ ※所有價格不含稅金及服務費，早晚餐免費　⌚IN/16:00、OUT/10:00　🏠島根縣松江市朝日町467　🚃JR松江站下車即到　Ｐ1泊1080日圓　客室226間

來自風情萬種的水都
松江宍道湖溫泉

位於松江市一角，從宍道湖畔湧出的溫泉。由於溫泉開發較晚，溫泉街上大部分都是具有和風旅館氣氛的近代飯店。

宛如享受森林浴，身心都覺得好放鬆

女用露天浴池充滿療癒的檜木香氣

夕景湖畔
水天閣
露天浴池　信用卡 OK

不住宿泡溫泉OK 800日圓（需確認）

★ゆうけいこはんすいてんかく

建於宍道湖畔的和風旅館，館內有面向湖景和面向松江市街的客房。除了風格不同的男女露天浴池之外，宍道湖展望包租浴池也很有人氣。在晚餐中，可以品嘗到宍道湖七珍料理等美食。

☎0852-21-4910　**MAP** 附錄②21B-3

¥1泊2食12980日圓～　⌚IN/16:00、OUT/10:00　🏠島根縣松江市千鳥町39　🚃JR一畑電車松江宍道湖溫泉站步行5分　Ｐ免費　客室50間

有鱸魚奉書燒等菜色的宍道湖七珍料理

眼前遼闊的宍道湖美景令人看得入迷

MINAMO露天浴池和洋室設有寬敞的玻璃窗，開放感十足的樣式設計充滿魅力

Naniwa Issui
★なにわいっすい

露天浴池　信用卡 OK

從所有客房都能一覽宍道湖的迷人美景。其中有11間客房備有眺望湖景的露天浴池。在大浴場中有以奧出雲的溪谷作為主題，用天然石打造的露天浴池可以放鬆身心。

☎0852-21-4132　**MAP** 附錄②21A-3

¥1泊2食17970日圓～

⌚IN/16:00、OUT/10:00（露天浴池客房為IN/15:00、OUT/11:00）　🏠島根縣松江市千鳥町63　🚃一畑電車松江宍道湖溫泉站步行7分　Ｐ免費　客室25間

模仿奧出雲溪谷「鬼之舌震」的露天浴池

在時髦的旅館內享受
舒服的源泉放流溫泉

湯之川溫泉

距離出雲結緣機場車程5分鐘，離出
雲大社也很近的湯之川溫泉與和歌山
縣的龍神溫泉及群馬縣的川中溫泉齊
名，是日本三大美人之湯之一。

湯宿 草菴
★ゆやどそうあん

露天浴池　接送服務(預約制)　信用卡OK（僅限VISA、Master）

屋齡120年的古民宅結合西洋骨董家具的館內，充滿了復古摩
登的氣氛，十分受到女性歡迎。館內有使用了檜木、漆器、
岩石的露天浴池，還有葫蘆造型的室內浴池等6座包租浴池。

MAP 附錄②6D-2
☎0853-72-0226
¥1泊2食24500日圓～
IN/15:00、OUT/10:00
（露天浴池客房為11:00）
所島根縣出雲市斐川町学頭
1491　JR莊原站搭計程
車3分　P免費
客室18間

使用新鮮海鮮和蔬菜的
宴席料理

湯元 湯之川
★ゆもとゆのかわ

露天浴池　房內用餐OK　接送服務(預約制)　信用卡OK　不住宿泡溫泉OK 500日圓

明治10（1877）年開業的老字號
旅館。館內3座包租浴池分別是露
天浴池、磁磚浴池和檜木浴池，各
有不同的風情。使用島根和牛和紅
喉魚的料理也大受客人好評。

MAP 附錄②6D-2
☎0853-72-0333
¥1泊2食13110日圓～
IN/16:00、OUT/10:00　所島根
縣出雲市斐川町学頭1329-1　JR
莊原站搭計程車3分（僅為房客提供接
送服務）P免費　客室11間

繼承了140年傳統的樸質旅館

除了房客之外，
不住宿泡溫泉的遊客也可以使用包租浴池（房客免費）

體驗日本三大美女之湯的
源泉放流溫泉是一大奢侈享受

模仿了古代住宅風格的
獨特溫泉旅館

除了天花板之外，全部使用了御影
石的本館男用浴室

松園
★しょうえん

露天浴池(本館浴室備有併浴)　接送服務(預約制)　不住宿泡溫泉OK 700日圓

位於荒神谷遺跡附近，館內備有模
仿了古代宮殿的高床式離屋等獨特
的住宿客房。使用了紅米、雉雞
肉、豬肉等食材的古代美食「彌生
之宴」（預約制）也很受歡迎。

MAP 附錄②6D-2
☎0853-72-0024
¥1泊2食(本館)16350日圓～、(離
屋)28230日圓～　IN/16:00、
OUT/10:00(離屋客房為IN／15:00、
OUT／11:00)　所島根縣出雲市斐川
町学頭1683-5　JR莊原站步行5分
P免費　客室8間

照片後方是2人專用的高床式離屋客房「宇夜都弁」，照片前方
則是浴室房

※1泊2食（或是1泊附早餐）為2人1房時的1人費用。

往這裡 GO! 大山 →P.70
一起到被大自然環繞的大山區域體驗兜風樂趣和高原美食吧。

前往邁入開山1300週年
熱鬧非凡的大山區域
還有妖怪與新鮮海產的城市吧

大山・境港
だいせん・さかいみなと

在自然豐饒的大山可以邊兜風邊欣賞高原的自然美景。而境港就是漫畫《鬼太郎》的作者水木茂老師的出身地，JR境港站前的知名妖怪大道也在2018年整修完工，趣味更加升級。另外境港還是紅頭矮蟹漁獲量日本第一的漁港，除了螃蟹還可以品嘗到各種新鮮海產美食。

往這裡 GO! 隱岐 →P.75
位於島根半島海岸的離島上，擁有碧藍大海和翠綠小島交織而成的壯觀美景。

2018年7月整修完工

往這裡 GO!

水木茂之路
充滿詭譎奇妙的妖怪銅像和主題樂趣的妖怪之都
→P.62

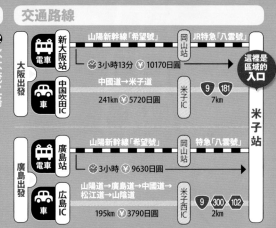

隱岐
隱岐機場
西之島 中之島
境港
米子
皆生溫泉
鳥取縣 **大山**
島根縣
岡山縣

區域INDEX

交通路線

大阪出發

電車｜山陽新幹線「希望號」 新大阪站 → 岡山站 JR特急「八雲號」
⏱ 3小時13分 ¥ 10170日圓

車｜中國道→米子道 中國吹田IC → 米子IC
241km ¥ 5720日圓 9 181 7km

廣島出發

電車｜山陽新幹線「希望號」 廣島站 → 岡山站 特急「八雲號」
⏱ 3小時 ¥ 9630日圓

車｜山陽道→廣島道→中國道→松江道→山陰道 廣島IC → 米子西IC
195km ¥ 3790日圓 9 300 102 2km

這裡是區域的入口 米子站

區域移動 CHECK!

鬼太郎列車

行駛於JR境線米子站～境港站之間17.9km的路線，單程需約45分鐘的列車。全車自由席，平日1日22班，週六日、假日1日17班。依據現場狀況，也有可能會遇到沒有插圖的電車。

☎ 0570-00-2486
（JR西日本客服中心）
¥ 米子站～境港站單程320日圓

車廂插圖也在2018年改頭換面了

©水木プロ

水木茂之路

整修完工後大受矚目的妖怪小鎮

↑水木茂老師在15歲為止都在境港生活

在整修完工前舉辦的「世界妖怪會議」

在水木茂之路重新整修完工之前，JR境港站前公園齊聚了多尊妖怪銅像，舉辦了「世界妖怪會議」。

↑依據銅像遷移的程序，參加會議的妖怪也會有所變動

↑一邊逛街一邊欣賞一尊尊寫實的妖怪銅像吧

與水木茂甚有淵源的地方

這條長約800m的大道，與妖怪漫畫先驅者水木茂老師有深刻淵源，一年會吸引了200萬名觀光客前來造訪，是山陰首屈一指的人氣觀光地。位於JR境港站前的這條路上，兩旁佇立著177尊妖怪銅像，也林立著以妖怪為主題的設施及商店，整座小鎮都充滿著妖怪色彩。漫步在街頭時，到處都能遇見人氣妖怪漫畫《鬼太郎》的角色，還可以一起拍照留念。

🅼🅰🅿 附錄②18F-2
☎0859-47-0121(境港市觀光服務處)
自由參觀 鳥取縣境港市大正町～本町
🚃JR境港站下車即到 🅿使用周邊停車場

鳥取縣境港的水木茂之路上駐立著眾多詭異妖怪銅像，還設立了紀念館和商店，林立了眾多詭異好玩的觀光景點。水木茂之路已在2018年夏天重新整修完工，歡迎大家來造訪這個不可思議的神祕世界。

地圖標示

手作天après工房(P.64) D
奇怪好玩的王國～鬼太郎妖怪樂園(P.65)
從境港站到這附近步行10分
妖怪食品研究所(P.64)
水木茂記念館(P.65)

豆狸／見上入道／寒戶婆／木葉天狗／油須磨／子泣節爺／雪女／異獸／味処みづき屋(P.66)／海女房／水虎／針女／水蝹／火除魔／百百爺／青女房／鳴弔／鍛冶婆／鱉幽靈／高女／鐵鼠／忙碌天狗／天井嘗／家鳴／火男／切網妖怪／白溶裔／小豆研／小貓又／倉棒子／J

ぬりかべ商店(P.68) L

水木しげる文庫(P.65) E

荒骷髏／朱盆／山童／雷獸／山彦／山爺／土轉／貓又／海坊主／石見牛鬼／浪小僧／水泥牆／足長手長、川瀨妖／本舗目玉おやじまんじゅう(P.66) G／旬の漁品料理 和泉(P.66)／滑瓢／肉瘤怪／裂嘴女／柿子妖／輪入道／一目小僧／大禿／二嚇女妖／燈籠小僧／草鞋妖／齒黑女／かにじまん(P.67)／傘警／垢嘗／瀨戶大將／三枕風／長頸妖女妖／長毛妖／毛羽毛現／老妖現

妖怪銅像／妖怪景點／景點／玩樂／美食／購物

81輛／入庫後1小時內30分100日圓(之後1小時100日圓)
🅿日ノ出

N

在水木茂之路上 銅像177尊！

地圖上是整修後的妖怪銅像

電視君
是可以自由出入電視，神祕少年山田的外號。

不思議君
是身為「役行者」第30代子孫的一名少年。手腳可以自由伸縮，並使用不可思議的力量來懲罰邪惡妖怪。

小木拉
是位於月亮後面的月之大國王子，身體可以自由變形。

來尋找新登場的妖怪銅像吧！

惡魔君
為了打造出宛如樂園的世界，便帶著十二使徒一起對抗魔物，是人類史上最厲害的天才少年。

©水木プロ

↑詭異又帥氣的鬼太郎一行人，要在電視上大顯神威。

電視動畫《鬼太郎》熱烈播放中！

日本時間週日早上9點，於富士電視台等頻道播放！

從1960年代開始已改編過5次動畫的人氣作品《鬼太郎》，現在第6季最新系列動畫正於富士電視台系列頻道播放中。距首次改編動畫至今超過了50周年，大家千萬別錯過這些深受各時代觀眾喜愛的妖怪角色！

©水木プロ・フジテレビ・東映アニメーション

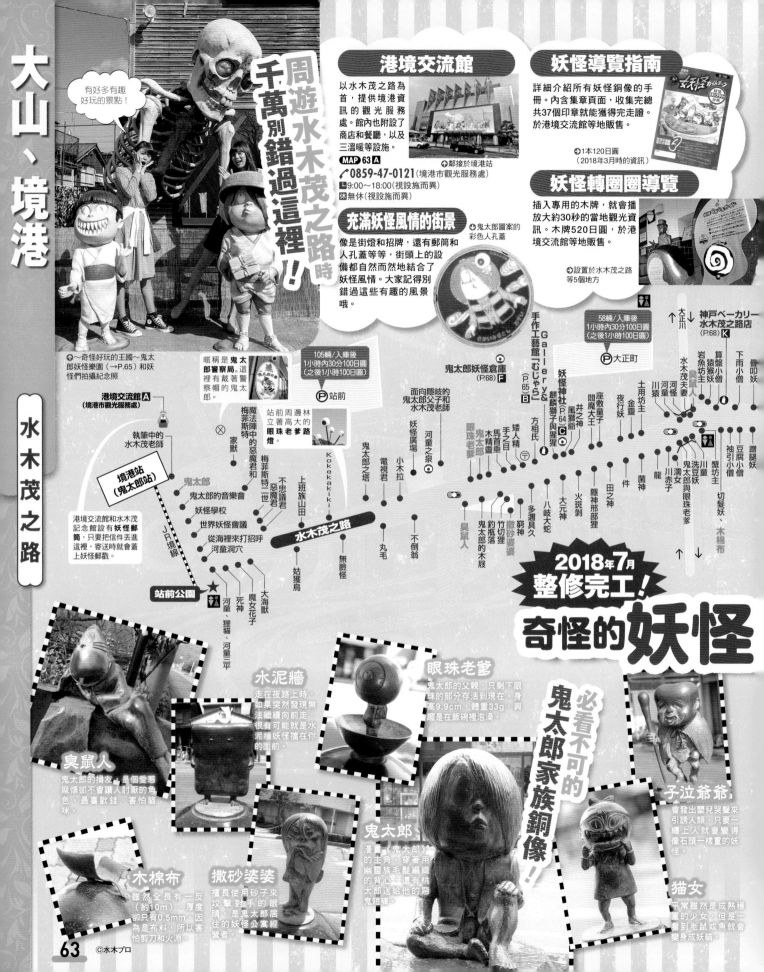

有好多有趣好玩的景點！

周遊水木茂之路時 千萬別錯過這裡！！

港境交流館

以水木茂之路為首，提供境港資訊的觀光服務處。館內也附設了商店和餐廳，以及三溫暖等設施。

MAP 63 A
☎0859-47-0121（境港市觀光服務處）
🕐9:00～18:00（視設施而異）
休無休（視設施而異）

↑鄰接於境港站

充滿妖怪風情的街景

像是街燈和招牌，還有郵筒和人孔蓋等等，街頭上的設備都自然而然地結合了妖怪風情。大家記得別錯過這些有趣的風景哦。

鬼太郎圖案的彩色人孔蓋

妖怪導覽指南

詳細介紹所有妖怪銅像的手冊。內含集章頁面，收集完總共37個印章就能獲得完走證。於港境交流館等地販售。

→1本120日圓
（2018年3月時的資訊）

妖怪轉圈圈導覽

插入專用的木牌，就會播放大約30秒的當地觀光資訊。木牌520日圓，於港境交流館等地販售。

→設置於水木茂之路等5個地方

↑～奇怪好玩的王國～鬼太郎妖怪樂園（→P.65）和妖怪們拍攝紀念照

暱稱是**鬼太郎警察局**。這裡有戴著警察帽的鬼太郎。

105輛/入庫後
1小時內30分100日圓
（之後1小時100日圓）
P站前

58輛/入庫後
1小時內30分100日圓
（之後1小時100日圓）
P大正町

神戶ベーカリー水木茂之路店（P.68）K

手作工藝館「むじゃら」（P.68）

鬼太郎妖怪倉庫（P.68）F

妖怪神社（P.64）B
麒麟獅子與猯猯 C

港境交流館 A
（境港市觀光服務處）

執筆中的水木茂老師

家獸

梅菲斯特中的惡魔君和梅菲斯特二世

不思議的惡魔君

境港站
（鬼太郎站）

鬼太郎

鬼太郎的音樂會

妖怪學校

世界妖怪會議

從海裡來打招呼

河童洞穴

港境交流館和水木茂記念館設有**妖怪郵筒**，只要把信件丟進這裡，寄送時就會蓋上妖怪郵戳。

上班族山田

眼珠老爹路燈

Kokekakiki←

水木茂之路

JR境線

站前公園 ★

河童、狸貓、河童三平

河童之泉

妖怪廣場

鬼太郎之塔

電視君

小木拉

丸毛

無臉怪

不倒翁

臭鼠人

臭鼠人

面向隱岐的鬼太郎父子和水木茂老師

眼珠老爹

鬼太郎眼珠老爹

方相氏

矮人精

手之目

馬首垂

火精靈

隱神邢部狸

竹切狸

釣瓶落

撒砂婆婆

竈神

多邊具久

八岐大蛇

大斑剝

鬼太郎的木屐

窮奇

件

田之神

菌神

土用坊主

座敷童子

閻魔大王

夜行妖

金靈

井之神

川猿

川童河怪

川童夫妻

水木茂老師

岩魚坊主

下雨小僧

算盤小僧

疊叩妖

蹦蹦妖

猿猴妖

洗豆妖

川赤子

濡女

川童與眼珠老爹

豆腐小僧

袖引小僧

蟹坊主

切髮妖、木棉布

大正川

神戶ベーカリー

大正町 P

2018年7月 整修完工！ 奇怪的妖怪

必看不可的 鬼太郎家族銅像！

水泥牆
走在夜路上時，如果突然發現無法繼續向前走，很有可能就是水泥牆妖怪擋在你的面前。

眼珠老爹
鬼太郎的父親，只剩下眼珠的部分存活到現在。身高9.9cm，體重33g，興趣是在飯碗裡泡澡。

子泣爺爺
會發出嬰兒哭聲來引誘人類，只要一纏上人就會變得像石頭一樣重的妖怪。

臭鼠人
鬼太郎的損友，是個愛惹麻煩卻不會讓人討厭的角色。最喜歡錢，害怕貓咪。

鬼太郎
漫畫《鬼太郎》的主角。穿著用幽靈族毛髮編織的背心，還有桃太郎送給他的惡鬼短褲。

木棉布
雖然全長有一反（約10m），厚度卻只有0.5mm。因為是布料，所以害怕剪刀和火源。

撒砂婆婆
擅長使用砂子來攻擊對手的眼睛。是鬼太郎居住的妖怪公寓經營者。

貓女
平常雖然是成熟穩重的少女，但是一看到老鼠或魚就會變身成妖貓。

©水木プロ

水木茂之路的必看景點
前往水木茂紀念館
一探鬼太郎的世界！

在紀念館內可以認識身兼漫畫家和妖怪研究家，同時也是冒險旅行家——水木茂老師的魅力。館內透過珍貴資料和有趣機關來介紹老師的生平和作品，以及各種妖怪的故事。
※因配合水木茂之路的整修，部分展示品可能會有異動。

☎0859-42-2171　**MAP 62 I**
🕘9:30～16:30(暑假期間為～17:30)　休無休
💴入館門票700日圓　🚩鳥取縣境港市本町5
🚃JR境港站步行10分

↑紀念館是改建自老字號的料亭建築物

CHECK!
提供
語音導覽
耳機式的語音導覽，會針對展示作品進行有趣的解說。

↑在紀念館櫃台可以租借語音導覽（1台100日圓）

↑在「迷糊人生之間」展示的妖怪公寓中，可以看到大家熟悉的漫畫角色

←在奇幻的燈光照明下，充滿詭譎氣氛的妖怪洞穴

↑在中庭可以一窺鬼太郎的家

↑2樓擺設了眾多的角色立牌

好玩 好吃 好買 驚喜不斷
妖怪景點
跑攤體驗

水木茂之路上集合了眾多妖怪小鎮特有的設施和商店。
現在就要來介紹能夠留下紀念回憶的推薦景點和伴手禮店。

體驗製作獨特的手工明信片
在手作妖怪工房
製作妖怪木板明信片！

在19種木製明信片中挑選自己喜歡的圖案，再用麥克筆塗上顏色就大功告成的手工明信片。店內設置了6個妖怪郵筒，每個郵筒的郵戳都不一樣，選擇投入哪個郵筒也是另一種樂趣。

MAP 62 D
☎0859-44-5474
🕘9:00～18:00(視時期而異)
休無休　🚩鳥取縣境港市松ヶ枝町25
🚃JR境港站步行7分

↑店內設置了會在5年後收到郵件的未來妖怪郵筒

有各式各樣的**木製明信片**

七彩繽紛的明信片完工了！

↑體驗手工木製明信片1片420日圓＋郵票費用120日圓

可以挑選自己喜歡的角色明信片

↑水木茂之路上特別引人注目的木造建築
©水木プロ

供奉妖怪的稀奇神社
在妖怪神社
補充妖氣能量！

御神體是由高3m的黑御影石和樹齡300年的櫸木組合而成，水木老師還親自來參加入魂儀式。在鄰接神社的Gallery&手作工藝館「むじゃら」（→P.65）有販售繪馬和御守等商品。

MAP 63 C
☎0859-47-0520(Eyez)
自由參拜　🚩鳥取縣境港市大正町62-1
🚃JR境港站步行5分

↑鳥居前的橫木是模仿木棉布的造型

↑由妖怪機關人偶送上的紙籤（200日圓）也很受歡迎

↑鳥居旁邊擺設了用流水力量來轉動的眼珠石

庭院裡有許多有趣的拍照景點哦

也要記得在賣店GET伴手禮！

關東煮罐頭401日圓。裡面有木棉布和水泥牆造型的蒟蒻

眼珠老爹造型的人氣髮夾734日圓

品嘗附贈原創杯墊的妖怪拿鐵（HOT 360日圓、ICE 470日圓）小憩片刻

鬼太郎微型積木（1個1382日圓）可以放在房間當裝飾

以妖怪為主題的休閒場所
～奇怪好玩的王國～
在鬼太郎妖怪樂園裡
和妖怪雕像拍紀念照吧！

園內有陳列妖怪商品的店鋪，還有販售妖怪拿鐵的妖怪茶屋，是一座迷你的主題樂園。戶外設置了鬼太郎和貓女等角色的妖怪雕像，可以在這裡免費拍攝紀念照。

MAP 62 **H**
☎0859-44-2889
🕘9:00～18:00（視時期而異）
休無休　💴免費入園　📍鳥取縣境港市榮町138　🚃JR境港站步行10分

可愛又有創意的妖怪商品就在這裡

妖怪神社附設的藝廊商店

Gallery&手作工藝館「むじゃら」
●ギャラリーアンドてづくりこうげいかんむじゃら

販售了豐富的神社商品和原創商品，還可以體驗製作有趣的妖怪罐頭（商品費用＋罐頭費用216日圓）

MAP 63 **B**
☎0859-47-0520
(eyez)
🕘9:00～18:00　休無休
📍鳥取縣境港市大正町62-1
🚃JR境港站步行5分

子泣爺爺T恤（2160日圓）有XS到XL的各種尺寸

其中一顆是超辣口味的妖怪糖果302日圓

可以用來放筆或印章的眼珠老爹牙籤筒648日圓

極具震撼力的外觀◎

妖怪食品研究所
●ようかいしょくひんけんきゅうじょ

店內詭異的擺設令人印象深刻。其中大受歡迎的上生菓子「妖菓眼珠老爹」是用紅色和黑色的羊羹來製作眼珠。

MAP 62 **J**
☎0859-42-5210
🕘9:30～17:00　休無休
📍鳥取縣境港市本町4
🚃JR境港站步行10分

超寫實的眼珠圖案令人嚇一大跳。妖菓眼珠老爹（1根）350日圓

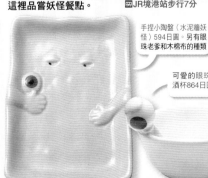

有書籍作品也有妖怪商品

水木しげる文庫
●みずきしげるぶんこ

販賣了水木茂老師的著作和原創妖怪商品。店內還附設了迷你茶館，可以在這裡品嘗妖怪餐點。

MAP 62 **E**
☎0859-21-1130
🕘9:00～18:00　休無休
📍鳥取縣境港市松ヶ枝町39
🚃JR境港站步行7分

還可以這樣玩哦！

手繪的鬼太郎創玉（1728日圓）充滿了懷舊氣息

眼珠老爹饅頭的專賣店

本舖目玉おやじまんじゅう
●ほんぽめだまおやじまんじゅう

販賣眼珠老爹造型的人型燒饅頭，裡面還包入了使用鳥取縣水果製成的獨創內餡。

MAP 62 **G**
☎0859-42-4336
🕘9:30～18:00　休無休
📍鳥取縣境港市松ヶ枝町62
🚃JR境港站步行9分

包了梨子餡、西瓜餡等水果內餡的人氣商品（各8個裝，810日圓）

🡄一盒有4種造型的眼珠老爹饅頭

手捏小陶盤（水泥牆妖怪）594日圓。另有眼珠老爹和木棉布的種類

可愛的眼珠老爹酒杯864日圓

©水木プロ

©水木プロ

歡迎品嘗「境港美味」

要在境港吃午餐的話，當然要品嘗日本海的海鮮了！從豪華海鮮蓋飯到平易近人的迴轉壽司，這邊要向大家介紹水木茂之路周邊超划算的美味餐點。

お食事処 さかな工房

距離水木茂之路3km，車程7分

●おしょくじどころさかなこうぼう

以來自境港的新鮮鮮魚為主角，提供健康美味的鮮魚料理。這裡除了有海鮮蓋飯之外，也很推薦附有炸蝦和茶碗蒸的宇和島風鯛魚飯定食。向特約農家進貨，安來出產的米也十分美味。

☎0859-44-6344　**MAP** 附錄②18E-3

🕐11:00～14:00、17:30～20:30（售完打烊）

休週一、第1週二　所鳥取縣境港市外江町2415-4　JR境港站搭計程車5分　P免費

推薦餐點
◆生魚片定食 …… 1680日圓
◆宇和島風鯛魚飯定食 …… 1680日圓

雖然店面看起來很高級，但是餐點都以2000日圓上下的定食為主

海鮮蓋飯
（附茶碗蒸、清湯、醬菜）

1730日圓

熱呼呼的白飯上放了大約8種的當季海鮮（每日替換），搭配濃稠的醬油一起享用

\\果然還是王道好/
海鮮蓋飯

生鮪魚蓋飯
（附清湯、醬菜）

1680日圓～

種植於大山山麓的越光米白飯上，奢侈地搭配了7片來自境港的生鮮鮪魚紅肉，再淋上美保關產的濃郁醬油一起享用。這道餐點僅在鮪魚進貨時提供。

割烹·味処 ことぶき

水木茂之路步行5分

●かっぽうあじどころことぶき

開業100年的老字號割烹料理店，使用境港海鮮的蓋飯大受客人好評。淋上甜甜鹹鹹的醬汁，搭配當季海鮮和蔬菜天婦羅，分量滿點的天婦羅蓋飯非常受歡迎。另外也有提供預約制的螃蟹料理和宴席料理。

☎0859-42-2017　**MAP** 附錄②18F-2

🕐11:30～14:00、17:30～21:00（逢假日則營業）　休週四　所鳥取縣境港市相生町127　JR境港站步行20分　P免費

門口有巨大的狸貓擺飾迎接客人

推薦餐點
◆特上天婦羅蓋飯 …… 1200日圓
◆境港蓋飯 …1850日圓

味処 みづき屋

位於水木茂之路上

●あじどころみづきや

在人氣NO.1的特選海鮮蓋飯中豪邁地放上嚴選海鮮，蓋飯專用的高湯醬油也是店家特製。到了晚上會變成居酒屋，提供生魚片、炸物和烤物等豐富的單品料理，以及各式各樣的定食餐點。

☎0859-44-9489　**MAP** 附錄②18F-2

🕐11:00～14:55、17:00～20:30、11～翌3月為11:45～、週日僅營業午間時段（售完打烊）　休週一（逢假日則營業，補休視情況變動）　所鳥取縣境港市松ヶ枝町9-3　JR境港站步行8分　P免費

推薦餐點
◆鮭魚卵蓋飯 2500日圓
◆海膽蓋飯 …2500日圓

旬の漁師料理 和泉

位於水木茂之路上

●しゅんのりょうしりょうりいずみ

使用當天捕獲的在地海鮮作為食材，由曾是漁夫的店主來展現廚藝。店內以華麗的海鮮蓋飯為首，其他還有像是生魚片、烤物和炸物等都是俗又大碗的美味料理。

MAP 附錄②18F-2

☎0859-42-3102

🕐11:00～14:00、17:30～22:00（最後點餐21:45）　休週四　所鳥取縣境港市本町19　JR境港站步行8分　P免費

推薦餐點
◆綜合生魚片 …… 1200日圓
◆海鮮蓋飯 ……… 1500日圓
◆大漁蓋飯 ……… 2000日圓
（LINK→P.19）

味覺蓋飯
（附湯品、醬菜）

1800日圓

海膽、鮭魚卵、蟹肉的三色蓋飯。是大受女性歡迎的人氣餐點

充滿私房餐廳的氣氛，也深受在地客人喜愛

幾乎位於水木茂之路的正中心，地理位置相當便利

みづき屋特選 海鮮蓋飯
（附鮭魚卵）

2000日圓

使用每日替換的7～8種當季鮮魚，是店內最推薦的餐點。不附鮭魚卵則為1600日圓

品嘗「境港美味」

去魚市場逛逛吧！

購買日本海的海產作為伴手禮♪

境港齊聚了3家個性十足的魚市場，大家可以一次連跑好幾家市場，也可以集中火力在其中1家市場即可。在往返水木茂之路的途中，歡迎各位來這裡逛逛。

水木茂之路(P.62)　境水道大橋
境港站(鬼太郎站)　境港水產直賣中心
境港市公所　47
　　　　　五萬嚎岸壁
馬場崎町站(木精靈站)
上道站(木棉布站)　境港　大漁市場中浦
　　　境港
余子站(子立爺爺站)　魚中心
高松町站(擦腳妖怪站)
米子站　　夢港塔(P.68)

境港名產大集合！

大漁市場 中浦
●たいりょういちばなかうら

由境港鮮魚批發工會批發商直營的海產店。這裡除了有新鮮的螃蟹和鮮魚之外，另外還有一夜干、魚板、糖果點心、鬼太郎商品等種類豐富的產品。

除了鮮度超群的海鮮之外，還有種類豐富的伴手禮商品 ©水木プロ

MAP 附錄②18F-3
☎0859-45-1600
🕐8:15～16:30　休無休
所鳥取縣境港市竹內團地209　交JR境港站車程10分　P免費

購物POINT
●推薦購物時段8:15～11:00
●設有宅急便專區
●從新鮮海產到山陰銘菓應有盡有

齊聚豐富的螃蟹和加工商品◎

境港魚中心
●さかいみなとさかなセンター

齊聚了來自日本海的海鮮和豐富的海產加工品，也有販售生魚片和鮮魚切片。到了當令時節時，甚至還會舉辦鮪魚解體秀。位於市場內的鬼太郎大漁社也很受遊客歡迎。

鄰接夢港塔的市場

MAP 附錄②18F-3
☎0859-45-1111
🕐8:30～17:00　休週三(達假日則營業)
所鳥取縣境港市竹內團地259-2　交JR境港站車程15分　P免費

購物POINT
●推薦購物時段10:00～12:00
●可在各家店舖寄送宅急便
●各家店舖有提供大型鮮魚的切片服務

鄰接魚市場，另有附設餐飲店和伴手禮店

境港水產直賣中心
●さかいみなとすいさんぶっちょくばいセンター

現場陳列了許多剛捕到的豐富鮮魚和螃蟹。市場內進駐了14家店舖，也附設了能品嘗新鮮水產的餐飲店，還有販售縣內伴手禮的店舖。

每到螃蟹時節時，日本各地的螃蟹粉絲都會齊聚在此

MAP 附錄②18F-2
☎0859-30-3857
🕐8:00～16:00　休週二(部分店家有營業)、1月1日　所鳥取縣境港市昭和町9-5　交JR境港站車程5分　P免費

購物POINT
●推薦購物時段8:00～12:00
●可在各家店舖寄送宅急便
●可以和店員輕鬆商談細節，體驗講價的樂趣

螃蟹膳
松葉蟹(11～翌3月)
時價
紅頭矮蟹(9～翌6月)
4536日圓

餐點內除了一隻水煮螃蟹外，還附有前菜、醋漬品、生魚片、綜合天婦羅等料理，讓人大飽口福

海鮮螃蟹蓋飯
松葉蟹(11～翌3月)
時價
紅頭矮蟹(9～翌6月)
2700日圓

蟹膏部分是用燒烤來調理，再配上半隻水煮螃蟹和6種生魚片的人氣餐點

距離水木茂之路2.5km，車程7分

御食事処 さかゑや
●おしょくじどころさかゑや

曾經營鮮魚店的店主會以嚴格眼光來挑選食材，店內除了有生魚片等單品料理之外，也有蓋飯和定食等各式各樣的餐點。從11月上旬到3月中旬，還能品嘗到鳥取知名的松葉蟹料理。

☎0859-42-5400　**MAP** 附錄②18F-2
🕐11:00～14:50、17:00～20:20
休週三(達假日則營業)　所鳥取縣境港市上道町2184-19　交JR馬場崎町站步行15分　P免費

推薦餐點
●海鮮蓋飯　1134日圓
●生魚片定食　2214日圓

提供和式座位和一般桌席座位

顯眼的綠色門簾

在地美食「新螃蟹飯」就在這裡

位於水木茂之路上　**かにじまん**

面對水木茂之路的海鮮料理店。自家備有螃蟹漁船，會出海捕撈新鮮的螃蟹作為食材。另附有奶油螃蟹大福作為甜點。

MAP 附錄②18F-2
☎0859-42-1520
🕐11:00～17:30
休週二　所鳥取縣境港市本町33
交JR境港站步行10分　P免費

新螃蟹飯1500日圓

品嘗得到高檔滋味的 迴轉壽司

距離水木茂之路5km，車程12分

お魚天国すし若
●おさかなてんごくすしわか

總公司位於鳥取縣內的迴轉壽司店，店家最自豪的就是使用剛捕撈上岸的新鮮食材。像是有來自在地境港的松葉蟹和白梅貝等，1盤120日圓起就能品嘗到當地的美味壽司。

☎0859-45-9800　**MAP** 附錄②18F-3
🕐11:00～21:30(週六、假日為10:00～)　休無休　所鳥取縣境港市竹內團地81-4　交JR境港站車程12分　P免費

鮪魚上大腹肉
2貫600日圓(未稅)
店內的嚴外餐點。華麗的霜降油脂只要平易近人的價格！

白梅貝(梅貝)
2貫120日圓(未稅)
貝肉吃起來清爽又有咬勁◎

天然油甘魚
2貫120日圓(未稅)
放上大塊魚肉，值得推薦的壽司

所有餐點皆可用觸控式螢幕來點餐

一探奇幻的海中世界

海與生活的史料館
● うみとくらしのしりょうかん

史料館　**景點** 📷

📞 0859-44-2000

MAP 附錄② 18F-2

日本最大的曼波魚標本

館內展示了漁船和魚標本等展示品，是日本首屈一指的標本水族館。其中大白鯊和巨大曼波魚的標本特別令人震撼。另外也有神祕深海魚——皇帶魚標本。

🕐9:30～16:30　🈺週二(逢假日則翌日休)　💴入館門票400日圓　📍鳥取縣境港市花町8-1　🚃JR境港站搭濱巡巴士7分，台場公園‧海とくらしの史料館入口下車即到　🅿️免費

挑戰8個緊張刺激的機關

鬼太郎妖怪倉庫
● きたろうようかいそうこ

主題樂園　**景點** 📷

📞 0859-21-7749(妖怪企畫)

MAP 63F

建築物顯眼的牆上描繪了妖怪壁畫

館內會出現各式各樣的妖怪，就像是鬼屋一樣的迷你主題樂園。走在黑暗的迷宮裡時，突如其來的8個機關會讓大家嚇一大跳。另外館內也隱藏了西洋的妖怪。

🕐9:30～19:00(冬季為～17:00)　🈺不定休　💴入館門票700日圓　📍鳥取縣境港市大正町38　🚃JR境港站步行5分

掛有可愛的水泥牆妖怪招牌

ぬりかべ商店
● ぬりかべしょうてん

伴手禮　**購物** 🎁

📞 0859-42-2699

MAP 62L

會讓水泥牆妖怪粉絲失心瘋的商店

店內以各式各樣的原創商品為中心，像是有水泥牆妖怪包包(1944日圓)和水泥牆妖怪毛巾(540日圓)等水泥牆主題商品，另外還有眼珠老爹的T恤等周邊商品。

🕐9:00～17:00　🈺無休　📍鳥取縣境港市松ヶ枝町7　🚃JR境港站步行8分

美景、美食、購物一應俱全的境港地標塔

夢港塔
● ゆめみなとタワー

複合設施　**玩樂** ♪

📞 0859-47-3800

MAP 附錄② 18F-3

位於夢港公園的一角

館內有能一覽島根半島和弓濱半島美景的展望室，還有可以試穿民族服飾的展示室，以及伴手禮店和咖啡廳等設施。

🕐9:00～17:30(10～翌3月為～16:30)　🈺第2週三(逢假日則翌日休)　💴入館門票300日圓　📍鳥取縣境港市竹內團地255-3　🚃JR境港站搭濱巡巴士42分，夢みなとタワー‧境港さかなセンター下車即到　🅿️免費

8所鳥取藩台場之一

境台場公園
● さかいだいばこうえん

公園　**玩樂** ♪

📞 0859-47-0121(境港市觀光服務處)

MAP 附錄② 18F-2

白色燈塔與櫻花交織的美景

公園的前身是文久3(1863)年，為了因應黑船來襲而建築的砲台遺址，還復原了據說是山陰地區最古老的木造境港燈塔。4月上旬時公園內會舉辦櫻花祭典。

自由入園　📍鳥取縣境港市花町11　🚃JR境港站搭濱巡巴士7分，台場公園‧海とくらしの史料館入口下車即到　🅿️免費

鬼太郎的角色化身為美味麵包

神戶ベーカリー 水木茂之路店
● こうべベーカリーみずきロードてん

麵包　**購物** 🎁

📞 0859-44-6265

MAP 63K

妖怪麵包組合(7種裝)1500日圓

以妖怪麵包為招牌的麵包店。客人多的時候，中午之前就會銷售一空。在妖怪麵包組合的外包裝上還附有角色插圖。

🕐9:00～18:00　🈺週三(逢假日則翌日休)　📍鳥取縣境港市松ヶ枝町35　🚃JR境港站步行7分

在身為港都的境港，有眾多以新鮮海產為賣點的市場和食堂。也不要錯過與水木茂有淵源的寺院及地標景點！

收藏了令水木少年著迷的畫作

正福寺
● しょうふくじ

寺院　**景點** 📷

📞 0859-42-3834

MAP 附錄② 18F-2

境內佇立著水木老師的石碑

曹洞宗的禪寺。堂內收藏的地獄極樂繪圖讓少年時代的水木茂著迷不已，之後更深刻影響了水木的漫畫，吸引了許多水木粉絲造訪。另外境內也設有松尾芭蕉的句碑。

🕐9:00～17:00　🈺無休　📍鳥取縣境港市中野町5016　🚃JR上道站步行5分　🅿️免費

批發商直營的食堂

お食事処 美なと亭
● おしょくじどころみなとてい

和食店　**美食** 🍴

📞 0859-47-5588

MAP 附錄② 18F-3

分量滿點的人氣定食1620日圓(生魚片)

位於境港魚中心(→P.67)隔壁，是可以一邊眺望日本海，一邊享用新鮮海鮮的店。如果在隔壁鮮魚店購買海產，食堂也有提供料理服務(300日圓～)。

🕐10:00～16:00　🈺週三(逢假日則營業)　📍鳥取縣境港市竹內團地259-2　🚃JR境港站搭計程車15分　🅿️免費(使用境港鮮魚中心停車場)

館內遍布了大約300種的染料纖維植物

亞洲博物館‧井上靖記念館
●アジアはくぶつかんのいのうえやすしきねんかん

博物館 　景點 📷

☎0859-25-1251

MAP 附錄② 5C-2

展示著游牧民族遷移情景的蒙古館

是介紹與中國之間交流的博物館，也是與中國有密切交流的作家——井上靖的記念館。館內除了有展示貴重波斯綿的波斯館及蒙古館之外，另外也設有染色工房等設施。

⏰9:00～17:00
休週一(逢假日則翌日休)
¥入館費500日圓
所鳥取縣米子市大篠津町57
交JR大篠津站步行10分 P免費

面對溫泉街的海岸

弓濱海岸
●ゆみがはまかいがん

海岸 　景點 📷

☎0859-23-5211（米子市觀光課）

MAP 附錄② 5C-2

就像是沿著皆生溫泉街綿延的美麗海岸

是位於弓濱半島東側約20km長，刻劃著美麗弧線的海岸。現在被列為「日本之渚‧百選」和「日本的白砂青松100選」之中。

自由出入
所鳥取縣米子市皆生溫泉～境港市
交JR米子站搭計程車20分(搭至弓ヶ浜展望駐車場下車)
P免費

在街頭可以感受到江戶時代的繁華氣息

舊加茂川沿岸
●きゅうかもがわぞい

名勝 　景點 📷

☎0859-22-6317（米子市觀光服務處）

MAP 附錄② 18F-1

加茂川沿岸保留了古老的倉庫景致

舊加茂川在江戶時代是貨船往來頻繁的地方，至今也可以在各處看到林立著土藏倉庫和連子窗的商家景觀。在江戶時代是迴船批發商的後藤家住宅，現在可以讓遊客自由參觀建築外觀。

自由參觀
所鳥取縣米子市尾高町～岩倉町
交JR米子站步行20分

米子
●よなご

順道一遊景點

作為城下町而興盛的米子，遍布了許多名勝和博物館等景點。米子的地理位置離大山和境港也很近，是個便利的觀光據點。

用山陰的當季食材作成日本料理

荒磯 本店
●あらいそほんてん

日本料理 　美食 🍴

☎0859-34-5519

MAP 附錄② 18F-2

冬季限定的生鮮虎河豚全餐

可以品嘗到滋味豐富的當季山珍海味，在當地擁有眾多忠實粉絲的日本料理店。中午時段的野立便當（2484日圓），還有冬季限定的生鮮虎河豚全餐（11080日圓～）及生鮮松葉蟹全餐（19940日圓～）都大受好評。

⏰11:30～14:00(預約制)、17:00～22:00
休不定休
所鳥取縣米子市万能町162
交JR米子站步行3分
P免費

在民俗藝品的圍繞下品嘗當季美食

民芸割烹おなじみや
●みんげいかっぽうおなじみや

割烹料理 　美食 🍴

☎0859-22-9575

MAP 附錄② 18F-1

全餐料理範例5400日圓～（建議預約）

開業40年以上，現在由曾在知名日本料理店學習過，新銳的第2代店主掌斧。店內充滿著高雅的民族風格，擺設了伯納‧李奇和河井寬次郎的作品，能感受到風情十足的氣氛。

⏰17:00～23:00(中午為預約制)
休不定休
所鳥取縣米子市東倉吉町123
交JR米子站步行15分

使用橄欖油的炸串大受好評

串屋 芭蕉庵
●くしやばしょうあん

炸串 　美食 🍴

☎0859-34-1345

MAP 附錄② 18F-2

可以盡情享用1串100～250日圓的炸串

是讓客人自己動手邊炸邊吃的炸串專賣店。炸串90分鐘吃到飽、飲料喝到飽的套餐（3240日圓）十分受到歡迎。小學生、國中生半價，幼兒免費。

⏰17:30～23:30
休無休
所鳥取縣米子市明治町289
交JR米子站步行3分

老店的正統手打蕎麥麵

大山そば 大黑屋
●だいせんそばだいこくや

蕎麥麵 　美食 🍴

☎0859-22-3900

MAP 附錄② 18F-1

割烹蕎麥麵660日圓（天婦羅割子蕎麥麵990日圓）

開業至今已91年，是老字號的大山蕎麥麵店。將來自大山高原地帶的「霧下蕎麥」連殼研磨，作成香氣豐郁的手打蕎麥麵。

⏰11:30～14:00
休週三(逢假日則營業)
所鳥取縣米子市尾高町111
交JR米子站搭日之丸巴士6分，高島屋前下車，步行5分 P免費

發揮鯖魚美味的手工逸品

米吾
●こめご

押壽司 　購物 🎁

☎0859-21-9068

MAP 附錄② 18F-2

吾左衛門醋鯖魚1950日圓

使用北海道真昆布來包裹日本近海的新鮮白腹鯖魚，製作成鳥取縣代表性的押壽司。壽司飯是使用鳥取縣的一見鍾情米，搭配厚實的鯖魚形成絕妙滋味。

⏰7:00～18:30
休無休
所鳥取縣米子市弥生町2
交JR米子站內

好玩又美味的糖果城堡

點心之都壽城
●おかしのことぶきじょう

點心 　購物 🎁

☎0859-39-4111

MAP 附錄② 4D-2

和米子城如出一轍的店面外觀十分顯眼

模仿米子城造型的店面十分引人注目。招牌的「栃餅」是把栃果粉和糯米一起搗成外皮，再包入紅豆餡的點心。另有使用鳥取縣牛奶的「福福兔」等各種和菓子與西點。

⏰9:00～17:30(週六日、假日為～18:00)
休無休(年末有定休日，需確認)
所鳥取縣米子市淀江町佐陀1605-1
交JR米子站搭計程車15分
P免費

舒適的私房咖啡廳

服部珈琲工房 觀音寺店
●はっとりこーひーこうぼうかんのんじてん

咖啡廳 　咖啡廳 ☕

☎0859-23-0040

MAP 附錄② 5C-2

燈光幽微的店內

店內充滿沉靜的氣氛，粗壯的梁柱也令人印象深刻。可以品嘗到20年來始終如一的美味咖啡和甜點。特調咖啡453日圓起。

⏰8:30～22:30
休無休
所鳥取縣米子市觀音寺新町1-2-16
交JR米子站搭計程車10分
P免費

使用在地的玄蕎麥來製作手打蕎麥麵

そば処 上代
●そばどころかみだい

蕎麥麵 　美食 🍴

☎0859-34-1129

MAP 附錄② 18F-1

充滿蕎麥香氣和辛辣蘿蔔泥的蘿蔔泥蕎麥麵（冷）850日圓～

使用大山山麓等地區的國產玄蕎麥，作成自家製粉後再進行手打，是這個地區少見的更科風蕎麥麵。店內販售的生蕎麥麵也很適合當作伴手禮。

⏰11:30～14:00、晚間僅限週五六，最少5名以上預約(提供蕎麥麵全餐)
休週日、假日
所鳥取縣米子市加茂町1-10
交JR米子站步行15分 P免費

植田正治寫真美術館

●うえだしょうじしゃしんびじゅつかん

倒映在水面上的自然藝術

收藏並展示出生於鳥取的世界級攝影師——植田正治寄贈的12000件作品。美術館設計成從館內正面就能眺望大山美景，還能欣賞倒映在水面上的大山倒影。

在天氣晴朗的日子裡可以欣賞到「大山倒影」

☎0859-39-8000　**MAP** 72A-1
3～11月開館　🕘9:00～16:30　🈺開館期間為週二（逢假日則翌日休）、替換展示品期間　💰入館門票900日圓　📍鳥取県伯耆町須村353-3　🚗米子IC車程7km，大山高原スマートIC　🅿免費

從鍵掛峠眺望的大山美景和山毛櫸原生林

這裡也要記得CHECK

鳥取花迴廊

日本最大規模的花卉公園
●とっとりはなかいろう

以大山為背景的美麗庭園，是鳥取縣內數一數二的的觀光名勝。園內一年會綻放200萬朵400種品種的花卉，遊客可以悠閒地在庭園裡散步賞花。

☎0859-48-3030　**MAP** 72A-2
🕘9:00～16:30（視時期而異）　🈺無休（2、7、8月週二休，1、3、12月週二不定休，逢假日則擇日休，8月14日為開園日）　💰入園門票1000日圓（12～3月700日圓）　📍鳥取県南部町鶴田110　🚌JR米子站搭接駁巴士（免費）25分　🅿免費

在美麗庭園的右側可以看到大山的雄偉身影

森之國

西日本最大規模，大自然中的野外競技

●もりのくに

廣大的園區內有兩種運動競技路線，分別是入門級的昆蟲路線和挑戰級的大山路線。其他還有像是手工藝教室、年輪蛋糕製作體驗、滑草場等設施活動。

利用自然的山林環境打造出正統的競技路線

MAP 72B-1
☎0859-53-8036
🕘9:00～17:30　🈺週三（逢黃金週、春假暑假、假日則營業）　💰入園門票大人900日圓、小孩700日圓　📍鳥取県大山町赤松634　🚗米子IC車程8km　🅿免費

大山桝水高原

搭上天空纜車前往戀人的聖地，一覽遼闊的展望美景

●だいせんますみずこうげん

位於大山西側山麓的遼闊高原，從高原上可以眺望到不負伯耆富士之名，美麗工整的大山身姿。高原上運行的天空纜車通往位於大山山腰的展望台，從展望台可以一覽絕佳的美景　**MAP** 72C-2

☎0859-52-2228（天空纜車）
🕘天空纜車為4～11月的9:00～17:00　🈺遇到惡劣天氣時可能會停止營運　💰天空纜車票大人700日圓、小孩600日圓　📍鳥取県伯耆町桝水高原　🚗溝口IC車程6km　🅿免費

鳥取大山優酪乳
180g 180日圓
白玫瑰奶油優格
110g 150日圓

牛奶之奶
特製霜淇淋
350日圓

使用牛奶的料理＆伴手禮
大山牧場 牛奶之鄉
●だいせんまきばみるくのさと
☎0859-52-3698　**MAP** 72C-2
3月中旬～12月上旬營業　🕘10:00～17:00（視時期而異）　🈺營業期間第2、4週二　📍鳥取県伯耆町小林水無原2-11　🚗溝口IC車程9km　🅿免費

大山
だいせん

環繞在豐富的大自然中，西日本首屈一指的高原度假勝地

大山是中國地區的最高峰，因山嶺外型又有「伯耆富士」之稱。跨越縣境的兜風路線一路綿延至蒜山，眼前會是一整片田園風光的景色。新綠的初夏、紅葉的秋日、白雪靄靄的冬景，在大山一年四季都可享受美景。

交通路線

（詳細交通指南和本區域路線圖請參考 **P.126**）

巴士	米子站	日本交通巴士 🕘54分 ￥720日圓	大山寺
車	米子自動車道 米子IC	**24** 約13km 🕘25分	大山寺

資訊洽詢

大山町觀光服務處
☎0859-52-2502
蒜山觀光協會
☎0867-66-3220

鳥取縣
皆生溫泉
倉吉
境港
鳥取
這裡是大山
蒜山
三朝溫泉
大山

大山&蒜山 兜風MAP

暢快的兜風路線

所需時間 7小時

移動距離 約60km

POINT 最佳兜風時節是春天到秋天，在秋天還能欣賞到紅葉美景。另可能會因為積雪或路面凍結等原因封閉路段，或是遇到冬季道路封閉等情形，請多加留意。

可以從正面眺望大山美景

START 米子IC

植田正治寫真美術館
7km 15分

稍作休息

森之國
7km 15分
10km 20分

431 皆生溫泉
米子IC
大山Tom Sawyer牧場
53
植田正治寫真美術館
24
森之國
30
159
36
大山牧場 牛奶之鄉
36
大山高原スマートIC（僅限ETC）
284
溝口IC
45
158 大山寺
大神山神社
▲大山
這裡是大山
大山桝水高原
鳥取花迴廊
大山觀狀道路
鍵掛峠
45
江府IC
315
鳥取縣
上蒜山
鬼女台
中蒜山
蒜山葡萄酒廠
蒜山娟姍觀光牧場
岡山縣
三木原
蒜山大山SkyLine
114
114
482
422
GOAL
蒜山IC
米子自動車道
這裡是蒜山
▲下蒜山
蒜山高原腳踏車道
45

挑戰！ 大山登山

在6月第一周舉辦的夏山開祭之後，大山就正式開啟了登山期。大山有適合初學者的夏山登山路線（來回所需時間約4小時35分）、適合上級者的烏托邦路線（來回所需時間約7小時）等各種登山路線，可以在山林中感受沒有人為破壞的大自然。最推薦的登山時期是11月初旬的紅葉時節，歡迎大家整裝做好準備，出發去挑戰登山。

可以在標高1709m的山頂附近俯瞰雄偉的景色

大山登山的便利資訊！
山與高原地圖「大山・蒜山高原」1080日圓（昭文社）

在登山路線上到處都能體驗與大自然融為一體的氣氛

事前CHECK！
●服裝 帽子是遮擋陽光的必備品物。基本上採用洋蔥式穿法，還要記得攜帶防寒衣以防天氣驟變。
●裝備 除了一般的爬山裝備之外，還要準備飲水壺和糧食。另外也要攜帶裝垃圾的塑膠袋。
●登山申請書 為了預防萬一，登山前一定要提出「登山申請書」和「下山申請書」。

詳細登山資訊請洽下列網址
HP http://www.daisenking.net/tozan/

這裡也要記得CHECK
可以和許多小動物一起玩耍
大山Tom Sawyer牧場
●だいせんトムソーヤぼくじょう
在「咩咩樂園」總共有多達14種、約160隻的動物；在「汪汪樂園」則有約40隻的狗狗。在園內也可以騎乘迷你馬和體驗擠羊奶的樂趣。
☎0859-27-4707 MAP附錄②4D-2
●9:00～17:00（視時期而異）週四（逢黃金週、暑假、假日則營業）¥入園門票800日圓 鳥取縣米子市岡成622-2 米子IC車程2km P免費

羊駝的散步時間為每日下午1點開始

鍵掛峠
●かぎかけとうげ
MAP 72C-2
☎0859-75-6007（江府町觀光協會）
鳥取縣江府町大河原鍵掛 江府IC車程15km P免費

是欣賞粗曠大山的最佳景點

沿著縣道45號（大山環狀道路）的美景景點。從身兼停車場功能的展望台望出去，眼前就是宛如屏風的粗曠大山南壁和山麓的山毛櫸森林。

從大山開往蒜山的道路，就是一路暢快的人氣兜風路線。周遊雄偉自然的美景景點，為身心充電一下吧。

享受大自然的絕景
大山&蒜山
高原兜風之旅

三木原
●みきがはら
欣賞充滿蒜山風情的景色
蒜山的主要區域。以蒜山的連綿山景為背景，欣賞充滿田園風光的景色。周邊有販賣在地美食的餐飲店和酒莊，還有娟姍牛交流廣場等觀光設施。
MAP附錄②4E-4
☎0867-66-3220（蒜山觀光協會）
自由參觀 岡山縣真庭市蒜山上福田 蒜山IC車程4km P免費

有「西之輕井澤」之稱的景觀

位於鳥取縣和岡山縣的縣境

鬼女台
●きめんだい
來到展望台眺望連綿群山，眼前就是360度的展望美景！
位於蒜山大山Sky Line途中的展望休憩所。可以從標高約900m的位置，以360度的視野一覽奧大山和蒜山高原，還有大山南壁等地的美景。另有附設賣店和廁所（不定休）。
MAP附錄②4E-3
☎0867-66-3220（蒜山觀光協會）
4月上旬～12月上旬 自由參觀 岡山縣真庭市蒜山下德山 蒜山IC車程10km P免費

GOAL 蒜山IC ← 4km 5分 三木原

娟姍牛的乳製品應有盡有
蒜山娟姍觀光牧場
☎0867-66-7011 MAP附錄②4E-3
●9:00～17:00（1、2月是10:00～16:00）、餐廳為～16:00（1、2月是～15:30）1、2月的週三（逢假日則營業）岡山縣真庭市蒜山中福田956-222 蒜山IC車程7km P免費

咖啡歐蕾 180mℓ 120日圓
蒜山娟姍牛煙燻乳酪(左) 1100日圓 高達乳酪 1050日圓
蒜山娟姍牛無調整牛乳 180mℓ 160日圓

稍作休息

橡樹木桶熟成 720mℓ 3995日圓
百年醋蜜 200mℓ 1512日圓

使用天然山葡萄釀造的極品葡萄酒
蒜山葡萄酒廠
☎0867-66-4424 MAP附錄②4E-4
●9:00～17:00（視時期而異）週二（逢假日則翌日休，黃金週、署假期間無休）岡山縣真庭市蒜山上福田1205-32 蒜山IC車程4km P免費

鬼女台		鍵掛峠		大山桝水高原
美景景點	7km 15分	美景景點	15km 25分	美景景點 5km 10分

行駛在森林間的絕佳兜風路線

在出遊旺季的時候，鍵掛峠～鬼女台的山路經常會塞車。連串的轉彎處，開車時要小心留意

穿過深鬱的山毛櫸森林，是大山～蒜山兜風之旅的精采景點

在馬背上欣賞高原美景

大山騎馬場
●だいせんじょうばセンター

騎馬體驗　**玩樂**♪

☎0859-53-8211　**MAP** 72B-1

園內飼育了純種馬、安格魯阿拉伯馬等大約40頭的馬。提供了像是騎馬觀光、騎馬體驗、野外騎馬等適合初學者的騎馬行程。

🕐9:00～16:30　🈺週三(假日、7月中旬～8月下旬無休)　💴入園費用(附屬飼料)500日圓、騎馬1500日圓　📍鳥取縣大山町赤松2459-130　🚆JR米子站搭日本交通巴士37分，一の谷入口下車即到　🅿免費

推廣國立公園大山的魅力

鳥取縣立大山自然歷史館
●とっとりけんりつだいせんしぜんれきしかん

文化設施　**景點**📷

☎0859-52-2327　**MAP** 72C-1

淺顯易懂地介紹大山的自然、歷史、文化等資訊。全年會舉辦自然觀察會等各式各樣的活動。

🕐9:00～17:00(7月21日～8月20日為～18:30)　🈺無休(更換展示品時可能會休館)　💴免費　📍鳥取縣大山町大山43　🚆JR米子站搭日本交通巴士54分，大山寺下車即到　🅿使用周邊停車場

還有更多好玩的
大山
●だいせん

順*道*一*遊 景點

在大山有各式各樣以大自然為主題的遊樂場所，記得也不要錯過在地啤酒和山產美味的景點。

能遠望雄偉山景的產地直銷設施

ご当地ファーム 山の駅 大山望
●ごとうちファームやまのえきだいせんぼう

物產館　**購物**🎁

☎0859-62-7577　**MAP** 72A-2

販賣的高原蔬菜，是早上剛採收，由在地生產者送來的。種類豐富且新鮮。還有向指定農場進貨一整頭的「鳥取和牛」肉品等等。

🕐9:00～17:00(餐廳為11:00～15:30)　🈺週二(逢假日則翌日休)　📍鳥取縣伯耆町金屋谷1801　🚗米子自動車道溝口IC開車即到　🅿免費

品嘗酸味恰到好處的優格

香取村ミルクプラント
●かとりむらミルクプラント

乳製品　**購物**🎁

☎0859-53-8850　**MAP** 72C-1

使用香取開拓村早上現擠的生乳，製作成大受遊客好評的優酪乳(190mL160日圓)。優酪乳中充滿了生乳本身的香醇和滋味，是不容錯過的可口美味。

🕐10:00～16:00　🈺週四、日　📍鳥取縣大山町豐房草谷原2595-8　🚗米子自動車道米子IC車程18km　🅿免費

用大山的在地啤酒乾杯

大山G beer and bier hof GAMBARIUS
●だいせんジービール ビアホフガンバリウス

啤酒餐廳　**美食**🍴

☎0859-39-8033　**MAP** 72B-1

由「大山Brewery」直營的啤酒餐廳。在視野遼闊的店內品嘗使用大山伏流水製作的在地啤酒，搭配各種美食料理一起享用。

🕐11:00～21:20(冬季為～20:20)，平日14:30～17:30休息(除過年期間、黃金週、盂蘭盆節期間)　🈺週一(逢假日則翌日休，黃金週、暑假期間無休)　📍鳥取縣伯耆町丸山1740-30　🚗米子自動車道溝口IC車程5km　🅿免費

大山
周邊圖 附錄④ D-3
1:75,000

●景點　●玩樂　●美食　●咖啡廳　●溫泉　●購物　●住宿　●活動

温泉街上最大規模的住宿設施

與華水亭（P.74）一樣是引自「寶生之泉」的溫泉

在日本海美景中享受自家湧泉

皆生溫泉、大山的推薦住宿

在此要介紹從白砂青松的弓濱湧出的「皆生溫泉」，以及中國地區最高峰「大山」附近的住宿。距海邊和山林都很近的這個區域，齊聚了眾多魅力十足的旅館飯店。

大山順道一遊景點／皆生溫泉、大山的推薦住宿

皆生溫泉

皆生大酒店 天水

★かいけグランドホテルてんすい

`露天浴池` `接送服務 OK` `信用卡 OK`
`不住宿泡溫泉OK 1200日圓`

建於白砂青松的弓濱沿岸，在使用自家湧泉的2樓大浴場能一覽雄偉的日本海。晚餐是使用近海鮮魚的宴席料理或自助餐吃到飽。

✆0859-33-3531
¥1泊2食16350日圓～
⌚IN/15:00、OUT/10:00
所鳥取縣米子市皆生溫泉4-18-45 ◫JR米子站搭日本交通、日之丸巴士19分，皆生溫泉観光センター下車，步行8分 Ｐ免費 客室100間
MAP 附錄②18D-2

皆生溫泉

皆生溫泉Hotel Wellness Houkiji

★かいけおんせんホテルウェルネスほうきじ

`露天浴池` `信用卡 OK`
`不住宿泡溫泉OK 720日圓`

在備有6種入浴設施的大浴場好好放鬆一下

大浴場除了有露天浴池之外，還備有寢湯、三溫暖等6種不同的入浴設施。泡完溫泉，在休息室小憩片刻之後，就能享用眾多新鮮海產的晚餐。

MAP 附錄②5C-2
✆0859-23-2880
¥1泊2食7400日圓～
⌚IN/15:00、OUT/10:00
所鳥取縣米子市皆生新田3-22-12 ◫JR米子站搭日本交通、日之丸巴士19分，皆生溫泉観光センター下車，步行12分 Ｐ免費 客室24間

各種使用當季食材的料理

開放感十足的露天浴池

鄰接皆生海濱公園，新穎的溫泉旅館

女用大浴場備有微霧三溫暖

皆生溫泉

海濱廣場 皆生飯店

★ベイサイドスクエアかいけホテル

`露天浴池` `信用卡 OK`
`不住宿泡溫泉OK 700日圓`

地理位置絕佳，眼前就是美麗海灘。住宿房客可以免費使用附設的『汐之湯』，是間和風又摩登的飯店。也有提供可以和狗狗一起住宿的客房。

✆0859-35-0001 MAP 附錄②18D-2
¥單人房8100日圓～，雙床房、雙人房14040日圓～（純客房費用）※為海景客房的價格 ⌚IN/15:00、OUT/10:00 所鳥取縣米子市皆生溫泉4-21-1 ◫JR米子站搭日本交通、日之丸巴士19分，皆生溫泉観光センター下車，步行5分 Ｐ免費 客室80間

從海景客房可以遠眺日本海的景色

昭和時代的文人也曾造訪的復古旅館

在大正年間打造的皆生溫泉當中，現存最古老的岩石浴池

旅館自豪的源泉放流浴池

皆生溫泉

海潮園

★かいちょうえん

 `露天浴池` `部屋食 OK` `信用卡 OK`
`不住宿泡溫泉OK 500日圓 ※需確認`

館內鋪著榻榻米，是充滿沉穩氣息的純和風旅館。冬天能吃到松葉蟹，夏天有岩牡蠣和白烏賊，秋天則是色彩繽紛的宴席料理等等，可以品嘗到各種發揮當季特色的美味料理。

MAP 附錄②18D-2
✆0859-22-2263
¥1泊2食14040日圓～
⌚IN/15:00、OUT/10:00
所鳥取縣米子市皆生溫泉3-3-3 ◫JR米子站搭日本交通、日之丸巴士19分，皆生溫泉観光センター下車，步行5分 Ｐ免費 客室16間

皆生溫泉

皆生風雅

★かいけふうが

`露天浴池` `部屋食 OK` `接送服務 OK` `信用卡 OK`
`不住宿泡溫泉OK 1000日圓`

宛如身處在4000坪日本庭園當中的離屋「數寄屋座敷」深受好評，是間充滿沉穩氣氛的旅館。露天浴池客房可以遠眺中國地區最高峰的大山美景，還能欣賞風雅的日本庭園，特別受到歡迎。

與陶藝家河井寬次郎甚有淵源的美麗旅館

MAP 附錄②18E-2
✆0859-38-3388
¥1泊2食21000日圓～
⌚IN/15:00、OUT/10:00
所鳥取縣米子市皆生溫泉3-16-1 ◫JR米子站搭日本交通、日之丸巴士19分，皆生溫泉観光センター下車，步行5分 Ｐ免費 客室22間

數寄屋座敷客房「KATSURA」的露天浴池

※1泊2食（或是1泊附早餐）為2人1房時的1人費用。客房價格為2人1房時2人的費用。

建築外觀是模仿
瑞士山岳風情的小木屋

一邊欣賞美景，可以一邊散步
湖畔設有遊步道

大山
大山大仙湖酒店 〔接送服務〕〔信用卡OK〕
★だいせんレークホテル

位於大野池湖畔，館內客房以雙床房為中心，使用高雅精緻的家具來裝潢。在能遠眺大山北壁的大浴場裡，可以享受屬於鹽化物泉的大山伽羅溫泉，以及大山伏流水的熱水浴池。在2016年1月，館內更誕生了度假小木屋風格的「白金套房」。

☎0859-52-3333 **MAP** 72C-1
¥1泊2食19000日圓～ IN/15:00、OUT/10:00 所鳥取縣
大山町大野湖畔 ⊞米子IC車程13km P免費 客室36間

大山
大山Royal Hotel
★だいせんロイヤルホテル

〔露天浴池〕〔接送服務（需預約）〕〔信用卡OK〕
不住宿泡溫泉OK 1500日圓

鄰近高爾夫球場和滑雪場，各個時節都能玩得盡興的度假飯店。溫泉是使用來自地底下約1000m處的大山溫泉，露天浴池泡起來也相當舒適。

☎0859-68-2333 **MAP** 72B-1
¥1泊2食12960日圓～ IN/15:00、OUT/11:00
所鳥取縣伯耆町丸山中祖1647-13 ⊞JR米子站搭計程車約30分（提供米子站接送服務，需預約）P免費 客室219間

建於大山的山麓緩坡，附有溫泉的度假飯店

檜木建造的御影石露天浴池在晚上會點上七彩燈光，充滿奇幻的氣氛

大山
國民宿舍大山View Heights 〔接送服務〕
★こくみんしゅくしゃだいせんビューハイツ

設施周邊在冬天會變身成滑雪場，附近還有體育館、田徑場、越野賽跑道等設施，適合進行登山或健行等運動項目。

☎0859-52-2518 **MAP** 72C-1
¥1泊2食8964日圓～ IN/15:00、OUT/10:00
所鳥取縣大山町大山145-7 ⊞米子IC車程約15km
P免費 客室19間

絕佳的地理位置，能體驗四季不同的高原娛樂

品嘗當季的美味料理

位於大山・中之原滑雪場內的住宿設施

享受遠眺日本海與大山的絕佳美景

男用大浴場「松風之湯」的露天浴池。另有岩石浴池和寢湯。

建造在海岸邊的和風旅館

皆生溫泉
華水亭 〔露天浴池〕〔部屋食OK〕〔接送服務〕〔信用卡OK〕
★かすいてい
不住宿泡溫泉OK 1500日圓（僅部分房客）

皆生溫泉中少數擁有自家源泉的旅館。從自家源泉「寶生之湯」引泉的露天浴池，眼前就是一整面的日本海美景。大浴場有女用的電氣石浴池和男用的寢湯等等，浴池種類也相當豐富。

☎0859-33-0001 **MAP** 附錄②18D-2
¥1泊2食26070日圓～
IN/15:00、OUT/10:00 所鳥取縣米子市皆生溫泉4-19-10 ⊞JR米子站搭日本交通、日之丸巴士19分，皆生溫泉觀光中心下車，步行8分 P免費 客室79間

皆生溫泉
湯喜望白扇 〔露天浴池〕〔部屋食OK〕〔接送服務〕〔信用卡OK〕
★ゆきぼうはくせん
不住宿泡溫泉OK 1000日圓（滿房時不可，需確認）

所有客房皆備有展望按摩浴缸，其中有16間客房還附有展望露天浴池，設備相當奢華。全館鋪設榻榻米，腳步走起來也相當舒適，身心都能好好放鬆一下。晚餐的宴席料理使用了當季的新鮮海鮮和在地蔬菜，可以在客房裡慢慢享用。

MAP 附錄②18E-2
☎0859-22-8900
¥1泊2食22830日圓～
IN/15:00、OUT/10:00
所鳥取縣米子市皆生溫泉3-12-33 ⊞JR米子站搭日本交通、日之丸巴士19分，皆生溫泉觀光中心下車，步行5分
P免費 客室29間

可以在房內慢慢享用四季風味的宴席料理

所有客房都有美麗海景的溫泉旅館

其中也有客房附設嵌入木頭陽台中的露天浴池

如果要在米子站附近住宿的話

米子Universal飯店
★よなごユニバーサルホテル

客房內的浴室、洗臉台、廁所都是獨立式，使用起來很方便。在最上層有附設三溫暖的展望溫泉，可以一覽大山和中海的景色。

☎0859-23-5000 **MAP** 附錄②18F-2
¥S4620日圓～・T・W8324日圓～
※皆不含稅金及服務費 IN/16:00、OUT/10:00
所鳥取縣米子市萬能町121 ⊞JR米子站下車即到
P1泊1080日圓 客室410間

免費的早、晚餐服務大受房客好評

盡情體驗雄偉的離島自然風光！

位於距離島根半島約60km的海面上，保留了豐富自然的群島

隱岐
おき

隱岐分成島後和島前的兩大區域，雖然有渡輪和高速旅客船運航，但島後和島前之間仍有相當的距離，所以大家最好事先做好旅遊計畫哦！

最推薦的隱岐景點「國賀海岸」(←・P.76)

最佳觀光地點就是
島前・島後2大區域

隱岐的最佳觀光地點都集中在島前和島後，兩處的海岸線皆被併入大山隱岐國立公園的範圍內。這兩個地方在冬天雖然會下雪，但是受到對馬暖流的影響，形成較溫暖的氣候特徵。

> 直徑約20km，是島根縣內面積最大的島嶼。島上有隱岐群島中唯一的機場，從外縣前往島後的交通也很便利。以海岸線為中心，島上具有眾多奇景峭岩，還有像是隱岐山椒魚等只有在島上才看得到的生物。

島後
島後
(隱岐之島町)

西鄉港

隱岐世界地質公園機場

島前
別府港
菱浦港

西之島
(西之島町)

中之島(海士町)

島前
來居港

知夫里島(知夫村)

> 島前以中之島、西之島、知夫里島為中心，以數座無人島所組成。主要的3座島嶼有船隻運行，往來各島之間的船程大約10～30分左右。島前也是個浮潛勝地，在潛水者之間很受歡迎。

被指定為
世界地質公園
充滿大自然的離島

隱岐位於島根半島海域約60km處，包含無人島在內，由多達180座大大小小的島嶼組成。這些島嶼從600萬年前的火山運動中誕生，受到海浪沖刷形成嚴峻的地形，可以看見大自然打造的奇岩峭壁。在大約1萬年前，由於海平面上升的緣故，讓隱岐變成了孤島，因此島上也存在具有獨特生態系統的動植物，於2013年被指定為世界地質公園之一。

在過去曾是流放地!?

由於距離本州遙遠，隱岐在過去曾經成為流放地。其中最有名的流放者就是後鳥羽天皇（上皇）和後醍醐天皇。位於島前（中之島）的隱岐神社就供奉著後鳥羽天皇（上皇）。

隱岐神社的後鳥羽天皇繪馬

在島與島之間移動吧！

隱岐的島後雖然有機場，但是島與島之間基本上都還是依靠搭船來移動。大家記得要事先調查航班和所需時間，做好完善的計畫吧。

想在小島之間移動…

從島後到島前有高速船和渡輪運航。島前3島（西之島、中之島、知夫里島）有「內航船Isokaze」和「渡輪Douzen」運航。

詳細資訊請見附錄②14

	內航船Isokaze		
西鄉港	渡輪Shirashima（2等艙）🕐1小時10分 ¥1330日圓		內航船Isokaze 🕐25分 ¥300日圓
	菱浦港	內航船Isokaze 🕐7分 ¥300日圓	別府港	內航船Isokaze 🕐17分 ¥300日圓	來居港
	渡輪Shirashima（2等艙）🕐1小時35分 ¥1330日圓		
	渡輪Shirashima（2等艙）🕐2小時20分 ¥1330日圓		

想要環島…

島上也提供了許多可以透過觀光計程車、觀光巴士、遊覽船等交通工具移動，再搭配觀光的環島行程。如果不知道該用什麼方式來環島，建議大家先去各島的觀光協會詢問看看吧。

租車	3小時 3000日圓～	有些島上有提供免費異地還車&配車服務
租腳踏車	1小時 200日圓～	有些島上有提供電動腳踏車
路線巴士	100日圓～ 500日圓	知夫里島上沒有路線巴士

交通路線

(詳細交通指南 和本區域路線圖 請參考 P.126・附錄②14)

飛機	出雲結樣機場	JAC 🕐30分 ¥1萬3800日圓	隱岐世界地質公園機場
電車	米子站	JR境線 🕐45分 ¥320日圓	境港站・境港
巴士	松江站	一畑巴士 🕐40分 ¥1000日圓	七類港

🚢 前往隱岐的船

高速旅客船（5760日圓）

| 境港 | 🕐1小時23分 | 西鄉港 | 🕐42分 | 別府港 |
| 七類港 | 🕐1小時9分 | 西鄉港 | 🕐31分 | 菱浦港 | 🕐10分 | 別府港 |

渡輪Shirashima（2等艙2920日圓）

| 境港 | 🕐2小時40分 | 別府港 | 🕐1小時15分 | 西鄉港 |

渡輪Oki（2等艙2920日圓）

| 七類港 | 🕐2小時25分 | 西鄉港 | 🕐1小時10分 | 菱浦港 | 🕐15分 | 別府港 |

渡輪Kuniga（2等艙2920日圓）

| 七類港 | 🕐2小時 | 來居港 | 🕐30分 | 別府港 | 🕐20分 | 菱浦港 | 🕐1小時10分 | 西鄉港 |

📞08512-2-1122（隱岐汽船）
🕐開放預約時間8:30～18：00
🌐http://www.oki-kisen.co.jp/

※高速旅客船冬季結休，渡輪全年運航。
※運航時間、航班數量、停靠地、停靠順序等會視季節出現大幅異動，事前請另外確認。

資訊洽詢

西之島町觀光協會
📞08514-7-8888

海士町觀光協會
📞08514-2-0101

知夫里島觀光協會
📞08514-8-2272

隱岐之島町觀光協會
📞08512-2-0787

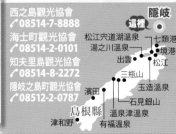

隱岐
這裡
松江宍道湖溫泉
湯之川溫泉
七類港
出雲
境港
松江
三瓶山
玉造溫泉
濱田
石見銀山
島根縣
溫泉津溫泉
津和野
有福溫泉

美景！
BEST 10

隱岐群島長年受到海浪侵蝕，
打造出氣勢磅礡的自然景觀，
擁有眾多只有在這裡才見識得到的絕景。
這邊就要來介紹環島時的必看10大景點。

放牧著牛群和馬群的田園風景

從海拔257m的大峭壁
「摩天崖」看出去的景色

BEST 1

隱岐群島最具代表性的壯觀景點

國賀海岸
島前 ●くにがかいがん

經年累月之下，日本海的風浪侵蝕出斷崖峭壁和奇岩洞窟，打造了長達7km的美麗海岸。在周邊一帶還能近距離觀賞到放牧的牛群和馬群。

MAP 附錄②14D-3
☎08514-7-8888（西之島町觀光協會）
自由參觀　🏠島根縣西ノ島町國賀浜
🚌別府港車程25分　🅿免費

島後
島前
西鄉港
隱岐
世界地質
公園機場
別府港
浦鄉港　菱浦港
來居港

BEST 3

隨時會變換顏色的斷崖

知夫赤壁
島前 ●ちぶのせきへき

與知夫里島最高峰的赤禿山同為島內名勝的雄偉岩壁。斷崖高度從50m至200m不等，紅褐色的岩面連綿了1km長，還浮現出紅、白、黃、紫的美麗岩脈。

MAP 附錄②14D-4
☎08514-8-2272（知夫里島觀光協會）
自由參觀　🏠島根縣知夫村鷲が尾
🚌來居港車程25+步行5分　🅿免費

位於知里夫島西南部的巨大岩壁

BEST 2

夕陽落在岩石頂端的景象
看起來宛如蠟燭一樣

蠟燭島
島後 ●ローソクじま

佇立在代海中公園地區的海上，高約20m的奇岩。當夕陽落在岩石頂端的時候，看起來就宛如蠟燭一樣。照片中是從福浦港出發的遊覽船（→P.78）上看到的景色，也可以登上蠟燭島展望台觀賞美景。

MAP 附錄②14E-1
☎08512-2-0787（隱岐之島町觀光協會）
自由參觀　🏠島根縣
隱岐の島町代
🚌西鄉港車程50分
🅿免費

在蠟燭島展望台上能將蠟燭島的景色盡收眼底

BEST 4

充滿神祕氣氛的能量景點

壇鏡瀑布
島後 ●だんぎょうのたき

被譽為「清澈之水」、「長壽之水」的名水

位於壇鏡神社兩側，高約40m的兩條瀑布。正面右邊的是雄瀑布，左邊的是雌瀑布。從雄瀑布內側也可以觀賞到瀑布美景，所以又有「裏見瀑布」的別名。

MAP 附錄②14E-2
☎08512-2-0787
（隱岐之島町觀光協會）
自由參觀　🏠島根縣隱岐の島町那久
🚌西鄉港車程50分　🅿免費

搭上配合夕陽時刻啟航的遊覽船，瞄準最佳的拍照瞬間

BEST 6

只要發現就能獲得幸福?!
中之島的愛心岩

明屋海岸
島前 ●あきやかいがん

是位於中之島東北部的海岸。白沙配上紅褐色斷崖與碧藍大海，鮮豔的對比色彩呈現出獨特的景觀。由於「屏風岩」中央有個看起來很像愛心形狀的空洞，所以又被稱為是「愛心岩」。

MAP 附錄②14E-3
☎08514-2-0101（海士町觀光協會）
自由參觀　🏠島根縣海士町豐田
🚌菱浦港車程15分　🅿免費

在遊步道上往屏風岩的方向走，中央的空洞看起來就會像愛心一樣

BEST 5

可以一覽國賀海岸美景的拍照景點

赤尾展望所
島前 ●あかおてんぼうしょ

MAP 附錄②14D-3
☎08514-7-8888（西之島町觀光協會）
自由參觀　🏠島根縣西之島町浦鄉
🚌別府港車程30分　🅿免費

在赤尾Skyline終點的赤尾展望所上，就可以一覽摩天崖、通天橋、天上界等國賀海岸的景點。夕陽餘暉搭配漁船燈火的美景也是十分美麗。

眼前就是一整片雄偉的美麗景觀

盡情享用隱岐的美味
在地的小島美食就在這裡

對著大海美景品嘗隱岐的海產
さざえ村 島後
●さざえむら

蠑螺蓋飯 900日圓
加了滿滿的隱岐蠑螺和海藻，再淋上蛋花的美味蓋飯！吃起來口感十足，讓口中散發海潮香氣

是位於中村海水浴場前的餐廳。在店內的料理中能品嘗到隱岐的新鮮岩牡蠣和蠑螺。放滿了大塊蠑螺的「蠑螺蓋飯」就是人氣餐點之一。

和布蕪湯 200日圓
加了切碎的和布蕪新芽，充滿滑溜口感的湯品

☎08512-4-0611 MAP 附錄②14F-1
⏰10:00～14:30(夏季為～16:00，其他時間須預約)
休週三(7月1日～8月20日無休) 地島根縣隱岐の島町中村1541-3 交西鄉港車程25分 P免費

享受嚴選的隱岐食材
お食事処 味乃蔵 島後
●おしょくじどころあじのくら

是位於西鄉港附近的お食店。像是店內的味乃藏蓋飯和味乃藏膳(3240日圓)，還有無菜單定食(1950日圓)中都使用了隱岐近海的當季鮮魚，大受客人好評。

☎08512-2-3975 MAP 附錄②14F-4
⏰11:00～13:30、17:30～21:30
休週一 地島根縣隱岐の島町西町八尾の一・16 交西鄉港步行5分 P免費

味乃藏蓋飯 1950日圓
使用了5～7種的當季海鮮，滿滿都是配料的海鮮蓋飯(食材視季節而異)。由自家漁船捕到的海鮮就是特別新鮮！

隱岐蕎麥麵 780日圓
使用了炒麵的醬汁，風味濃郁的十割蕎麥麵，也是隱岐代表性的鄉土料理

將來自隱岐近海的烏賊做成蓋飯
レストラン 船渡来流亭 島前
●レストランせんとらるてい

是可以一望菱浦港海景的餐廳。店內有魷魚肝醬油漬蓋飯，還有岩牡蠣和蠑螺咖哩等等，都是使用了新鮮在地食材的美味料理。

岩牡蠣(春香) 1顆750日圓
在隱岐的乾淨大海中慢慢成長的岩牡蠣，吃起來口感Q彈＆濃郁香醇

☎08514-2-1510(故鄉海士)
⏰9:00～15:00(午餐時段為11:00～14:00)
休週二(7月後半～8月底無休) 地島根縣海士町福井1365-5 承久海道キンニャモニャセンター 2下 交菱浦港下船即到 P免費

魷魚肝醬油漬蓋飯 980日圓
用醬油醃漬產季在冬季的太平洋魷魚肝，再鋪在白飯上做成蓋飯。可以吃到魷魚的香甜和彈力，是充滿深度滋味的蓋飯。

要在西之島品嘗當地美食就要來這裡
コンセーユ 島前

使用特製醬汁燉煮蠑螺和荒布海藻，再滿滿地鋪在白飯上做成蠑螺蓋飯。另外也品嘗得到和布蕪烏龍麵、蠑螺咖哩等使用在地食材的料理。

☎08514-7-8671 MAP 附錄②14D-3
⏰11:30～13:30(晚上需預約)
休不定休 地島根縣西ノ島町美田2152-1 交別府港步行5分 P免費

蠑螺蓋飯 1000日圓
蠑螺和荒布海藻十分對味的人氣餐點。

品嘗隱岐美味的和食餐廳
末廣 島後
●すえひろ

會在高湯烹煮的白飯上鋪滿當地的香甜海膽，做成著名的「海膽釜飯定食(預約制)」。使用當天新鮮漁獲的海鮮蓋飯也很有人氣。

☎08512-2-0014 MAP 附錄②14F-4
⏰11:00～14:00(中午和晚上皆為預約制)
休週日不定休 地島根縣隱岐の島町西町八尾の一・48-28 交西鄉港下船即到 P免費

海鮮蓋飯 2160日圓
色彩繽紛的蓋飯還有附上湯品和醬菜

走遍隱岐的大海與小島
精采景點

BEST 7

走過2000年歲月的巨木
玉若酢命神社 島後
●たまわかすみことじんじゃ

是曾被記載於《延喜式》上的悠久神社，也是前隱岐國的總社。隱岐造樣式的正殿約有200年歷史，外觀布滿了青苔，是隱岐最古老的神社正殿。境內聳立著被指定為天然紀念物，據說樹齡高達2000年的八百杉，充滿著神聖的氣氛。

MAP 附錄②14E-4
☎08512-2-0787
(隱岐之島町觀光協會)
自由參觀 地島根縣隱岐の島町下西 交西鄉港車程5分 P免費

據說八百杉是由某狹國的八百比丘尼種植的

隱岐最古老的社殿
燒火神社 島前
●たくひじんじゃ

BEST 8

位於島前的最高峰——標高451.7m的燒火山山腰上。據說是建於平安時代中期，被視為島上的守護神。相傳後鳥羽天皇差點在海上遇難時，就是神社的神火引導船隻順利抵達島上。

MAP 附錄②14D-3
☎08514-7-8888(西之島町觀光協會)
自由參觀 地島根縣西ノ島町美田 交別府港車程20分＋步行15分 P免費

彷彿竄入斷崖中的正殿看起來十分震撼

BEST 9

留下烏賊傳說的神社
由良比女神社 島前
●ゆらひめじんじゃ

被視為海上的守護神，深受漁民信奉的神社。神社供奉的由良比女命留下了有關烏賊的傳說，因此讓由良的海成為「烏賊聚集的海濱」。

MAP 附錄②14D-3
☎08514-7-8888(西之島町觀光協會)
自由參觀 地島根縣西ノ島町浦鄉 交浦鄉港步行10分 P免費

成為隱岐國一之宮的名神大社

島後數一數二的名勝景點
白島海岸 島後
●しらしまかいがん

BEST 10

位於島後的最北端，竄入日本海的白島岬與遍布附近的數座小島打造出優美風景。綠松環繞的白岩海岬與小島，和藍色大海交織成美麗的對比色彩。

MAP 附錄②14F-1
☎08512-2-0787
(隱岐之島町觀光協會)
自由參觀 地島根縣隱岐の島町西村 交西鄉港車程35分 P免費

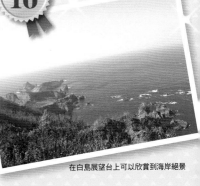

在白島展望台上可以欣賞到海岸絕景

隱岐推薦的小島之旅

隱岐包圍在美麗的大海當中，擁有至今仍然沒有人為破壞的大自然，大家可以在這裡體驗水上活動或是搭乘觀光遊覽船，盡情享受小島的美景。

在海上欣賞魄力十足的海岸風光

島前 **國賀巡遊定期觀光船**

●くにがめぐりていきかんこうせん

欣賞包圍在斷崖峭壁中的鬼城，還有天界等自然美景。視海浪狀況，還可以前往暗岩屋等洞窟中遊覽。

☎08514-6-0016（隱岐觀光）　MAP 附錄②14D-3
4月1日～10月31日運航
休運航期間無休　所島根縣西ノ島町浦鄉　西浦鄉港

A路線 國賀巡遊
▲13:10、15:10（7、8月加開8:30的時段），所需時間1小時30分　¥乘船費用2500日圓　浦鄉港起訖　※另外也有定期觀光巴士路線。詳細資訊需另外洽詢

B路線 東國賀、國賀遊覽
▲10:20、13:00，所需時間2小時10分　¥乘船費用3300日圓　別府港起→浦鄉港訖

島後 **隱岐之國Diving**

●おきのくにダイビング

在隱岐的海底當中，有變化多端的砂地和岩礁等特別景色。運氣好的時候，甚至還能遇見壯觀的洄游魚群。潛水體驗會有教練在旁邊隨行，初學者也可以安心體驗。另外還有出租水中相機和獨木舟的服務，讓大家可以自由自在地體驗水中樂趣。

☎08512-6-3241　MAP 附錄②14E-2
4月末～10月營業　▲8:30～17:30
休營業期間無休　所島根縣隱岐の島町津戶1275-5
西鄉港車程20分　P免費

在充滿透明感的世界裡體驗海中散步

在透明感十足的日本海中和魚群一起嬉戲吧

潛水體驗（含設備租金／預約制）
★所需時間3時　13000日圓

欣賞奇岩與夕陽交織的美麗藝術

島後 **蠟燭島遊覽船**

遊覽船會配合落日時間運航（所需時間50分）

●ローソクじまゆうらんせん

可以在船上欣賞夕陽和岩石頂端重疊，宛如蠟燭火光一樣的美景。帶有隱岐口音的船長會告訴大家最佳的拍照時機。

MAP 附錄②14E-2
☎08512-2-0787（隱岐之島町觀光協會）
4～10月運航　▲16:20～18:00左右（視時期而異，預約制）　休運航期間無休，天候惡劣時休　¥乘船費用3000日圓　所島根縣隱岐の島町福浦　西鄉港車程40分

會散發淡淡海潮香氣的海藻燒酒 いそっ子（黑瓶720mL）1234日圓 **C**

口味偏辣的隱岐譽（純米酒720mL、1350日圓）是隱岐代表性的在地日本酒 **A**

加了隱岐出產的米、烏賊、藻鹽等食材的煎餅。寶隱岐物語（2片X16包）1000日圓 **A**

含有較多的苦汁，味道清爽的海士乃鹽（100g）410日圓 **B**

Salann Oki（1瓶35g，432日圓）是爽口又溫醇的鹽 **B**

隱岐的名產蠑螺！調味蠑螺罐頭（2100日圓），最適合當作伴手禮 **A**

外包裝上有可愛的西之島吉祥物插圖。活っちゃんいかせんべい（8片裝）518日圓 **C**

為了安慰後鳥羽天皇而製作的和菓子。白浪（10條裝）980日圓 **B**

使用當季太平洋魷魚的魷魚腳仙貝（5片裝）1000日圓 **B**

充滿蠑螺的香醇美味。蠑螺咖哩555日圓 **B**

將隱岐的回憶帶回家
土產伴手禮

在這裡買得到

C 齊聚了以隱岐在地酒為中心的伴手禮

島前 **安藤本店**

●あんどうほんてん

店內以隱岐的在地美酒為中心，齊聚了豐富的銘菓和干物等商品。其中最有人氣的就是使用海藻製作的燒酒「いそっ子」。

☎08514-7-8848　MAP 附錄②14D-3
▲8:30～19:00（週三、日，假日為～18:00）　休1、2月的週日　所島根縣西ノ島町別府4　別府港步行3分

B 匯集了群島的美食和情報

島前 **承久海道キンニャモニャセンター**

●じょうきゅうかいどうキンニャモニャセンター

身兼隱岐汽船管理事務所和候船處，同時也是觀光服務處及在地產品和鮮魚直銷店。2樓設有餐廳，很多遊客會在這裡打發等船的時間。

☎08514-2-1510（故鄉海士）　MAP 附錄②14D-3
▲7:00～19:00（視設施、時期而異）　休無休（視設施而異）　所島根縣海士町福井1365-5　菱浦港下船即到　P免費

A 位於島後的入口「西鄉港」的伴手禮店

島後 **隱岐汽船商事 西鄉売店**

●おきせんしょうじさいごうばいてん

位於西鄉港碼頭轉運站1樓的伴手禮店。販賣了海產加工品、銘菓、在地美酒等豐富的隱岐伴手禮。

☎08512-2-3429（隱岐汽船商事）　MAP 附錄②14F-4
▲7:30～18:00　休無休　所島根縣隱岐の島町中町目貫の四61　西鄉港渡輪轉運站內

在廣大的砂丘大地嬉戲，參觀懷舊的傳統街景

鳥取 倉吉・三朝溫泉
とっとり・くらよし・みささおんせん

是以日本最大的砂丘——鳥取砂丘為象徵的區域。鳥取砂丘是由砂漠大地和日本海美景交織而成，可以在震撼力十足的大自然中體驗樂趣。以城下町而興盛的倉吉保留了赤瓦和白牆土藏群的傳統街景，大家可以在街頭體驗往昔的歷史情懷。另外世界少數富含氧的三朝溫泉，則是鳥取縣數一數二熱鬧的溫泉鄉。

G往這裡 鳥取砂丘 →P.80
漫步在砂丘上，欣賞雄偉的風景。展示精緻砂雕的砂之美術館也十分有意思。

鳥取砂丘砂之美術館（→P.82）第11期主題是「北歐篇」

G往這裡 三朝溫泉 →P.92

前往擁有850年的悠久歷史，鳥取縣代表性的溫泉街療癒身心。

G往這裡 倉吉的 赤瓦白牆土藏群 →P.90

參觀成為重要傳統建築物群保存地區，由赤瓦和白牆打造的美麗街景。

交通路線

JR特急「超級白兔號」
大阪站 電車 → 這裡是區域入口 鳥取站
⏱ 2小時33分 ¥ 7090日圓

大阪出發
中国吹田IC 車 中國道→鳥取道
180km ¥ 3330日圓
鳥取IC 29 53 4km

山陽新幹線
廣島站 電車 → 岡山站
⏱ 2小時36分 ¥ 1萬310日圓

JR特急「超級白兔號」

廣島出發
広島IC 車 山陽道→廣島道→中國道→鳥取道
313km ¥ 5770日圓
鳥取IC 29 53 4km

地區移動 CHECK!

麒麟獅子循環巴士
周遊鳥取市周邊主要觀光景點的循環巴士。鳥取站前巴士轉運站是起訖站，車資1次300日圓，1日乘車卡600日圓。1班間隔40～50分，1天運行12班車。
¥ 週六日、假日、補假及8月1日～8月31日運行

會行經鳥取砂丘、鳥取港等地。

漫步在日本第一的砂丘大地吧！

鳥取砂丘
とっとりさきゅう

挑戰用遠近法來拍出獨特的紀念照

走在一望無際的砂丘大地上，還可以體驗砂丘特有的娛樂活動。
歡迎大家一起來挑戰一下砂丘的獨特玩法吧！

一直想見識看看這種遼闊的景色！

也別錯過漂浮在日本海上的「鯨魚島」！

鳥取是這樣的地方

鳥取砂丘東西寬約16km，南北長約2.4km，其中成為觀光地的部分也被指定為天然紀念物。在風的吹拂之下，不斷重複形成的風紋和砂簾等圖樣，簡直就是壯觀的自然藝術。主要區域的入口位於砂丘會館（→P.83）對面，附近也齊聚了餐廳和伴手禮店。

MAP 附錄②16D-1

☎0857-22-3318(鳥取市觀光服務處)
鳥取縣鳥取市福部町湯山　JR鳥取站搭日本交通、日之丸巴士22分，鳥取砂丘下車即到　P1次500日圓

砂丘漫步的注意事項

1. 晴天時陽光強烈，砂丘上幾乎沒有任何遮蔭處，所以要記得穿戴帽子和長袖衣物來對抗紫外線。
2. 因為腳會陷進砂地裡，比較建議穿夾腳拖。但是砂地到了夏天溫度會上升，記得穿包腳的鞋子。
3. 夏天為了預防中暑，一定要記得準備飲料！遇到比較陡的地形時，也不要勉強自己爬上去。
4. 嚴禁塗鴉和亂丟垃圾等行為。為了守護砂丘的美麗景觀，希望大家好好遵守規則。
5. 從斜坡上跑下來的時候，小心不要弄丟手機或車鑰匙。

能看到什麼樣的景色呢？真是令人期待♥

① 從佇立著石碑的入口出發

砂丘入口的地標，就是鳥取砂丘PARK SERVICE CENTER旁的石碑。登上這裡的階梯前往砂丘吧。

也可以和石碑拍紀念照

指南 砂丘漫步

所需 約1小時
距離 約1km

② 前往馬背GO！

腳步會陷進砂地裡，走起來好辛苦…

爬上階梯之後，眼前就是一望無際的砂丘。大家可以一邊欣賞壯觀的景色，一邊朝著稱為「馬背」的高處前進吧。高低落差最大約30cm處的斜坡就是其中最大的難關。

③ 在馬背頂上欣賞絕景

站在頂端欣賞砂丘和日本海的美景♥

登上馬背頂端（標高46m）之後，就能同時一覽日本海和砂丘景色。周邊還有容易被風吹出圖樣的地點，有時候能幸運地看到大自然打造的造型美。

繞來這些設施看看吧

鳥取砂丘 VISITOR CENTER
●とっとりさきゅうビジターセンター

2018年秋天新設施 OPEN！

於2018年秋天完工，座落於鳥取砂丘停車場的砂丘資訊情報新據點，並設有展示室和迷你劇場等設施。如果想要更了解砂丘，大家記得一定要來這裡看看。

MAP 附錄②16E-1

☎0857-22-3318(鳥取市觀光服務處)
9:00～17:00　無休　免費入館
鳥取縣鳥取市福部町湯山　JR鳥取站搭日本交通、日之丸巴士22分，鳥取砂丘下車即到　P無料

和風樣式的設施2層樓建築（示意圖）

鳥取砂丘 PARK SERVICE CENTER
●とっとりさきゅうパークサービスセンター

提供鳥取砂丘相關資訊的設施。工作人員會介紹推薦的散步路線，大家可以在出發前先來這裡認識砂丘。館內的砂畫專區也很受歡迎。

MAP 附錄②16E-1

☎0857-23-7652(自然公園財團)
8:00～17:00　無休　免費入館

提供免費租借（砂丘專用輪椅和砂丘高溫過熱時的腳服務停鞋止租借）夾腳拖

好想挑戰看看！
砂丘戶外樂趣

提到了砂丘，當然要來體驗這個囉！

騎著駱駝
在砂丘上悠閒漫步

騎駱駝體驗

●らくだライドたいけん

體驗1趟約4～5分鐘的砂丘散步。由於駱駝意外地高，一騎上去就能感受到開闊的視野，可以一覽遠處的雄偉砂丘。拍攝騎著駱駝的紀念照1次500日圓。

體驗DATA

(時期) 全年OK (時間) 9:30～16:30(12～翌2月為10:00～16:00，視天候異動) (費用) 1人騎乘1300日圓、2人騎乘2500日圓(2名大人無法同時騎乘) (公休日) 無休(雨天、強風時中止) (集合場所) 登上砂丘入口樓梯即到

(在這裡體驗) らくだや (DATA→P.83)

拍照OK！
騎駱駝遊覽的時候可以自由拍照，所以別忘了把相機帶在身上

鳥取砂丘MAP

周邊圖→MAP附錄②16

日本海

綠洲（馬背）

市營停車場

第一砂丘列

第二砂丘列

砂丘入口階梯

鳥取砂丘
PARK SERVICE CENTER P.80
鳥取砂丘Visitor Center P.80

TRAIL ON(集合場所)
砂丘會館 P.83

らくだや P.83
Zero Paraglider School(集合場所)
鳥取砂丘

見晴之丘砂丘中心 P.83

觀光纜車

第三砂丘列

駱駝就在這附近

追後研缽凹地
砂之美術館商店 P.83

也可以先在見晴之丘砂丘中心停車，再搭乘纜車（單程200日圓）

鳥取砂丘砂之美術館 P.82

福部探梨街道

岩美町→

火山灰露出地
1小時路線
●景點 ●玩樂 ●購物

合谷研缽凹地

騎駱駝體驗 P.81

防砂林

多鯰池

鳥取市區→

縣道湯山・鳥取線

市營停車場

如果有時間
就來見識一下美麗的砂丘風景吧！

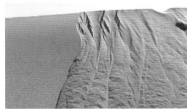

砂簾
されん

砂粒從陡峭斜坡滑落下來的樣子

風紋
ふうもん

砂丘上最具代表性的圖樣。當砂子保持乾燥，在風速每秒5～10ｍ的風吹拂下就會出現這片景象

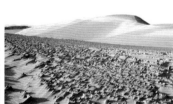

砂柱
さちゅう

砂子會立起來變成角狀，是在惡劣天氣結束後會出現的景象

建議2個參觀時段
推薦清晨和日落時分

由於砂丘沒有大門，隨時都可以自由出入，所以在遊客較少的清晨就是欣賞美麗風紋的最佳時段。在天氣晴朗的日子裡，日落時分的景色也十分美麗。

在清晨和傍晚的時候，天空的顏色和風紋會打造出奇幻的情景

來鳥取砂丘的
必玩景點

在砂之美術館欣賞魄力十足的砂雕藝術

鳥取砂丘砂之美術館是這樣的地方

[第12期 南亞篇 2019年4月13日～2020年1月5日]

以「砂之世界旅行」為主題，展示使用鳥取砂丘砂子製作的砂雕，是世界首見的砂雕美術館。每期都會變換展示主題，2018的第11期則是以北歐風景為概念。以茶圓勝彥大師為首，由眾多世界級一流藝術家打造出精緻的砂之世界，規模龐大的異國氣氛令人著迷。館內的展示品都開放自由拍攝。

MAP 附錄②16E-1
☎0857-20-2231
🕐9:00～18:00(最後入館～17:30)，週六為～20:00(最後入館～19:30) 🈺營業期間中無休 💴入館門票600日圓 📍鳥取縣鳥取市福部町湯山2083-17 🚌JR鳥取站搭日本交通、日之丸巴士22分，砂の美術館下車即到 🅿免費

以安徒生童話「人魚公主」為主題，周圍的海浪砂雕也十分壯觀

透過各種角度來重現大自然、神話、童話等北歐魅力

參觀POINT3

砂之美術館的展望廣場、入口處、砂雕展示區域，就是絕不能錯過的3大精采看點。

❶ 展望廣場

可以一覽雄偉砂丘的廣場。如果時期配合得好，還有機會看到公開製作砂雕的景象。

可以一覽砂丘的展望廣場就像一座美麗的庭園

❷ 入口處

在大廳入口和電梯間設置了解說板和砂雕製作的影像

總共有2個入口！

入口是摩登的石牆造型

砂之美術館每年都會改變主題，展示各種巨大又精緻的砂雕藝術。在2018年可以欣賞到「北歐篇」的砂雕作品。歡迎大家來這裡逛一逛，進一步感受砂丘氣氛。

❸ 砂雕展示區域

展場內展示了眾多由世界知名砂雕雕刻家完成的作品，是主要的參觀展場。

以北歐神話為主題，描繪壯闊故事的砂雕

砂之美術館商店(→P.83)

出口3F
展示區域入口1F
出口
出口
入口
迎賓砂雕
出入口
售票處

館內MAP

不會受到天氣影響，可以在室內欣賞展示作品的美術館

サクサクらくだ
8片裝450日圓
14片裝650日圓
22片裝900日圓
從容表情配上俏皮造型，呈現焦香駝色的可愛餅乾。
在這裡買到 B

可愛的駱駝造型太萌了～

用砂丘砂子來焙煎的稀奇咖啡

砂咖啡　150g 580日圓
使用250℃的砂丘砂子焙煎後，再將咖啡豆磨成粉的商品。在恰到好處的苦味和酸味中品嘗深醇的咖啡滋味
在這裡買到 A C

畫上砂丘插圖的包裝也十分吸睛！

砂之丘
阿波和三盆糖540日圓（右）
生薑650日圓（左）
會在嘴裡入口即化，滋味溫和的和風餅乾。總共有溫醇的阿波和三盆糖和生薑兩種口味。
在這裡買到 A D

下垂的眼睛和真正的駱駝一模一樣

砂蛋
1個120日圓　3個裝350日圓
鳥取砂丘的招牌伴手禮。把土雞蛋放入250℃的砂丘砂子中蒸熟，口感就像是鬆鬆軟軟的地瓜或栗子一樣。
在這裡買到 A C
※A只販售3個裝

砂丘的長銷商品，用砂子蒸出熱呼呼的蛋

駱駝布偶
M 2500日圓 L 3500日圓
這個砂丘名產的駱駝布偶，是經營騎駱駝遊覽砂丘的らくだや原創商品。駱駝布偶的圓滾滾眼睛看起來十分可愛♥
在這裡買到 B

摩艾像手機吊飾
420日圓
在鳥取竟然推出了摩艾像造型的手機吊飾，表現出對砂丘堅定的「愛」?!
在這裡買到 D

眾多和砂丘有關的商品
好買又好玩的
砂丘伴手禮

這邊要介紹能讓人留下砂丘回憶的獨特小物和食品。
在招牌和新面孔的商品中，選出心儀的伴手禮帶回家吧。

讓料理變得更有意思的進化系醬汁！

參觀砂雕後再把原創美酒帶回家！

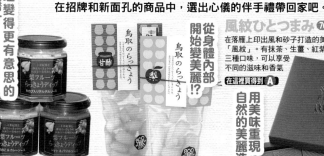

風紋ひとつまみ　760日圓
在落雁上印出風和砂子打造的美麗「風紋」。有抹茶、生薑、紅紫蘇三種口味，可以享受不同的滋味和香氣
在這裡買到 A

從身體內部開始變美麗!?

用美味重現自然的美麗造型

默默引發熱潮，已成為招牌商品之1

所有砂雕都可以拍照
砂雕作品在展期結束後就會重回砂丘原貌，歡迎大家用相機留下砂雕的美麗身影。

拍下可愛的童話世界砂雕！

本格燒酒 砂人
900ml 1340日圓
從擁有砂雕文化的九州來到砂之美術館的地瓜燒酒。
在這裡買到 A

梨子水果辣韭沾醬
各580日圓
用二十世紀梨和砂丘辣韭做成3種不同口味的健康沾醬。
在這裡買到 D

鳥取辣韭
130g 各550日圓
據說可以讓血液變乾淨的砂丘辣韭。有招牌的「甘醋」，還有用梨子洋酒醃漬的「梨」等數種口味
在這裡買到 D

在這裡買得到！

夜間點燈的景象也十分美麗
週六晚上會幫砂雕打上燈光，大家可以在奇幻的氣氛中欣賞美麗砂雕。

過去為砂雕作品打燈的景象

可以一覽鳥取砂丘和日本海的設施
D 見晴之丘 砂丘中心
●みはらしのおかきゅうセンター
位於鳥取砂丘附近的設施，館內也進駐了伴手禮店和寬敞的餐廳。另外也附設了砂丘搭乘處。
MAP 附錄②16E-1
☎0857-22-2111
⏱8:00～17:00 🈳無休 📍鳥取縣鳥取市福部町湯山2083 🚉JR鳥取站搭日本交通、日之丸巴士20分，砂丘中心展望台下車即到 🅿免費

山陰特產與豐富商品

從砂丘伴手禮到鳥取縣特產應有盡有
C 砂丘會館
●さきゅうかいかん
距離鳥取砂丘最近的休息區。除了有許多原創的砂丘伴手禮之外，還有販賣鳥取各地的名產和銘菓，館內也附設了餐廳。
MAP 附錄②16E-1
☎0857-22-6835
⏱7:00～18:30 🈳無休 📍鳥取縣鳥取市福部町湯山2164 🚉JR鳥取站搭日本交通、日之丸巴士22分，鳥取砂丘下車即到 🅿免費

販售了砂丘伴手禮和鳥取市營停車場

店內都是滿滿的駱駝商品
B らくだや
販售了布偶、餅乾、手機吊飾等各式各樣的駱駝主題伴手禮。店內的梨子霜淇淋（300日圓）也很受歡迎。
MAP 附錄②16E-1
☎0857-23-1735
⏱8:30～17:00 🈳無休 📍鳥取縣鳥取市福部町湯山2164-806 🚉JR鳥取站搭日本交通、日之丸巴士22分，鳥取砂丘下車即到 🅿免費

店門口正前方就是體驗活動的集合場所

要買砂丘的新名產就要來這裡
A 砂之美術館商店
●すなのびじゅつかんショップ
位於砂之美術館前的商店。販售了鳥取銘菓和辣韭加工品，還有砂之美術館的原創商品。
MAP 附錄②16E-1
☎0857-54-1675
⏱9:00～17:00 🈳無休 📍鳥取縣鳥取市福部町湯山2083-17 🚉JR鳥取站搭日本交通、日之丸巴士22分，砂的美術館下車即到 🅿免費

設施前面也是體驗活動的集合場所，也是鳥取觀光及活動資訊的據點

讓砂丘觀光增添樂趣的 3 種玩法

其1 前往新鮮海產寶庫的市場
到かろいち購物

從鳥取砂丘出發車程15分！

(照片為示意圖)

在「かろいち」齊聚了來自鳥取港、剛捕撈上岸的豐富海產，也是吸引許多縣民和外地人前來造訪的人氣市場。如果要購買當季海產作為伴手禮，記得一定要來這裡逛逛看！

[購物訣竅]

❶鎖定早上時段
早上10點左右是新鮮魚貨最豐富的時段，到了下午魚貨就會變得比較少。

❷和店員聊天吧
海鮮的價格每天都是浮動不定。大家可以和店員聊聊天，體驗殺價的樂趣。

❸利用宅急便吧
購物時就能委託店家幫忙寄送。大家可以使用低溫宅急便的服務，讓海產保持市場鮮度直接送到家。

LINK→P.87

被譽為是「鳥取的廚房」，深受市民和觀光客歡迎

鳥取港海鮮市場 かろいち

●とっとりこうかいせんいちばかろいち

被大家稱為「かろいち」的賀露中央海鮮市場除了有冬天的松葉蟹之外，全年都陳列了許多在地的鮮魚和海產。週六日也會從近在眼前的鳥取港進貨，不管什麼時候去都買得到新鮮魚貨。

MAP 附錄②17B-2
☎0857-38-8866
🕐9:00～17:00(市場內餐飲店視店鋪而異) 休1月1日
所鳥取縣鳥取市賀露町西3-27-1
交JR鳥取站搭日之丸巴士42分，かにっこ館前下車即到 P免費

可以在這4家店買到最新鮮的魚貨！

夏天就是鳥取名產牡蠣「夏輝」的時節！

夏天就是要吃白海賊！因為很新鮮、歡迎做成生切片品嘗

炙燒沙丁魚540日圓
(JF鳥取縣漁協)

若林商店 かろいち店

●わかばやししょうてんかろいちてん

除了有種類豐富的鮮魚之外，在本店加工的干物也很受歡迎。位於隔壁的直營餐廳「ご馳走空間若林」也經常是大排長龍。

宗八鰈的魚干800日圓～
(若林商店)

☎0857-32-2100
🕐9:00～17:00

JF鳥取縣漁協 かろいち店

●ジェイエフとっとりけんぎょきょうかろいちてん

透過漁協的流通，店內除了有鳥取港的海產之外，還有眾多來自縣內各地的新鮮魚貨。鮮魚種類豐富，也看得到比較少見的魚貨。

☎0857-31-0011
🕐9:00～17:00

海苔佃煮200日圓「啊～真好吃」(中村商店)

也有大條的比目魚哦

中村商店 かろいち店

●なかむらしょうてんかろいちてん

開業80年以上，是かろいち裡的老店。由於這裡也是附近料理店和餐廳的御用魚店，所以店內也陳列了不少新鮮的高檔魚貨。

☎0857-37-3600
🕐9:00～17:00

本店最自豪的魚干也有提供試吃哦

網浜水產 かろいち店

●あみはますいさんかろいちてん

擁有自己的漁船，鮮度和便宜的價格都深受客人肯定。使用古早味製法的魚干當然也都沒有任何添加物，是店內自豪的招牌商品。

☎0857-32-2288
🕐9:00～17:00

叉牙魚的魚干(大)800日圓(網浜水產)

品嘗かろいち的市場美食來大飽口福

使用在地鮮魚做成簡單豪邁的料理

市場料理 賀露幸

●いちばりょうりかろこう

這家店的特色就是使用在地鮮魚，製作成簡單&豪邁的料理，充滿了豐富的鄉土風情。其中最推薦的餐點就是特選海鮮蓋飯，其他新鮮的當季市場料理也是大受好評。

☎0857-32-0811
🕐9:00～21:00 休無休

滿載著鳥取海鮮的特選海鮮蓋飯1620日圓

鮮魚店直營！在地的人氣和食店

ご馳走空間 若林

●ごちそうくうかんわかばやし

隔壁「若林商店」經營的餐廳。可以用平易近人的價格品嘗到市場才有的新鮮食材，十分受到客人歡迎。僅中午營業。

☎0857-32-2101
🕐11:00～14:00，週六日、假日為11:00～15:00 休週二

可以品嘗到期間限定、使用當季鮮魚製作的馳走蓋飯(1580日圓)等美食

也造訪一下鄰接的設施吧！

可以接觸螃蟹和魚類的體驗型水族館

鳥取縣立 鳥取賀露螃蟹館

●とっとりけんりつとっとりかろにっこかん

以螃蟹為主角的稀奇水族館。館內設有親水水槽和觸摸池，是個適合攜家帶眷的好去處。

☎0857-38-9669 **MAP** 附錄②17B-2
🕐9:00～17:00 休週二(逢假日則翌日休，7月18日～8月末無休) 費免費入館 所鳥取縣鳥取市賀露町西3-27-2 交JR鳥取站搭日之丸巴士42分，かにっこ館前下車即到 P免費

可以觸摸螃蟹和寄居蟹的「親水水槽」

鳥取品牌的農畜產品應有盡有

地場產プラザ わったいな

●じばさんプラザわったいな

販售島根縣農畜產品的大型直銷店。像是有二十世紀梨和砂丘辣韭等鳥取品牌的食材，還有許多人氣的銘菓商品。

MAP 附錄②17B-2
☎0857-50-1771(美食之都鳥取)
🕐9:00～17:00 休1月1日 所鳥取縣鳥取市賀露町西3-323 交JR鳥取站搭日之丸巴士42分，かにっこ館前下車即到 P免費

新有許多當天早上捕撈的新鮮食材

浦富海岸是這樣的地方

被選為「日本海濱100選」，也有「西之松島」之稱的名勝景點。由166座大大小小的島嶼，還有16個洞門和6座洞窟結合而成。水面能見度高達25m的透明大海，與奇岩斷崖交織成絕美的景色。

其2

美麗的潟湖海岸
在浦富海岸體驗美景汽船之旅

從鳥取砂丘
出發車程
15分！

由斷崖峭壁交織而成的海岸，配上漂浮著大小島嶼的清澈大海。搭上汽船來一趟海岸巡遊之旅，親身體驗日本海的雄偉和魄力吧！

周邊一帶被認定為山陰海岸地質公園（世界地質公園網路加盟地區）

浦富海岸環島遊覽船

●うらどめかいがんしまめぐりゆうらんせん
MAP 附錄②18D-1
📞0857-73-1212（山陰松島遊覽）
🏠鳥取縣岩美町大谷2182　🚃JR岩美站搭日本交通巴士18分，島めぐり遊覽船のりば前下車即到　🅿免費

2種乘船選擇

悠閒穿梭在小島之間的汽船之旅
環島遊覽船
●しまめぐりゆうらんせん
來往在網代與田後之間，欣賞擁有洞門和洞窟的小島，在島與島之間的縫隙穿梭而行。

運航期間：3～11月（冬季休業）※可能會視氣候停航
運航時間：9：30～15：30（每班約間隔1小時啟航，7月20日～8月20日最後航班16：00出發）
遊覽時間：約40分／次
人數上限：95人
💴大人1300日圓、小學生650日圓

可以穿越奇岩縫隙，充滿了刺激感
小型船浦富號
●こがたせんうらどめごう
能行駛在洞門或洞窟之間的狹小航路，或是開進水深很淺的海灣。可以從正下方仰望聳立的斷崖，或是載上箱型面鏡觀察海中的景象。

運航期間：4月25日～9月30日※可能會視氣候停航
運航時間：9：10～15：10（每1小時啟航，7月20日～8月20日最後航班16：00出發）
遊覽時間：約50分／次　人數上限：12人
💴大人2100日圓、4歲～小學生1500日圓

適合悠閒地欣賞美景

冒險度滿分的小型船

遊覽船搭乘處的美食&伴手禮！

●大漁旗毛巾　750日圓
●魚名手帕　600日圓
這些與網代港或魚類相關的獨創商品最適合當作旅行的紀念

浦富海岸環島遊覽船搭乘處

●うらどめかいがんしまめぐりゆうらんせんのりば
MAP 附錄②18D-1
📞0857-73-1212（山陰松島遊覽）
⏰食堂11:00～14:00（外帶10:00～15:00）、賣店8:00～17:00　🈲無休（冬季為不定休）
🏠鳥取縣岩美町大谷2182
🚃JR岩美站搭日本交通巴士18分，島めぐり遊覽船のりば前下車即到　🅿免費

●烏賊墨咖哩　650日圓
雖然看起來很狂野，味道卻很溫醇的招牌咖哩

●烏賊墨霜淇淋
300日圓
霜淇淋中吃得到烏賊墨的淡淡香醇

●烏賊墨咖哩（速食包）　500日圓
可在家享用招牌在地咖哩的速食包

來這間神社獲得白兔的力量吧

白兔神社 ●はくとじんじゃ
MAP 附錄②2D-2
📞0857-59-0047
⏰自由參拜（社務所9:00～16:00）　🏠鳥取縣鳥取市白兔603　🚃JR鳥取站搭日之丸巴士41分，白兔神社前下車即到　🅿免費

這間位於白兔海岸的神社，是《古事記》中記載的傳說〈因幡白兔〉的背景舞台。白兔在建國之神大國主大神的建議下，成功治好了身上的傷口，於是就幫大國主大神與因幡的美女八上姬牽線結緣。白兔在這之後成為了白兔神，被供奉在這座神社裡。因為這個傳說的緣故，這裡便成為祈求良緣和保佑早日康復的神社。

參道上設立了許多可愛的兔子雕像

道來大家前往這裡祈求良緣到鳥取砂丘時，也可以順

據說如果能將結緣石丟到鳥居上，就可以心想事成功。丟到鳥居上（5個裝5日圓能將結緣石

持續栽種二十世紀梨的老字號果園
さんこうえん
是可以盡情體驗鳥取名產的採梨樂趣，不會受到天氣影響的觀光果園。事先網路預約的遊客只要來體驗採梨，就能品嘗到手工的義式梨子冰淇淋。

甜帶就二滋有是十味些許世許酸紀酸味脆梨味道的，的，特香又色

📞0857-20-1174　**MAP** 附錄②16E-2
7月下旬～11月下旬　⏰9:00～17:00
🈲開放期間無休　💴採梨體驗1000日圓
🏠鳥取縣鳥取市福部町湯山1973
🚃JR鳥取站搭日本交通巴士20分，砂丘東口下車，步行20分　🅿免費

其3

梨子時節的必排行程！
前往觀光梨園採梨子

從鳥取砂丘
出發車程
3分！

採梨是採用吃到飽形式

在鳥取砂丘附近的採梨街道上，就聚集了多達30家的梨園。從8月中旬到10月下旬的梨子產季中，歡迎大家繞來這裡品嘗水嫩的名產水果吧。

還有很多間梨園哦！

味果園 ●みかえん
MAP 附錄②16E-1
📞0857-75-2175
8月上旬～11月上旬
⏰9:00～17:00　🈲開放期間無休
💴入園費用1000日圓
🏠鳥取縣鳥取市福部町湯山1206
🚃JR鳥取站搭日本交通巴士21分，浜湯山下車即到　🅿免費

かわとね園 ●かわとねえん
MAP 附錄②16E-1
📞0857-75-2465
8月中旬～10月中旬
⏰9:00～17:00
🈲開放期間無休　💴入園費用1000日圓　🏠鳥取縣鳥取市福部町湯山2079　🚃JR鳥取站搭日本交通巴士21分，浜湯山下車即到　🅿免費

梨の錦光園 ●なしのきんこうえん
MAP 附錄②16F-1
📞0857-75-2161
8月下旬～10月下旬（10月中旬以後需洽詢）　⏰9:00～17:00
🈲開放期間無休　💴入園費用1000日圓　🏠鳥取縣鳥取市福部町湯山1205-3　🚃JR鳥取站搭日本交通巴士22分，中湯山下車即到　🅿免費

鯛喜 ●たいき

在無農藥栽培的鳥取縣越光米上，鋪滿大約10種鮮魚做成海鮮蓋飯，價格也十分平易近人。海鮮蓋飯1天限定50份，週末有時候在中午前就會銷售一空，建議大家盡早去嘗鮮吧。

📞0857-26-3157 **MAP** 附錄②16E-1
🕙10:00～13:30(售完打烊)
休週四 所鳥取縣鳥取市福部町湯山2164-449 交JR鳥取站搭日本交通、日之丸巴士22分，鳥取砂丘下車，步行3分

◆推薦餐點◆
海鮮蓋飯…1300日圓
鯛魚蓋飯…1500日圓

距離砂丘很近，客人總是絡繹不絕

在必吃的奢華蓋飯中一次就能品嘗到種類豐富的鮮魚！

盡情享用
鳥取的滋味

極品！海鮮美食

由長年經營鮮魚店的店主親自挑選超新鮮的食材！

最讚的地方！

小奢華海鮮蓋飯
1800日圓 [全年]
※鮮魚食材視當天的魚貨而異

在一般的海鮮蓋飯上又加了螃蟹和鮪魚。鮮度十足的食材漂亮地擺在蓋飯上，看起來美麗又耀眼！

輕鬆享用美味的 海鮮蓋飯

鋪滿了來自日本海的鮪魚、螃蟹、白烏賊等食材，這就是來到鳥取必吃的極品蓋飯。

生鮮切片&烤烏賊&烏賊鹽辛！宛如烏賊全餐的美味蓋飯

元祖烏賊蓋飯
1080日圓 [全年]

最讚的地方！ 生鮮的烏賊切片下面鋪滿了照燒烏賊腳！

山田屋的吃法就是淋上特製甜醬汁，拌著白烏賊的生鮮切片和照燒烏賊腳，搭配白飯一起品嘗

味覚のお宿 山田屋 ●みかくのおやどやまだや

這裡是享保八年開業的老字號料理旅館，也有不少單純來用餐的客人，全年都能品嘗到新鮮的海鮮料理。夏天以白烏賊和岩牡蠣為首，冬天則以松葉蟹為中心的各種在地海鮮料理和細心服務，都讓遊客盡興而歸。

📞0857-28-1004 **MAP** 附錄②17C-2
🕙11:00～14:00、17:00～20:00(晚上需預約)
休不定休 所鳥取縣鳥取市賀露町北1-5-36 交JR鳥取站搭日之丸巴士27分，賀露神社前下車即到 P免費

◆推薦餐點◆
炭烤海鮮……5400日圓～
松葉蟹料理……7560日圓～

店門口前面就是漁港，可以盡情享受港都風情

味曆あんべ ●あじごよみあんべ

是講究食材品質，能品嘗到當季海鮮的割烹料理店。招牌的親螃蟹蓋飯奢侈地加了內子、外子、蟹膏、蟹肉，可以盡情享用到每個部位的美妙滋味。午間時段僅售螃蟹產期營業（午間菜單僅提供親螃蟹蓋飯），另有提供外帶和寄送到外地的服務。

📞0857-29-9125 **MAP** 附錄②15C-3
🕙18:00～22:00(11月上旬～1月底為平日12:00～13:30，週六日、假日11:00～14:00也有營業) 休週日、假日(11月上旬～1月底無休) 所鳥取縣鳥取市彌生町175-2 交JR鳥取站步行10分

預約 短暫 親螃蟹蓋飯提供期間，建議大家盡早預約

擁有眾多來自縣內外的忠實粉絲

最讚的地方！ 鹽水烹煮的內子搭配醬油醃漬的生鮮外子和內子，結合成絕佳的美味組合

親螃蟹蓋飯
3500日圓
[11月6日～1月下旬限定]

白飯上鋪了一半鹽水煮的蟹肉、一半拌著蟹膏的蟹肉。碗裡的蟹殼裝著鹽水煮的內子，蓋飯中央則是生鮮醬油漬外子，周圍還有色彩鮮豔的生鮮醬油漬內子。

◆推薦餐點◆
親螃蟹御膳（僅午間提供）4000日圓
附親螃蟹蓋飯的宴席全餐
（僅晚間提供）……6480日圓～

在面向日本海的鳥取有許多以新鮮海產為代表，只有在當地才品嘗得到的各種美食。歡迎大家來盡情享用這些種類豐富的美味海鮮吧。

86

極品！海鮮美食

吸引日本各地客人造訪的人氣海鮮割烹料理

旬魚たつみ
●しゅんぎょたつみ

從漁港直送的新鮮魚貨，都是由曾是漁夫的老闆親自挑選。除了超群的鮮度之外，味道當然也是一絕。中午吃得到價格平易近人的御膳和蓋飯，晚上則有能細細品味的單品料理和全餐。　※視進貨狀況可能無法提供部分料理

猛者蝦御膳
1800日圓
[11月左右～5月左右]

天婦羅、燉煮、鹽烤、生鮮切片等各種吃法的猛者蝦全餐

📞0857-72-8700　MAP 附錄②18E-1
🕐11:30～14:00、17:00～21:00　休週二(逢假日則翌日或前日休)　📍鳥取縣岩美町浦富2475-240　🚃JR岩美站車程5分　🅿免費

週末人潮眾多，最好事先預約

◆推薦餐點◆
白烏賊御膳‧‧‧‧1600日圓
(6月左右～8月中旬左右)
海旬蓋飯‧‧‧‧‧‧‧1200日圓

招牌螃蟹火鍋滋味精采無比

螃蟹火鍋全餐
15000日圓～
[11月6日～3月下旬]

在螃蟹火鍋裡加入蟹膏，最後做成滋味豐富的雜炊粥

かに吉
●かによし

是知名的螃蟹料理名店，提供蟹肉透明肥美，無可挑剔的一級品松葉蟹。可以在最佳時機品嘗蟹肉美味的螃蟹火鍋，充滿了讓螃蟹饕客讚不絕口的感動滋味。在5～10月的期間，其他美味的海鮮料理也十分受歡迎。

📞0857-22-7738　MAP 附錄②15B-3
🕐17:00～22:30(需預約)　休不定休　📍鳥取縣鳥取市末広溫泉町271　🚃JR鳥取站步行5分

◆推薦餐點◆
特上烤螃蟹‧‧‧15000日圓～
酥炸螃蟹‧‧‧‧‧15000日圓～

店內備有吧檯座位及和式座位

微奢侈的 海鮮全餐

以山陰美食中最王道的螃蟹為首，還有使用眾多日本海海鮮的奢華全餐料理！

由批發商經營，鮮度超群的海鮮料理店

◆推薦餐點◆
烏賊蓋飯三刀流‧2160日圓
海鮮蓋飯‧‧‧‧‧‧2160日圓

一隻通常是200～300g。烏賊身體是生鮮切片，烏賊腳則做成天婦羅或鹽烤

生鮮烏賊切片
2160日圓／100g
[4月上旬～11月下旬]

天然海水いけす 海陽亭
●てんねんかいすいいけす かいようてい

由批發商經營的人氣名店，無論鮮度、滋味、價格都無可挑剔。招牌烏賊的香甜和口感，讓人一吃就大為感動。還有定食、蓋飯、單品料理等種類豐富的餐點。

📞0857-31-4649　MAP 附錄②17B-2
🕐11:00～14:00、17:00～20:00(週六、日、假日為11:00～15:00、17:00～21:00)　休無休　📍鳥取縣鳥取市賀露町西3-27-1　🚃JR鳥取站搭日之丸巴士42分，かにっこ館前下車即到　🅿免費

店內備有天然海水的水槽

在當地才吃得到 也不要錯過這邊的海鮮美食

麻油的香氣讓人垂涎三尺！

中華風魚漿麵線
800日圓

這家店獨一無二的餐點，很多客人都是為此專程造訪

由喜愛魚漿製品的店主親自發想的原創麵食

和食さつま揚の店 志る角
●わしょくさつまあげのみせ しるかく

以剛炸好的薩摩魚餅為招牌的和食料理店。吃得到使用螃蟹、叉牙魚、猛者蝦等當季在地海產和蔬菜做成的料理。魚漿麵線則是從開業以來，就相當受歡迎的人氣餐點。

位在大樓2樓，充滿居家氣氛的一家店

◆推薦餐點◆
薩摩魚餅(3塊)‧‧‧‧600日圓
當季綜合生魚片
‧‧‧‧‧‧‧‧‧‧‧‧800日圓～

MAP 附錄②15B-3
📞0857-26-0407
🕐17:00～22:00　休週日　📍鳥取縣鳥取市末広溫泉町755　🚃JR鳥取站步行5分

享用肥美的鹽烤鯖魚

語らい旬処 たき乃蔵
●かたらいしゅんどころたきのくら

吃得到追求地產地銷、使用在地海產和山林野菜的美味料理。夏天有港口直送的白烏賊、眼張魚、岩牡蠣等新鮮魚貨，也能品嘗到鳥取縣引以為豪的鳥取和牛及大山雞等美食。

MAP 附錄②15B-3
📞0857-36-0610
🕐11:30～13:30(僅週五、六、日、假日)、17:30～23:00　休週一　📍鳥取縣鳥取市彌生町305 リビナ1階　🚃JR鳥取站步行6分

備有吧檯和包廂座位，能讓人悠閒用餐的居酒屋

鯖魚一本烤
1370日圓

和鳥取的在地美酒也是絕配！

豪邁地燒烤一整條肥美的鹽清鯖魚，是相當受歡迎的人氣餐點

◆推薦餐點◆
猛者蝦披薩 930日圓 (僅晚間提供)
猛者蝦煎餃 830日圓 (僅晚間提供)

3層樓建築的民藝館

好看好吃又好買的 鳥取民藝

鳥取從戰前開始就很盛行民藝運動，現今仍培育許多手工事業。打造出這項文化基礎的人物，就是民藝運動家吉田璋也。大家可以在鳥取的3座民藝設施體驗除了「欣賞」之外，還能「購買」及「品嘗」的鳥取民藝！

展示品和建築物都是民藝品！

鳥取民藝美術館
◆とっとりみんげいびじゅつかん

每年依主題替換2次擺設和展示品

昭和24（1949）年由吉田璋也設立的民藝館。白色土藏樣式的館內不僅收藏與展示鳥取的民藝品，還有從日本各地或世界各國收集而來約5000件的民藝品，其中也有吉田親自設計的作品。

使用鳥取名產「因州和紙」的拉窗

☎0857-26-2367（鳥取たくみ工芸店）
MAP 附錄②15A-3
🕐10:00～17:00　休週三（逢假日則翌日、展示品替換期間休）
💴入館門票500日圓　所鳥取縣鳥取市栄町651　🚃JR鳥取站步行5分

【吉田璋也】
（よしだしょうや）
（1898～1972年）
照片提供：鳥取民藝美術館

鳥取市出身的民藝運動家，本業是耳鼻喉科醫生。他集結了鳥取的陶藝、木工、金工、染色工藝等不同領域的職人，並將熱情貫注在創作適合現代生活的創新民藝品。

鳥取民藝美術館　鳥取たくみ工芸店　たくみ割烹店

在這裡吃午餐

用鳥取的美麗器皿來品嘗美味餐點
たくみ割烹店
◆たくみかっぽうてん

餐廳內提供的所有餐點，全都是使用鳥取民藝的餐具。另外像是店內的燈具和家具，甚至包含整個空間全採用民藝品。中午時段有TAKUMI定食（1300日圓～）等定食餐點，晚間則提供割烹料理。

MAP 附錄②15A-3
☎0857-26-6355
🕐11:30～14:00、17:00～21:00（週日、假日為～20:00）
休第3週一（8、12月無休）
所鳥取縣鳥取市栄町652
🚃JR鳥取站步行5分

延興寺窯　因州中井窯　山根窯　山根窯

必吃美食！
味噌燉鳥取和牛咖哩飯（僅午間提供）1080日圓
在細細燉煮島根和牛的咖哩中，添加在地味噌的香醇滋味

2、1樓是桌席座位 1樓有和式座位

麵包切台 8856日圓
麵包刀 1368日圓
麵包切台的凹槽設計，是可以用來收集麵包屑的巧思。麵包刀尖端呈現的彎曲狀，則是參考中國刀的設計作為靈感。

吉田璋也設計&製作的品項

讓人想用在生活上的鳥取手工藝品
鳥取たくみ工芸店
◆とっとりたくみこうげいてん

店內販售來自因州中井窯和山根窯等眾多鳥取代表性的民工藝品。吉田璋也主導的作品，還有來自和他有深交的島根縣出西窯和湯町窯的陶器。

MAP 附錄②15A-3
☎0857-26-2367
🕐10:00～18:00
休週三（逢假日則翌日休）
所鳥取縣鳥取市栄町651
🚃JR鳥取站步行5分

到處都擺滿民藝品的店內

木工立燈（小）88560日圓
活用鳥取的豐富木材而誕生的新潮民藝品。講究美感的小津安二郎導演也曾多次用於電影當中。

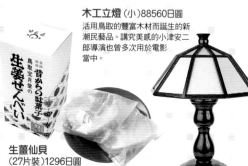

生薑仙貝
（27片裝）1296日圓
在吉田璋也的推薦之下，老字號和菓子店「宝月堂」將鄉土和菓子作成送禮用的商品。此商品使用了鳥取縣稀少的「瑞穗生薑」。

了解鳥取今昔的博物館

鳥取市歷史博物館 山彥館
● とっとりしれきしはくぶつかんやまびこかん

博物館　景點
☎ 0857-23-2140
MAP 附錄② 16E-4

可學習以鳥取城下町的故事為中心的鳥取歷史

以江戶時代的鳥取藩與城下町的形成為主，展示了從古代到現代的鳥取歷史及風土文化，另外還會舉辦與鳥取有關的特別展。
🕐 9:00～16:30　🈺 週一（逢假日則翌日休）、假日翌日　💴 入館門票300日圓（企劃展另計）🏠 鳥取縣鳥取市上町88　🚃 JR鳥取站搭循環巴士「庫魯梨」12分，樗谿公園や まびこ館前巴士站下車，步行3分　🅿 免費

以久松山為背景的洋館

仁風閣
● じんぷうかく

資料館　景點
☎ 0857-26-3595
MAP 附錄② 16E-3

館內的裝飾和家居用品也十分講究

這裡為前鳥取藩主池田家別墅的白牆洋館，是採用法國文藝復興風格的明治西式建築，也是日本的重要文化財。館內展示了與池田家相關的物品。
🕐 9:00～16:30　🈺 週一（逢假日則翌日休）　💴 入館門票150日圓　🏠 鳥取縣鳥取市東町2-121　🚃 JR鳥取站搭循環巴士「庫魯梨」7分，仁風閣‧縣立博物館巴士站下車即到

可以一望市街景色的城跡公園

久松公園
● きゅうしょうこうえん

公園　玩樂
☎ 0857-22-3318（鳥取市觀光服務處）
MAP 附錄② 16E-3

留有天守閣和二之丸的遺址

位於鳥取市的象徵「久松山」山腳下，整備鳥取城跡周邊而成的公園。園內約230棵櫻花樹會在春天綻放，列為日本賞櫻名勝100選之一。
自由入園
🏠 鳥取縣鳥取市東町
🚃 JR鳥取站搭循環巴士「庫魯梨」7分，仁風閣‧縣立博物館巴士站下車即到　🅿 免費（平日7:00～9:00無法使用）

還有更多好玩的

鳥取
● とっとり

順*道*一*遊 景點

鳥取砂丘周邊齊聚了觀光市場和海鮮餐廳，這邊就要來介紹前往砂丘觀光前後時，適合繞去逛逛的順道一遊景點。

店名取自於鳥取縣知事的名言

すなば珈琲 鳥取站前店
● すなばこーひーとっとりえきまえてん

咖啡廳　咖啡廳
☎ 0857-27-4649
MAP 附錄② 15B-4

猛者蝦熱三明治（648日圓）和特調咖啡（324日圓）和特調咖啡

誕生自鳥取的咖啡廳，可以品嘗到虹吸式的特調咖啡。店內提供蟹肉或猛者蝦製作的熱三明治和咖哩等餐點，其中的在地美食和甜點也十分受歡迎。
🕐 8:00～18:30（週六日、假日為7:30～）※～10:30僅提供飲料和早餐菜單　🈺 不定休　🏠 鳥取縣鳥取市永樂溫泉町152　🚃 JR鳥取站下車即到

齊聚了豐富的當地海產和在地美酒

鳥取の地酒と魚 てんまり
● とっとりのじざけとさかなてんまり

和食　美食
☎ 0857-23-9575
MAP 附錄② 15A-4

5種當季生魚片綜合1026日圓

位於站前便利區域的小料理店。店內堅持地產地銷，近港直送的海鮮和少見的在地美酒也十分豐富。店內備有吧檯座位，單獨前來也能輕鬆用餐。
🕐 17:00～23:30　🈺 週日　🏠 鳥取縣鳥取市榮町758　🚃 JR鳥取站步行3分

眾多的新鮮海鮮料理

おさかなダイニング ぎんりん亭
● おさかなダイニング ぎんりんてい

魚料理　美食
☎ 0857-59-1223
MAP 附錄② 2D-2

兔子三段跳蓋飯1620日圓

位於「公路休息站 神話の里 白うさぎ」2樓，可以眺望白兔海岸的餐廳。店內有特選海鮮蓋飯和定食等餐點，也會使用悠游在水槽裡的烏賊和活魚來製作料理。
🕐 11:00～21:00　🈺 無休　🏠 鳥取縣鳥取市白兔613 公路休息站 神話の里 白うさぎ的2F　🚃 JR鳥取站搭日之丸巴士40分，白兔神社前下車即到　🅿 免費

位於鳥取砂丘附近的遊樂天堂

鳥取縣立鳥取砂丘兒童王國
● とっとりけんりつとっとりさきゅうこどものくに

公園　玩樂
☎ 0857-24-2811
MAP 附錄② 16D-2

很受歡迎的夢幻城堡巨大的溜滑梯是

園內備有豐富的設施，孩子可以在這裡親近大自然，盡情玩耍或是挑戰創作。還有砂之工房、木工工房、遊具廣場、遊樂設施廣場、露營區等區域。
🕐 9:00～16:30　🈺 第2週三（逢假日則翌日休，暑假期間無休）　💴 入園門票500日圓、遊樂器材100日圓、200日圓（砂之工房、木工工房等設施的費用另計）🏠 鳥取縣鳥取市浜坂1157-1　🚃 JR鳥取站搭日本交通、日之丸巴士17分，子供の國入口下車，步行10分　🅿 免費

冰淇淋與梨子的絕妙口感

さんこうえん ジェラート專門店
● さんこうえんジェラートせんもんてん

義式冰淇淋　購物
☎ 0857-30-1174
MAP 附錄② 16E-1

梨子牛奶300日圓（單球）口味

使用鳥取縣在地食材的手工義式冰淇淋專賣店。梨子牛奶口味是以在地牛奶製作的牛奶冰淇淋，並加入滿滿的自製梨子果肉，十分受到客人歡迎。
🕐 10:30～17:00（視時期而異動）🈺 週四（逢假日則營業）🏠 鳥取縣鳥取市福部町湯山2164-807　🚃 JR鳥取站搭日本交通、日之丸巴士22分，鳥取砂丘下車即到

凝聚專業技術的手工鋼筆

万年筆博士
● まんねんひつはかせ

万年筆　購物
✆ 非公開
MAP 附錄② 15B-3

細心製作每一隻鋼筆

昭和9（1934）年開業的鋼筆訂製專賣店。每一隻鋼筆都是經由純熟技術來製作，所以從訂製到取貨需要花上約1年的時間。
🕐 9:30～18:30　🈺 週三　🏠 鳥取縣鳥取市榮町605　🚃 JR鳥取站步行3分　🅿 備有特約停車場

🔴 讓人重返童年的博物館　CLOSE UP

鳥取童玩館 ● わらべかん　MAP 附錄②15C-1

復原了前縣立圖書館的建築，古色古香的外觀獨具特色，是童謠歌曲和玩具的博物館。館內有重現昭和初期的小學木造教室，還有可以任意觸摸玩耍的玩具研究所等設施。這些令大人感到懷念，讓小孩子覺得新奇的體驗型展示，都讓人彷若重返童年時光。另外這裡在週末也會舉辦許多活動。
☎ 0857-22-7070
🕐 9:00～16:30　🈺 第3週三（逢假日則翌日休，8月無休）　💴 入館門票大人500日圓（高中生以下免費）🏠 鳥取縣鳥取市西町3-202　🚃 JR鳥取站搭100日圓循環巴士「庫魯梨」綠線5分，わらべ館下車即到　🅿 免費

3樓展示了超過2000件的玩具

可以玩玩世界各地的木製玩具

播放著懷舊音樂的木造教室

倉吉

**留有城下町風情，
紅瓦白牆的美麗街景**

古時為當地的城下町，從江戶末期到大正時代則以商業都市之姿而繁榮。其中充滿特色的白牆土藏群等景點，都集中在玉川沿岸的徒步圈內。另外在倉吉還有世界少數富含氡的三朝溫泉。

倉吉街頭漫步之旅

悠閒地感受懷舊古風情

一邊在有「小京都」之稱的美麗街道上散步，一邊逛逛町家風情的伴手禮店、探訪周邊的工房和咖啡廳。

周邊圖 附錄②3B-3

充滿復古風景的街角

交通路線

（詳細交通指南和本區域路線圖請參考 P.126）

電車 巴士	鳥取站	JR山陰本線特急 約30分 ¥1940日圓
	倉吉站	日本交通、日之丸巴士 約12分 230日圓 赤瓦、白牆土藏
自駕	米子自動車道蒜山IC	482 313 38 赤瓦、白牆土藏 約31km 約42分

資訊洽詢

倉吉白牆土藏群
觀光服務處
☎0858-22-1200

倉吉
在這裡
鳥取
境港
皆生溫泉
鳥取縣
大山
三朝溫泉

地圖標示

打吹山
為森林浴名勝100選之一的打吹山，也留有天女傳說
山頂
展望台
長谷寺
鎮靈神社
遊步道
大江神社
數寄屋風洗手間
勝入寺
打吹公園
白牆土藏風洗手間
羽衣池
位於櫻名勝100選的打吹公園裡面的櫻
倉吉簡易庭
P4
P3
P7
P2
市役所·南庁舍
東庁舍
倉吉市役所
溫智景流都
市役所通り
成徳小学校
八號館
倉吉神社
野島病院
三朝溫泉
橫綱琴櫻的銅像
清新洗手間
お菓子の館·寅藏 P.91
町吹庵 P.91
いきいき地蔵
倉吉ふるさと工芸館
手打そば屋 ひわだ屋
位於高田酒造的一角，僅週五～日·假日營業
高田酒造
市役所北庁舍
P.91 倉吉白牆土藏群觀光服務處
P1
十四號館
十號館
七號館
十六號館
あきない塾
豐田家住宅
里仁八賢士五輪塔
町屋清水庵
十三號館
十五號館
六號館
桑田醬油釀造場 P.91
COCORO STORE
P.91白壁俱樂部
《南總里見八犬傳》的故事題材里見八賢士長眠的寺院
大岳院
三號館
二號館
久頃 P.91
九號館
玉川
阿賓甜點 創作工房
中野竹藝 P.91
十二號館
一號館
五號館
倉吉銀座通り
《男人真命苦》外景地的民宅
大蓮寺
十一號館
公園
倉吉站
鳥取方向
從這附近可以看到打吹山結合白牆赤瓦的美麗景色
米澤たいやき店
堺町
倉吉銀座通り
土藏蕎麥
赤瓦·白壁土藏（下り）
銀座休憩所
光明寺
位於大蓮寺的稀奇公共電話「てらほおん」
鳥取銀行倉吉支店
島根銀行（倉吉支店）
赤瓦·白壁土藏（上り）
倉吉商工会議所
綠之雕刻Puromunade（區域）
林立著獨特雕像的散步道
倉吉線鐵道記念館
P6
P5

停車場INFO

白牆土藏群周邊有很多免費停車場，歡迎大家多多利用

P1 琴櫻、赤瓦觀光停車場 13輛
P2 市公所第1觀光停車場 60輛
P3 市公所第2觀光停車場 200輛
P4 法院旁觀光停車場 10輛
P5 明治町觀光停車場 14輛
P6 綠之雕刻Promenade公園停車場 45輛
P7 免費停車場 42輛

來到倉吉記得造訪 這裡！

前往能見到名偵探柯南的北榮町

倉吉西北部的北榮町是人氣漫畫《名偵探柯南》的作者——青山剛昌老師的出身地。在距離JR由良站步行20分鐘的青山剛昌故鄉館內，有《名偵探柯南》魅力十足的相關展示，還有體驗區等眾多樂趣。快來這裡和柯南一起玩遍漫畫世界吧。

可以在遊戲&體驗區挑戰解謎遊戲

還可以和3D柯南一起拍紀念照

等你來見我哦！

青山剛昌故鄉館
●あおやまごうしょうふるさとかん
☎0858-37-5389 **MAP** 附錄②3B-2
🕐9:30～17:30 無休 入館門票大人700日圓、國高中生500日圓、小學生300日圓 鳥取縣北榮町由良宿1414 JR由良站（コナン站）步行20分 免費

©青山剛昌/小學館

漫步街頭之前先來這裡看看吧

赤瓦十號館

首先從這裡開始！

倉吉白牆土藏群觀光詢問處
●くらよししらかべどぞうぐんかんこうあんないしょ

備有觀光資訊並提供觀光導覽的申請，另外也有租借寄物櫃、自行車、語音導覽的服務。

☎0858-22-1200　**MAP** 附錄②3B-3
🕐8:30～17:00（過年期間會縮短營業時間）　**休**無休　**所**鳥取縣倉吉市魚町2568
🚌赤瓦・白壁土藏巴士站步行5分

小知識！

觀光重點「赤瓦」

「赤瓦」的建築是改裝於白牆土藏群的古老倉庫和商家，有一號館到十六號館（缺少四、九號），作為伴手禮店、工房、咖啡廳等設施。

改裝自醬油發酵廠的一號館

赤瓦五號館

改裝風情十足的古民宅，1樓販售手工民藝品，2樓則設有咖啡廳。由客人親手使用石臼，親自研磨咖啡豆的石臼咖啡和蛋糕套餐（650日圓）很受歡迎。

☎0858-23-1130　**MAP** 附錄②3B-3
🕐9:00～17:30（第3週二為～13:00）
休無休　**所**鳥取縣倉吉市新町1
🚌赤瓦・白壁土藏巴士站步行3分

久楽
●くら

用小倉紅豆代替砂糖的稀奇咖啡

赤瓦八號館

2F 🍴美食
打吹庵
●うつぶきあん

使用在地蕎麥粉的手打蕎麥麵店，招牌餐點是用蛋絲代表羽衣的天女蕎麥麵。

☎0858-23-7070　**MAP** 附錄②3B-3
🕐11:30～15:00（售完打烊）
休週二

最有人氣的天女蕎麥麵750日圓

1F 🛍購物
お菓子の館・寅蔵
●おかしのやかたとらぞう

販售在地和菓子店的銘菓和銘酒，還有傳統工藝品等商品的店鋪。店內也有附設休息區，遊客可以在此品嘗在地銘菓和抹茶。

☎0858-23-1825　**MAP** 附錄②3B-3
🕐9:00～17:00　**休**無休　**所**鳥取縣倉吉市仲ノ町812-1　🚌赤瓦・白壁土藏巴士站步行7分

抹茶和打吹公園糰子套餐460日圓

擺滿倉吉名產的店內

除了倉吉的名產，也有販售鳥取縣內的伴手禮

赤瓦十三號館

🍴美食
白壁俱樂部
●しらかべくらぶ

利用明治時代的銀行建築來當店面的餐廳＆咖啡廳。每週替換的白壁午餐每天限量20份，附上甜點只要1480日圓。當日的鮮魚料理也大受客人好評。

MAP 附錄②3B-3
☎0858-24-5753
🕐10:30～20:30　**休**週三（逢假日則翌日休）、第3週二　**所**鳥取縣倉吉市魚町2540-1　🚌赤瓦・白壁土藏巴士站步行7分
漢堡排拼盤1280日圓

赤瓦六號館

🛍購物
桑田醬油釀造場
●くわたしょうゆじょうぞうじょう

從明治10（1877）年開業至今都一直使用木桶來手工釀造醬油。另外也有販售加了醬油的糖果、羊羹、冰淇淋等甜點商品。

MAP 附錄②3B-3
☎0858-22-2043
🕐9:00～18:00
休無休　**所**鳥取縣倉吉市東仲町2591
🚌赤瓦・白壁土藏巴士站步行5分

再釀造醬油（300ml）500日圓

赤瓦一號館

🛍購物
創作工房 中野竹藝
●そうさくこうぼうなかのちくげい

開業於大正元（1912）年，曾將竹製工藝品獻給歷代天皇陛下的老店。店內陳列了保持傳統風格又具有摩登設計的竹製工藝品。

MAP 附錄②3B-3
☎0858-23-7500
🕐9:00～17:00
所鳥取縣倉吉市東仲町2573
🚌赤瓦・白壁土藏巴士站步行5分
P免費

凝聚傳統技術的平編提包33600日圓

三朝溫泉
（みささおんせん）

擁有世界數一數二的氡含量，開湯850年的溫泉

據說是源義朝的家臣在白狼的引導下，碰巧發現的古湯溫泉。「三朝」的名字由來，是取自只要在這裡過夜三晚，經過3個早上，不管什麼病都會出現好轉。三朝的溫泉水中富含了高濃度的氡。

溫泉資訊

・泉質／
含有放射元素的氡，屬於鹽化物泉
・水質特徵／
透明無色、無味、無臭

交通路線

（詳細交通指南和本區域路線圖請參考 P.126）

巴士	倉吉站	日之丸巴士 20分 ￥470日圓	三朝溫泉觀光商工センター前
自駕	米子自動車道 湯原IC	313 482 179 21 約38km 約45分	三朝溫泉

資訊洽詢

三朝溫泉觀光協會
☎0858-43-0431

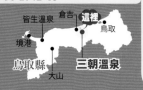
皆生溫泉　倉吉　這裡
境港　鳥取
鳥取縣　三朝溫泉
大山

住宿資訊往 P.96へ GO！

從河原湧出了溫泉

CHECK
也有足湯哦！
若想簡單體驗河原浴池的開放感，非常推薦來泡足湯。足湯和露天浴池之間會以竹簾隔開。

河原風呂
（かわらぶろ）

開放感十足！三朝知名的露天混浴浴池

位於三朝橋橋頭的露天混浴浴池。因為從橋上就可以一覽無遺，所以女性可以圍著毛巾入浴。一邊聽著河川的水聲一邊泡溫泉，感覺特別心曠神怡。

MAP 附錄②18D-4

☎0858-43-0431（三朝溫泉觀光協會）
⏰24小時（奇數日的上午有些時段無法入浴）
休無休　￥免費入浴　所鳥取縣三朝町三朝　🚌JR倉吉站搭日之丸巴士20分，三朝溫泉觀光商工センター下車即到　P使用三朝溫泉多功能停車場

\充滿昭和的復古風情/

三朝溫泉 湯町巡遊之旅

三朝溫泉是富含高濃度氡的名湯，不妨換上浴衣，在風情十足的湯町街頭上悠閒散步。

株湯
（かぶゆ）

曾出現在傳說裡的三朝溫泉源泉

建於三朝溫泉發祥地的公共浴場。浴場內有氣派的梁柱，還充滿高濃度氡的蒸氣。溫泉水是44℃，溫度偏燙，使用的當然是源泉放流溫泉。

在藥師之湯的足湯小憩片刻

MAP 附錄②18E-4

☎0858-43-3022　⏰8:00～21:15（週一為10:00～）　休不定休　￥入浴費用300日圓（小學生150日圓）　所鳥取縣三朝町三朝635-1　🚌JR倉吉站搭日之丸巴士23分，三朝車庫前下車即到　P免費

CHECK
也有足湯和飲泉場

戶外還附設了足湯和飲泉場，都可免費使用。雖然據說飲泉對腸胃病很有效，但還是要注意別喝過頭。

記得自己帶肥皂和洗髮精來哦

CHECK一下三朝溫泉的活動！
三德山和三朝溫泉在2015年被認定為日本遺產，全年都會舉辦各式各樣的活動。在各個時期都能體驗到不同樂趣，歡迎大家前往官方網站確認。
→http://spa-misasa.jp/

（What's 三朝溫泉）

在三朝川兩岸林立了許多溫泉住宿的三朝溫泉，是山陰地區最具風情的溫泉街之一。開湯以來擁有850年歷史的溫泉中，由於富含了高濃度的氡，據說能讓肌膚變得光滑細嫩，加速新陳代謝，提高免疫力和自我修復的能力。

在河原浴池入口設立了電影《三朝小唄》的紀念碑

散步建議

擁有豐富的入浴設施

溫泉街上除了有知名的河原浴池之外，還有2座公共浴場、4座足湯，以及3座飲泉場，輕鬆就能享受到名湯。

悠閒周遊一圈約30分左右

溫泉街上有古早雜貨店和咖啡廳，充滿了復古的風情，逛一圈大約30分鐘左右。這裡有很多營業到晚上的店家，也是這條溫泉街的特徵之一。

前往溫泉南口巴士站附近的多功能停車場

因為附近很多設施都沒有專用停車場，建議大家可以把車子停在溫泉南口巴士站附近的多功能停車場。停車1小時免費，之後每30分鐘100日圓。

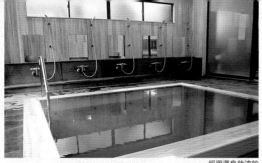

採用源泉放流的小公共浴場

充滿昭和風情的古早雜貨店

てりふり屋
☞てりふりや

MAP 附錄②18D-4
☎0858-43-0419
🕒8:30〜21:30（17:00〜19:00休息）🈺不定休
🚉鳥取縣三朝町三朝901-5 🚌JR倉吉站搭日之丸巴士20分，三朝溫泉觀光商工中心前下車即到

店內布滿了復古招牌，到處都擺放著懷舊的古早味點心。另外也有販賣當地主婦使用舊布來製作的手工雜貨。

店面位於溫泉本通上

木製陀螺 227日圓〜

保麗龍飛機 108日圓

源泉放流的公共浴場

恩賜之湯
☞たまわりのゆ

CHECK

附設商店和咖啡廳

有販售三朝名產等產品的「ぽちゃぽちゃ」，還有可品嘗到自製果汁的「森の樹カフェ」，泡完湯可以順道來看看。

三朝噴霧式化妝水 200g2000日圓（未稅）

前身是名叫菩薩之湯的公共浴場，經過改裝後也順便改了名字。浴池以檜木製作，散發著清爽的檜木香氣。由於浴場內沒有提供肥皂等用品，大家要記得自行攜帶（現場另有販售）。

☎0858-43-0017 **MAP** 附錄②18D-4
🕒10:30〜21:30 🈺無休 🈺入浴費用500日圓
🚌JR倉吉站搭日之丸巴士20分，三朝溫泉觀光商工中心前下車即到 🅿免費

門口前面是可容納6輛車的停車場

河鹿之湯

位於河鹿橋中央的足湯，有涼亭風格的屋頂。冬期關閉。

三朝溫泉MAP

齊木別館 P.96
溪泉閣
三朝館 P.96
清流莊
三朝藥師之湯 萬翠樓 P.96
昭和復古風情的商店林立
三朝小提琴美術館
依山樓岩崎 P.96
扇屋
溫泉入口
旅館 大橋 P.97
三朝川（三德川）
三朝橋
居醒廣場
戀谷橋
河原風呂
梶川理髮館
とく本
古良湯木屋旅館
松之屋
戀谷橋中央的河鹿蛙是知名的幸福能量景點
故鄉健康村
遊步道
溫泉本通
木道之宿橋津屋 P.97
橋津屋別邸月代
花屋別館
藤井酒造
通往河鹿橋的遊步道。從6月上旬到中旬，在這裡可看到源氏螢。
恩賜之湯
遊技場「泉」
榎本民藝店
てりふり屋
藥師之湯
茶房木木
旬彩之宿 Iwayu
聖藍樹之宿明治莊
多功能停車場
三朝神社
遊樂空間 きらく
投入堂
🈺足湯 🈺飲泉場
三朝溫泉觀光商工中心
三朝溫泉後樂
溫泉南口
食事処「華」
三朝隧道
Kagaribi no Yado Yuraku

榮獲IWC金賞，1996年釀造的白狼古酒（720ml）10800日圓（選擇桐箱收納和包巾包裝為14200日圓）

清酒 三朝正宗 上選原酒 燈泡造型（180ml）各864日圓

建於三朝橋的橋頭

泡完湯之後來一支原創霜淇淋吧

樂寿夢庵
☞らじゅーむあん

冷凍七葉果霜淇淋（330日圓）的味道有點像咖啡歐蕾

這裡是販售三朝周邊特產品的伴手禮店，店內販售三朝產的「越光米」和「絹娘米」，也有在地美酒和蔬菜等商品。另外在泡完湯之後，最適合來這裡吃一支冷凍七葉果霜淇淋。

MAP 附錄②18D-4
☎0858-43-0708
🕒9:00〜18:00 🈺不定休 🚉鳥取縣三朝町三朝911-1 🚌JR倉吉站搭日之丸巴士20分，三朝溫泉觀光商工中心前下車即到

在老古董的圍繞下小憩一下

茶房・木木
☞さぼうきぎ

提供虹吸式咖啡和甜薑湯等飲品的茶館。店內設有藝廊「康帕內拉之館」，展示宮澤賢治的相關畫作和照片。

MAP 附錄②18D-4
☎0858-43-0521（木屋旅館）
🕒8:00〜10:00、17:00〜21:00 🈺不定休 🚉鳥取縣三朝町三朝895 🚌JR倉吉站搭日之丸巴士20分，三朝溫泉觀光商工中心前下車即到

咖啡500日圓

三朝溫泉代代相傳的酒廠

藤井酒造
☞ふじいしゅぞう

建於三朝溫泉街的一角，寬文9（1669）年開業的老字號酒廠。代表品牌有「三朝正宗」和「白狼」。遊客可以一邊試喝，一邊找出自己喜歡的酒。

☎0858-43-0856 **MAP** 附錄②18D-4
🕒9:00〜22:00 🈺無休
🚉鳥取縣三朝町三朝870-1 🚌JR倉吉站搭日之丸巴士20分，三朝溫泉觀光商工中心前下車，步行3分

START
❶ 前往 登山事務所
進行申請

繳納入山費用和參拜費用，並接受鞋子和服裝的檢查。鞋底為凹凸設計的運動鞋和登山鞋就OK，但如果穿的是其他鞋子，就必須在登山事務所購買並換上草鞋。

販售的稻草草鞋一雙700日圓

參拜5守則
1 一定要2人以上一起登山（幼兒禁止登山）
2 穿著不會打滑的鞋子和方便行動的服裝
3 讓雙手隨時保持空手的狀態
4 記得戴上手套
5 記得攜帶飲料（禁帶食物）

嘻～還是第一次這樣登山

❷ 第1關卡
攻上 葛藤坡

步行10分鐘左右後，就是樹根錯綜複雜的葛藤坡。在這一連串將近90度的斜坡地上，必須把樹根當作踏腳處爬上去。

好斜的坡

❸ 第2難關
越過 鎖鏈坡

登上葛藤坡之後，竟然有一大塊岩石佇立在眼前！這裡是正如其名，必須依靠一條鐵鎖鏈爬過去的難關，登上石頭的訣竅就是要挺起上半身往上爬。
（2017年起更改了部分路線）

是開放感十足，一望無際的美景

❹ 在 文殊堂
休息一下

登上鎖鏈坡之後就是日本的重要文化財：舞台造樣式的文殊堂。可以環繞一圈的迴廊沒有設置欄杆，能讓人同時感受絕景和刺激感。

❺ 最後的難關
挑戰 牛背、馬背

這裡沒有想像中可怕

是兩側皆是峭壁的岩石之道。這裡在過去是滑溜難行的崖壁，但現在已經長出旺盛草木，比以前好走多了。想像自己在走平衡木般地前進吧。

❻ 參拜 觀音堂

本尊是十一面觀音菩薩。於正保5（1648）年重新興建，看起來就像是剛剛好夾在岩窟裡面。穿過岩窟之後，投入堂就會出現在眼前了！

從三朝溫泉稍微**走**遠一點
7km、車程15分

只要來這裡參拜就能**翻轉人生!?**
前往**三德山三佛寺**的奧院
挑戰 投入堂！

本殿～投入堂來回約需1小時30分

投入堂參拜 MAP

❼ 投入堂
不動堂
納經堂
❻ 觀音堂
地藏堂
❺ 牛背、馬背
鐘樓堂
❸ 鎖鏈坡
❹ 文殊堂
❷ 葛藤坡
設有自動販賣機，可以在這裡買飲料。另外也別忘了先在這裡上個廁所再出發
❶ 登山事務所
W.C.
三佛寺
可以從地面上參拜投入堂的場所
本堂
投入堂遙拜所
宿入橋
W.C.
寶物殿
輪光院
P
W.C.
參拜售票處
21
P
谷川天狗堂
參道入口
P
三德川
W.C.
P 三朝溫泉

投入堂不知道是誰在何時建造，充滿了重重的謎團。走上單程約1km的險峻道路，前往神祕的祠堂參拜吧。

和役小角有淵源的古剎
三德山三佛寺

三德山從平安時代就是山岳佛教的靈場而受到信仰。山上有天台宗古剎的三佛寺本殿，周邊還有文殊堂和地藏堂等建築。其中最神祕的就是位於三佛寺奧之院的國寶「投入堂」。投入堂是緊貼在峭壁上的神祕建築，到現在仍然無法得知是如何建造的。

📞0858-43-2666 **MAP** 附錄②3C-3
🕐8:00～17:00（投入堂遇到積雪或惡劣天氣，以及12～3月會封山）💴入山費用（包含本殿、寶物殿）400日圓，參拜投入堂需另付400日圓 📍鳥取縣三朝町三德1010 🚃JR倉吉站搭日之丸巴士34分，三德下車，步行10分 P免費

終點
❼ 一睹 投入堂
的真面目！

投入堂緊貼在標高520m岩壁上建造，充滿莊嚴又神祕的氣氛。據說是建於平安時代後期，是日本現存最古老的神社建築，現在已指定為日本國寶。

穿過昏暗的岩窟吧

也可以僅在外面欣賞外觀

鳥取、三朝區域的溫泉住宿

擁有山陰最古老的溫泉、從市區湧出的溫泉等等，是個各處有許多溫泉的區域。此處也齊聚了眾多類型豐富、發揮各個溫泉特徵的住宿設施。

日本為數不多，從縣廳所在地湧出的溫泉

鳥取溫泉

在交通方便的鳥取站附近，有許多公共浴場和私房住宿，是商務及觀光的便利據點。這裡的源泉特色就是溫度較高，不太容易冷掉。

源泉放流的露天浴池「紅葉湯」

以豐富浴池為豪的老字號旅館

觀水庭Kozeniya
★かんすいていこぜにや

露天浴池｜房內用餐OK(僅部分客房)｜有接送服務(預約制)｜信用卡OK｜不住宿泡湯OK 1080日圓(需確認)

曾出現在島崎藤村的小說《山陰土產》中，是開業180年以上的老字號旅館。八角形的溫泉棟有岩石浴池和庭園露天浴池等6種浴池，是以浴池為豪的知名旅館。

☎0857-23-3311 MAP附錄②15C-4
¥1泊2食13650日圓～
IN/15:00、OUT/10:00
鳥取縣鳥取市永楽溫泉町651
JR鳥取站步行10分 P免費 客室25間

房客專用的免費包租浴池（15:00～翌日9:15，夜間也可使用）

岩井屋
★いわいや

露天浴池｜房內用餐OK(僅部分客房)｜信用卡OK｜不住宿泡湯OK 800日圓(需確認)

開業於江戶時代的老字號旅館，到處裝飾了野花和高雅的民藝家具。館內有直接從底下湧出源泉的「湧泉長壽之湯」，還有風情十足的露天浴池。

MAP附錄②3C-1
☎0857-72-1525
¥1泊2食19590日圓～
IN/15:00、OUT/10:00
鳥取縣岩美町岩井544
JR岩美站搭日本交通巴士8分、岩井溫泉下車即到
P免費 客室15間

冬季松葉蟹料理範例之一

泡在從腳底湧出的極致溫泉中

天然湧出的「源泉長壽之湯」

擁有約1200年的歷史，山陰最古老的溫泉

岩井溫泉

在鯉魚悠游的蒲生川沿岸林立了多家旅館，當地還保留了江戶時代的風俗「湯冠」。「湯冠」就是把毛巾蓋在頭上，一邊唱歌一邊用柄杓拍打水面，再把溫泉淋在頭上的傳統習俗。

明石家
★あかしや

露天浴池｜房內用餐OK(僅部分客房)｜有接送服務(預約制)｜信用卡OK｜不住宿泡湯OK 800日圓(需確認)

是從江戶時代開業至今，島崎藤村等文人雅士都曾造訪過的老字號旅館。在充滿風情的廣大庭園中央設置了露天混浴浴池，另外還有2座風格不同的包租浴池。

MAP附錄②3C-1
☎0857-72-1515
¥1泊2食14040日圓～
IN/15:00、OUT/10:00
鳥取縣岩美町岩井536
JR岩美站搭日本交通巴士8分、岩井溫泉下車即到 P免費
客室25間

講究主題的2座露天浴池十分受歡迎

充滿野趣氛圍的檜木包租浴池「森之方舟」

露天浴池客房「羽衣」

※1泊2食（或是1泊附早餐）為2人1房時的1人費用。

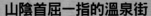

三朝溫泉

山陰首屈一指的溫泉街

富含大量氡的溫泉水，具有能讓肌膚光滑柔嫩的效果而聞名。
在三朝川兩岸林立了眾多住宿設施，形成風格十足的溫泉街。

在熱騰騰的石頭上燒烤海鮮的招牌料理「海鮮石燒」

到處都能感受到用心的「藥師乃湯」

可以品味當季食材，以美味料理為豪的旅館

三朝藥師之湯 萬翠樓
★みささやくしのゆ まんすいろう

露天浴池　有接送服務（預約制）　信用卡OK　不住宿泡湯OK 1000日圓（需確認）

位於三朝川河畔，建於群山綠意中的旅館。在大浴場「藥師乃湯」的泡湯後休息室，供奉著藥師如來的神像。模仿京都茶館的包廂料亭「花筏」，以及和風摩登的露天浴池套房「雅」都大受客人好評。

☎0858-43-0511　**MAP** 附錄②18D-4
¥1泊2食20130日圓～
⏱IN/15:00、OUT/10:00
所鳥取縣三朝町山田5　🚌JR倉吉站搭日之丸巴士20分，三朝溫泉觀光商工中心前下車，步行3分　P免費　客室44間

眼前就是日本庭園
三朝數一數二的知名旅館

使用自家源泉的露天浴池

齊木別館
★さいきべっかん

露天浴池　有接送服務　信用卡OK　不住宿泡湯OK 1500日圓（需確認）

明治10（1877）年開業的老字號旅館，有數寄屋造樣式的杜鵑苑等3棟氛圍不同的客房棟。館內另有美容沙龍和梅酒酒吧等設施，泡完溫泉後也有其他豐富的樂趣可以體驗。

MAP 附錄②18D-3
☎0570-550-391
¥1泊2食15120日圓～
⏱IN/15:00、OUT/12:00
所鳥取縣三朝町山田70
🚌JR倉吉站搭日之丸巴士19分，溫泉入口下車，步行3分
P免費　客室70間

在露天浴池能眺望美麗氣派的庭園

三朝館
★みささかん

露天浴池　有接送服務（預約制）　信用卡OK　不住宿泡湯OK 1000日圓

以結合約1000坪的日本庭園、野趣十足的露天浴池為豪。館內以大浴場為首，還有足湯、包租浴池等各式各樣的浴池。女性限定的玫瑰湯也大受好評。

☎0858-43-0311　**MAP** 附錄②18D-4
¥1泊2食18360日圓～　⏱IN/15:00、OUT/10:00
所鳥取縣三朝町山田174
🚌JR倉吉站搭日之丸巴士19分，溫泉入口下車即到　P免費　客室81間

女性限定的「玫瑰妃乃湯」15:00～22:00

自豪的日本庭園浴池「庭之湯、瀧之湯」

能夠感受舒適清風的「心醉之湯」

還有能品嘗黑毛和牛牛排的住宿專案

文人墨客都曾造訪
傳統悠久的旅館

依山樓岩崎
★いざんろういわさき

露天浴池　館內用餐OK　有接送服務（預約制）　信用卡OK　不住宿泡湯OK 1500日圓

是島崎藤村等多位文人墨客喜愛的旅館。迴遊式大庭園浴池中有大大小小共12座的多樣浴池，並分成「右之湯」和「左之湯」兩個區域，採用男女交替入浴制。

☎0858-43-0111　**MAP** 附錄②18D-4
¥1泊2食16350日圓～
⏱IN/14:00、OUT/11:00　所鳥取縣三朝町三朝365-1　🚌JR倉吉站搭日之丸巴士20分，三朝溫泉觀光商工中心前下車，步行3分　P免費　客室79間

迴遊式大庭園浴池「左之湯」中的「逢水之湯」

※1泊2食（或是1泊附早餐）為2人1房時的1人費用。

位於溫泉本通中央
散發木頭香氣的旅館

充滿木頭溫暖的包租露天浴池「檜之湯」

木造之宿 橋津屋

★きづくりのやどはしづや

露天浴池｜房內用餐OK｜不住宿泡湯OK 2000日圓、3000日圓(僅包租浴池)

附露天浴池的離屋別邸客房 月代

在客房和走廊等設施中，全館鋪設榻榻米地板的旅館。貼心的服務和自家源泉放流的溫泉都大受好評。館內除了有擺設天然石的大浴場之外，另有2種包租浴池，還有藏造樣式的露天浴池＆大浴場等風格不同的浴池。

 MAP 附錄②18D-4
☎0858-43-0719
¥1泊2食14040日圓〜　⏰IN/15:00、OUT/10:00
🏠鳥取縣三朝町三朝886　🚃JR倉吉站搭日之丸巴士20分，三朝溫泉觀光商工中心前下車，步行3分　🅿免費　客室12間

旅館 大橋

★りょかんおおはし

露天浴池｜房內用餐OK(限部分客房)｜有接送服務｜信用卡OK｜不住宿泡湯OK 1000日圓

是充滿日本建築之美，風情十足的老字號旅館，並以溫泉水量豐富的5處自家源泉為豪。其招牌的「天然巖窟之湯」會從浴池正下方自然湧出溫泉，是知名的足下湧泉浴池。晚餐為創意宴席料理，是由榮獲眾多獎項的料理長來操刀。

☎0858-43-0211　MAP 附錄②18D-4
¥1泊2食25920日圓〜
⏰IN/15:00、OUT/10:00　🏠鳥取縣三朝町三朝302-1　🚃JR倉吉站搭日之丸巴士19分，溫泉入口下車即到　🅿免費　客室20間

湯處「潺潺」

登錄為有形文化財的
和風建築旅館

結合自然美與溫泉，魅力十足的「天然巖窟之湯」

從山間湧出的幽靜溫泉

關金溫泉

據說是在1300年前左右開湯的溫泉，具有日本數一數二的氡含量。由於溫泉水透明無色又美麗，因此又有「白金之湯」的美稱，是人氣的美人湯。

可以一覽高峰大山和蒜山三座，自炊式的溫泉療養旅館
關金溫泉 湯樂里

有接送服務(預約制)｜不住宿泡湯OK 400日圓

★せきがねおんせんゆらり

提供附廚房或客餐廳的和室等5種房間類型，也十分適合長期住宿。

☎0858-45-6400　MAP 附錄②3B-3
¥純住宿3714日圓〜
⏰IN/15:00、OUT/10:00　🏠鳥取縣倉吉市關金宿1396-2　🚃JR倉吉站搭日本交通巴士35分，關金溫泉下車，步行10分(提供關金溫泉巴士站的接送服務，預約制)　🅿免費　客室16間

可以體驗豐富大自然的地理位置

備有近4坪大的和室和雙床和洋室客房

三朝皇家飯店

★みささロイヤルホテル

露天浴池｜有接送服務｜信用卡OK｜不住宿泡湯OK 1000日圓(需確認)

備有泳池和美容沙龍等設施的大型度假飯店。大型的露天浴池位於綠意豐富的庭院中，可以盡情享受豐富的三朝溫泉。

☎0858-43-1231　MAP 附錄②3B-3
¥1泊2食9200日圓〜　⏰IN/15:00、OUT/10:00　🏠鳥取縣三朝町大瀨1210　🚃JR倉吉站搭日之丸巴士15分，三朝町役場前下車，步行3分　🅿免費　客室101間

在三朝川沿岸的幽靜環境中放鬆一下

可以欣賞和風庭園的露天浴池

湖上露天浴池的景色
美麗無比

全日本獨一無二。位於望湖樓的湖上露天浴池。可以從浴池欣賞到遼闊的美景。

漂浮在美麗湖中的溫泉地
羽合溫泉

位於山陰八景中的東鄉湖西岸，是從湖底湧出豐富溫泉的溫泉地，也林立了許多宛如建在湖上的旅館。在溫泉街上，還有4座用七福神名字來命名的足湯。

翠泉
★すいせん

`露天風呂` `包廂用餐OK（預約制）` `有接送服務` `不住宿泡湯OK 800日圓～（需洽詢）`

一日最多接受5組房客預約，貼心服務和美味料理廣受好評。可以在東鄉湖畔旁的廣大館內和美麗湖景中好好放鬆身心。

📞0858-35-2200　**MAP** 附錄②18F-4
¥1泊2食14190日圓～　🕒IN/15:00、OUT/10:00　🏠鳥取縣湯梨浜町はわい溫泉15　🚃JR倉吉站搭日本交通巴士18分，はわい溫泉下車，步行3分　Ｐ免費　客室5間

一日只有5組旅客
可以在廣大的館內
享受寧靜

冬天可以品嘗鳥取名產螃蟹料理
（冬季料理範例之一）

可以感受湖風的露天浴池「翠明之湯」

望湖樓
★ぼうころう

`露天浴池` `有接送服務OK` `信用卡OK` `不住宿泡湯OK 1500日圓`

是宛如漂浮在東鄉湖上的溫泉旅館，館內有大浴場、湖上露天浴池等魅力十足的各種浴池，另外還有餐廳、咖啡廳等充實的設施。

📞0858-35-2221　**MAP** 附錄②18F-4
¥1泊2食14190日圓～
🕒IN/15:00、OUT/10:00　🏠鳥取縣湯梨浜町はわい溫泉4-25　🚃JR倉吉站搭日本交通巴士18分，はわい溫泉下車，步行5分　Ｐ免費　客室91間

走過朱紅色的橋就是湖上露天浴池

湖泉閣 養生館
★こせんかくようじょうかん

`露天浴池` `包廂用餐OK` `有接送服務（預約制）` `信用卡OK` `不住宿泡湯OK 800日圓～（需預約）`

從明治17（1884）年開業以來就深受眾多文人墨客喜愛，是佇立在東鄉湖畔的溫泉旅館。館內水量豐富的自噴溫泉中，具有高含量的美肌成分「矽酸」，是能讓人擁有光滑肌膚的美肌之湯。晚餐則是能品嘗嚴選在地食材的當季和風宴席料理。

📞0858-32-0111　**MAP** 附錄②18F-4
¥1泊2食12420日圓～
🕒IN/15:00、OUT/10:00　🏠鳥取縣湯梨浜町引地144　🚃JR松崎站步行15分　Ｐ免費　客室28間

可以品嘗到當季食材的和風宴席料理

男用露天浴池「樂園之湯」

在24小時免費的
包租露天浴池
盡情獨佔湖上風光!!

享受水都風情的溫泉
東鄉溫泉

為湧自東鄉湖底的溫泉。映照在夕陽下的四手漁網與湖畔風光相互結合，醞釀出獨特的風情。是個適合靜養的溫泉地，還能在這裡欣賞到位在東鄉湖對岸，美麗奇幻的羽合溫泉夜景。

與樸質景色融為一體的
寧靜旅館

可以一邊眺望東鄉湖一邊泡湯的女用露天浴池

從旅館欣賞到的東鄉湖美景令人心曠神怡

國民宿舍 水明莊
★こくみんしゅくしゃすいめいそう

`露天浴池` `信用卡OK` `不住宿泡湯OK 540日圓（需確認）`

這裡是附設結婚會場等豐富設施的公有溫泉旅館。在面對東鄉湖的和室客房和浴池中，可以一覽美麗的湖景風光。飲用飲泉所「龍泉之湯」的溫泉，對糖尿病和肥胖症等病症有良好的效果。

📞0858-32-0411　**MAP** 附錄②18F-4
¥1泊2食8250日圓～　🕒IN/15:00、OUT/10:00　🏠鳥取縣湯梨浜町旭132　🚃JR松崎站步行3分　Ｐ免費　客室40間

※1泊2食（或是1泊附早餐）
為2人1房時的1人費用。

石見銀山 銀山地區

可以參觀過去生產銀礦的坑道遺跡和冶鍊所遺址，追思過去的繁榮光景。

→P.102

GO！往這裡

石見銀山 大森地區

保有江戶時代的古老町家和武家宅邸的區域，可以在街頭感受懷舊風情。

→P.104

世界遺產和療養溫泉

可以同時體驗

いわみぎんざん・ゆのつ

石見銀山 溫泉津

於2007年登錄為世界遺產的石見銀山，是當地的必看景點之一。漫步在充滿舊時情懷的坑道遺跡和復古街頭上也是樂趣十足。在附近同樣也是世界遺產的溫泉津溫泉中，有有福溫泉等溫泉療養地。可以見到白烏賊和企鵝的大型水族館也是值得一探的景點。玩樂之後就前往復古的溫泉地徹底享受溫泉吧。

GO！往這裡

溫泉津 溫泉

來到風情十足、充滿復古情懷的溫泉街上，體驗一下山陰首屈一指的名湯吧。

→P.106

區域INDEX

交通路線

電車	新大阪站 山陽新幹線「希望號」 🕐5小時2分 ¥11680日圓 岡山站	JR特急「八雲號」 出雲市站 JR山陰本線
大阪出發 **自駕** 中國吹田IC	中國道→米子道→山陰道 311km ¥7450日圓	出雲IC 337 9 30 30km
廣島出發 **巴士 電車** 廣島站新幹線口	廣電高速巴士 🕐2小時4分 ¥3030日圓 濱田站	JR山陰本線 🕐1小時26分 ¥970日圓
自駕 広島IC	山陽道→廣島道→中國道→濱田道 107km ¥3120日圓	江津IC 9 41km

這裡是此區的入口 → 大田市站

區域移動 CHECK！

有便利的「石見銀山 Ratochan 巴士」運行

是連結松江、玉造溫泉、出雲和石見銀山，期間限定的特別周遊巴士「Ratochan巴士」。搭乘巴士前往石見銀山十分便利，歡迎大家多多搭乘利用。

運行日 2019年運行日尚未公布，需洽詢 **費用** 來回3500日圓、單程2000日圓

資訊洽詢 📞0852-21-0277（一畑旅遊服務 Niceday Tour中心）

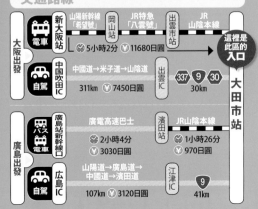

烏取 島根 兵庫 岡山 山口 廣島

大田朝山 大田 大田中央・三瓶山 仁摩・石見銀山 三瓶山 溫泉津溫泉 石見銀光 石見銀山 濱田 有福溫泉 西村 石見三隈

先來學習一下　石見銀山是這樣的地方

Q1 為什麼會被選為世界遺產呢？

A. 因為保護當地環境，讓礦山與自然共存的營運方式受到肯定，便在2007年以「石見銀山遺跡與其文化景觀」的名義，成為日本國內第14個，也是亞洲第一個成為世界遺產的礦山遺跡。

Q2 從哪裡到哪裡是世界遺產呢？

A. 除了銀山遺跡之外，包含運送銀礦的街道，還有出貨銀礦的港口在內，大約有530公頃的區域都登錄為世界遺產。如果再把為了保護世界遺產而設立的緩衝地區算在內，總面積高達3134公頃。

- 緩衝地區
- 世界遺產登錄地區

大森區域 (P.104)
銀山區域 (P.102)
溫泉津溫泉 (P.106)
銀山街道

Q3 請告訴我石見銀山的歷史！

A. 大永6（1526）年正式進行開採。成為德川幕府的直轄地之後，便在大久保長安的主導下開始增產銀礦。銀礦產量在16、17世紀初期達到巔峰期，但在之後慢慢逐漸減少，於大正12（1923）年封山，銀山長達400年的歷史就此閉幕。

Q4 當時是如何採礦的呢？

A. 開採工程全部都是手工作業，目前已經發現了大約900多處的坑道（間步）遺跡。

Q5 石見銀山的銀礦產量如何呢？

A. 石見銀山的銀礦品質優良，在16世紀的大航海時代是唯一一聲名遠播至歐洲的日本礦山，據說當時日本的銀產量約佔全世界的3分之1，其中大多數都來自石見。

這是奧特柳斯（Abraham Ortelius）撰寫，1570年出版的《寰宇概觀》（Theatrum Orbis Terrarum）中的「韃靼利亞圖」。在JAPAN的日本海側記載了「minas da plata（銀礦山）」（島根縣立古代出雲歷史博物館藏）→附錄①P.15

亞洲首見的礦山！
世界遺產

毛利元就在正親町天皇即位時獻納的「御取納丁銀」。截至2017年為止，只到一丁（島根縣立古代出雲歷史博物館藏）→附錄①P.15

石見銀山快速一覽 NAVI

在銀山區域騎著自行車周遊銀礦山，在大森區域漫步懷舊的街景。在此依區域來介紹被列為世界遺產的石見銀山。

P.102

銀山區域（ぎんざん）

是這樣的地方
在銀山區域的綠鬱森林中，遍布著間步和冶鍊所的遺跡。這裡在過去是開採銀礦的地方，據說全盛時期大約有20萬居民，多達1萬3000戶住宅。

本區域的樂趣　觀光行程中的亮點，就是參觀龍源寺間步

出產眾多銀礦，述說過去活力故事的世界遺產

石見銀山（いわみぎんざん）

保留了過去時代的影子、懷舊風情的街頭以及坑道遺跡等景點，就散布在深山間的小鎮裡。由於車子無法進入聚集主要觀光地的銀山區域＆大森區域，大家就搭乘路線巴士來移動吧。

交通路線

（詳細交通指南和本區域路線圖請參考 **P.126**）

🚌 巴士　大田市站 ⏱26分/630日圓 石見交通巴士 大森代官所遺址

🚗 自駕　山陰自動車道 出雲IC 約43km ⏱約1小時 ⑨㊻㉛ 石見銀山（石見銀山世界遺產中心）

資訊洽詢

大田市觀光協會 ☎0854-88-9950
大田市公所觀光振興課 ☎0854-88-9237

松江宍道湖溫泉　湯之川溫泉　出雲　松江　安來
這裡　三瓶山　玉造溫泉
濱田　石見銀山
島根縣　溫泉津溫泉
津和野　有福溫泉

石見銀山WAON卡

由伊旺集團所發行的電子錢包卡。只要用來支付主要設施的入館門票，就可以享折價優惠。

在此購買&儲值
大田市觀光協會
石見銀山世界遺產中心 →P.101

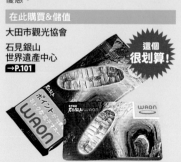

這個很划算！

本區域的樂趣 **長達約800m的街頭漫步**

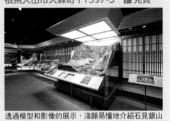

在這裡 STUDY
介紹石見銀山的歷史和魅力

石見銀山 世界遺產中心

★いわみぎんざんせかいいさんセンター

適合在漫步之前逛逛的導覽設施。另有提供觀光介紹的服務。

MAP 101B-2
☎0854-89-0183
🕐8:30～17:30、展示室為9:00～16:30（3～11月延長30分）　休每月的最後週二　¥展示室參觀門票300日圓　所島根縣大田市大森町イ1597-3　P免費

透過模型和影像的展示，淺顯易懂地介紹石見銀山

P.104
おおもり
大森 區域

是這樣的地方

設有江戸時代的代官所，還保留了當時的武家宅邸和商家，部分建築成為資料館，可以入內參觀。在這個區域中，也聚集了許多由古民宅改裝而成的咖啡廳和雜貨店。

精采之處就是 這2大區域！

如果你還想知道得更詳細，歡迎參加**導覽行程**！

每日舉辦 500日圓導覽行程

跟著當地導遊一起周遊各個景點。從1個月前到前一天為止接受預約，每場限15人。詳細資訊請洽石見銀山導覽之會事務局。
☎0854-89-0120（石見銀山導覽之會）
費用 大人500日圓、中小學生免費（付費設施的入場門票另計）
●龍源寺間步路線　集合 銀山公園
出發時間 10:30、13:00（12～2月為10:30）　所需時間 約2小時
●街景路線　集合 大森代官所遺址前（廣場）
出發時間 10:30　所需時間 約1小時30分

語音導覽

語音解說銀山地區、大森地區總共55個景點，最適合想要隨興觀光的人。
¥1台500日圓　🕐8:30～16:30
【租借＆歸還地點】
銀山公園おみやげ処
大森代官所跡巴士站的觀光服務處
石見銀山世界遺產中心

（ 交通指南 ）

把車停放在石見銀山世界遺產中心吧

為了保護環境，銀山＆大森區域當地限制車輛出入，大家可將車子停放在石見銀山世界遺產中心的停車場。

備有能容納約400輛車的停車場

停好車後搭乘巴士移動

可從石見銀山世界遺產中心搭乘路線巴士前往大森區域，每1時有3～5班巴士。由於銀山區域沒有巴士運行，建議大家在大森巴士站下車，透過步行或自行車來移動。

🚌 巴士資訊
🚏世界遺產センター
200日圓（車程5分）↓🚏大森
240日圓（車程7分）↓🚏大森代官所跡

●景點　●玩樂　●美食　●咖啡廳　●溫泉　●購物　●住宿　●活動

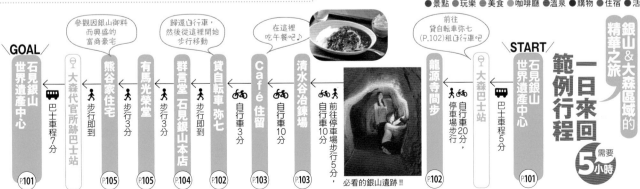

銀山＆大森區域的 **精華之旅**

一日來回 範例行程 需要**5**小時

START
🚏大森巴士站 巴士車程5分 ←石見銀山世界遺產中心（P.101）

前往貸自転車弥七（P.102）租自行車吧

🚲龍源寺間步（P.102）　自行車20分，停車場步行

必看的銀山遺跡!!

🚲清水谷冶錬場（P.103）　前往停車場步行5分，自行車10分

在這裡吃午餐吧♪

🚲Café住留（P.103）　自行車10分

🚲貸自転車弥七（P.102）　自行車3分

歸還自行車，然後從這裡開始步行移動

🚶群言堂 石見銀山本店（P.104）　步行即到

🚶有馬光榮堂（P.105）　步行3分

🚶熊谷家住宅（P.105）　步行3分

參觀因銀山御料而興盛的富商豪宅

🚶大森代官所跡巴士站（P.105）　步行即到

🚌石見銀山世界遺產中心（P.101）　巴士車程7分

GOAL

101

② 佐毘賣山神社

●さひめやまじんじゃ

MAP 101A-2

據說是在15世紀中葉建造，供奉著當地人稱為「山神大人」的礦山守護神。登上100階的石梯後，可看到境內的正殿和拜殿，還能一覽山吹城跡的山容。

📞0854-88-9950
（大田市觀光協會）
自由參拜
🏠島根縣大田市大森町銀山
🚌大森巴士站步行45分

供奉著冶鍊之神，日本最大規模的山神社

也是大受矚目的能量景點

歩行即到

在這裡停下腳步

かおり本舗中村屋

●かおりほんぽなかむらや

MAP 101A-2

位於龍源寺間步出口附近的商店。店內販售過去用來預防在銀山內缺氧，用包巾包裹香木釣樟的隨身香包袋。

📞0854-89-0988
⏰10:00～17:00（12～3月為～16:00）
❌不定休
🏠島根縣大田市大森町銀山栃畑谷
🚌大森巴士站步行45分

適合當作伴手禮的香包袋 650日圓起

歩行5分

在深深綠意中，從小小的入口進入坑道

① 龍源寺間步

●りゅうげんじまぶ

MAP 101A-2

由代官所直營的間步「御直山」之一。於江戶時代前半期開挖，在之後200年來出產了優質的銀和銅。坑道全長約600m，現在開放其中157m部分。為了穿梭內部而設置的新坑道中，展示了部分的石見銀山繪卷（照片）。

📞0854-89-0347
⏰9:00～17:00（12～2月為～16:00，最後入場為10分鐘前）
❌無休（1月1日休）
💰入場門票410日圓
🏠島根縣大田市大森町銀山
🚌大森巴士站步行50分

石見銀山中首屈一指的規模 代官所直營的大坑道遺跡

首先的目的地就是這裡

江戶時代前半期開挖的大坑道遺跡。牆面上保留了當時用鑿子所留下的鑿痕。

作為排水用途，垂直挖掘的堅坑

周遊一圈 約2小時30分

石見銀山綠意盎然的景點

銀山地區

ぎんざんちく

過去是銀礦的生產據點，是當時十分繁榮的區域。現在在綠意盎然的森林中留有坑道遺跡、冶鍊所遺址、神社寺院等景點，能讓人感受到當時的繁盛情景。

在山間道路騎自行車令人暢快無比

遊覽訣竅

① 建議騎自行車來移動

從巴士站附近的銀山公園到最大看頭的龍源寺間步之間，有一條步行約50分鐘的悠長路線。在這裡騎自行車移動會比較方便，若騎電動自行車還能輕鬆越過上坡。

② 穿著方便行動的服裝

無論是選擇步行還是騎自行車，在這裡都需要移動一段距離，所以最好穿著帆布鞋或牛仔褲等方便行動的服裝。

③ 建議攜帶雨具和防蟲噴霧

由於山中天氣變化大，事先備妥雨具比較安心。如果是在溫暖的季節，可以攜帶防蟲噴霧來預備。

自行車租借資訊

費用

●普通自行車・3小時500日圓
（之後每30分鐘100日圓）
●電動自行車・2小時700日圓
（之後每30分鐘200日圓）

可以在這裡租借

貸自転車 弥七
かしじてんしゃやしち
📞080-4264-0087 **MAP** 101B-1
⏰8:30～17:00（冬期需確認）
❌不定休
🚌大森巴士站下車即到

レンタサイクル河村
レンタサイクルかわむら
📞0854-89-0633 **MAP** 101B-1
⏰8:30～17:00
❌週三、四
🚌大森代官所跡巴士站下車即到

大久保長安之墓　下河原吹屋跡　水位上升時禁止通行　喫茶やまぶき　大森小學　西本寺　銀の店・工房　豐榮神社

安養寺　清水寺　清水谷冶鍊所舊址　可以站在「下河原屋遺址」的高台上眺望銀山區域

新切間步　銀山遊步道　一路沿著河川建造，令人心曠神怡的「銀山遊步道」

佐毘賣山神社　かおり本舗中村屋　在「佐毘賣山神社」境內發現少見的手水舍！水會從烏龜雕像的嘴巴流出來

龍源寺間步　入口　從這裡開始步行前往龍源寺間步

竹炭工房蠟　福神山間步　高橋家

N

清水寺 ●せいすいじ
MAP 101A-2

如果有時間也可以繞來這裡看看

據說創建當時是位於仙之山的山頂上

與開發銀山有關的領主與代官們信仰的真言宗寺院。據傳是建於推古天皇的時代。

📞0854-88-9950（大田市觀光協會）
自由參拜　🏠島根縣大田市大森町二92
🚌大森巴士站步行32分

---

3 清水谷冶鍊所遺址
●しみずだにせいれんしょあと

MAP 101A-2

明治28（1895）年完工，採用當時最先進技術建造的冶鍊所遺址。雖然投注了巨大經費，卻沒有得到預期中的成果，啟用後短短1年半就關閉了。另外這裡也是知名的賞梅勝地。

📞0854-88-9950（大田市觀光協會）
自由參觀　🏠島根縣大田市大森町
🚌大森巴士站步行30分

能了解明治時代冶鍊技術的近代化遺產

布滿苔蘚的石牆讓人感受到歲月的痕跡

高33m、寬100m，8層的巨大石牆值得一見

自行車5分

歩行2分

自行車5分

自行車5分

---

5 渡邊家住宅
●わたなべけじゅうたく

MAP 101B-1

這裡是在江戶時代與銀山經營事業有關的坂本家住處，同時也是建於文化8（1811）年，銀山地區唯一的地方官員住宅遺構，是日本的國指定史蹟。土牆內側有讓人感受到非凡地位的木造平房（一部分為2層樓）主屋和土藏倉庫。

📞0854-82-1600
（大田市市公所石見銀山課）
⏰3~11月10:00~15:00（免費開放讓遊客休息）　🈺開放期間週一~五休（除假日、暑假期間）　🏠島根縣大田市大森町二4-4　🚌大森巴士站步行5分

保留武家宅邸風格樣式地方官員的遺宅

從建有式台的玄關就能感受到主人的高貴身分

自行車3分

---

4 大久保長安之墓
●おおくぼながやすのはか　**MAP** 101A-2

墓地位於銀山川沿岸的遊步道附近，由大久保長安建立的大安寺遺址中。長安在石見銀山開發出最大規模的大久保間步，並創造出黃金時代，他的墓碑和記載其功績的紀功碑就佇立於此。

📞0854-88-9950（大田市觀光協會）　自由參觀
🏠島根縣大田市大森町　🚌大森巴士站步行15分

掀起銀礦熱潮首代奉行的長眠之地

寺院內佇立了100座以上的墓碑

銀山區域的小憩景點

地瓜派（120日圓）和熱咖啡（300日圓）

位於通往清水谷冶鍊所的橋附近

品嘗店主引以為豪的自家製甜點休息一下
喫茶やまぶき ●きっさやまぶき
MAP 101A-2

位於銀山地區中央附近，充滿居家氣息的咖啡廳。在店內可品嘗到店主準備的虹吸式咖啡，還有使用在地地瓜的手工甜點。地瓜甜甜圈（110日圓）也可外帶品嘗。

📞0854-89-0676　⏰10:00~17:00（冬期為~16:00）　🈺週二、三（逢假日則翌日休）　🏠島根縣大田市大森町二63　🚌大森巴士站步行20分

使用溫泉津燒的杯子來品嘗咖啡，喝起來更是香醇濃郁

菜單和家具擺設都富有在地色彩
Café 住留 ●カフェじゅーる
MAP 101B-1

將屋齡100年的民宅改成摩登咖啡廳，氣派的梁柱令人留下深刻印象。店內也擺放了來自當地「篠原メタル工房」的擺飾，令人看得目不暇給。店內的招牌料理是耗費3小時細心熬煮的軟嫩牛筋牛肉燴飯。

📞0854-89-0866　⏰10:00~黃昏
🈺不定休　🏠島根縣大田市大森町ハ206
🚌大森巴士站步行4分

復古的店內氣氛令人心情舒適

使用島根和牛來燉煮的軟嫩牛筋牛肉燴飯（850日圓）

MAP繼續往P.104哦

←大田市街
石見銀山隧道

世界遺產中心

石見銀山（P.101）世界遺產中心

在這裡停好車後轉搭巴士

在這裡下車後就去租借自行車吧

貨車乘降處

大錦

五百羅漢（P.104）

御前そば（P.105）

羅漢寺（P.104）

群言堂
石見銀山本店（P.104）

中田商店

伴手禮店

觀光服務處

銀山公園

妙正寺遺

渡邊家住宅

Café住留

銀山區域和大森區域的分岔路

位於群言堂停車場內，有趣的鐵製雕像

石見銀山資料館
●いわみぎんざんしりょうかん
MAP 101B-1

建於大森代官所遺址的資料館。在曾是明治時代地方官邸的建築內，展示了歷史資料和礦山工具，還有縣內外的礦石等大約300件的銀山相關資料。

☎0854-89-0846
🕐9:00～17:00 🈺過年期間
💴入館門票500日圓 📍島根縣大田市大森町ハ51-1 🚌大森代官所跡巴士站即到

穿過厚重的大門進入資料館

在這裡學習關於礦山的知識

可以在這裡看到銀礦等各種有趣的物品

MAP 繼續往 P.103哦

一大田市街
石見銀山隧道

←這一帶就是大森地區的觀光起點

石見銀山世界遺產中心 (P.101)

在這裡停好車後轉搭巴士

五百羅漢

羅漢寺

懷舊木橋

カンテラ屋 竹下鈇力店

群言堂 石見銀山本店

御前そば

伴手禮店

觀光服務處

銀山公園

中田商店

宗岡家
雜や駒
阿部家
キルト屋

有馬光栄堂
三宝堂
榮泉寺

舊河島家
新町
柳原家

懷舊的紅色郵筒

被木架圍繞的自動販賣機

Café住留 (P.103)

美麗的街頭林立的著復古感十足的木造家屋

有馬光栄堂的「木屑的芽」（12塊）550日圓

香甜的「銀山糖」（1袋）350日圓

周遊一圈 約2小時

周遊的訣竅

1. 觀光的基本重點就是漫步街頭
約800m長的街道上聚集了許多亮點。建議大家一邊到處逛逛，一邊悠閒地散步。

2. 起點就在大森巴士站附近
大森巴士站附近就是銀山區域和大森區域的分歧點。大家可以從這裡出發，一路走到區域最深處的大森代官所跡巴士站。

3. 繞去咖啡廳和伴手禮店看看
大森區域的一大特徵，就是隨處可見的眾多咖啡廳和伴手禮店。歡迎大家走進有興趣的店家休息一下，同時品味散步的樂趣。

漫步參觀江戶時代的礦山小鎮
大森地區
おおもりちく

在江戶時代初期，大森地區為石見銀山的政治經濟中心地而興盛。街道上保留了古老的町家和武家宅邸，以及神社寺院等建築，附近一帶被選定為國家的重要傳統建築物群保存地區。

販賣了許多特色十足的伴手禮

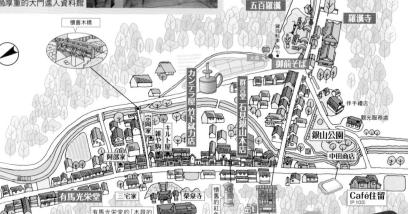

店門口的屋簷掛了許多風鈴，十分醒目

形狀可愛，用馬口鐵製成的油燈

這是明治時代的燈具

油燈仙貝（12片裝）500日圓

3 カンテラ屋 竹下鈇力店
●カンテラやたけしたぶりきてん **MAP** 101B-1

明治31（1898）年開業，是代代製造礦山油燈的店家。店內另有販賣銀山相關的點心和風景明信片。

☎0854-89-0544 🕐9:00～17:00
🈺不定休 📍島根縣大田市大森町駒の足ハ171 🚌大森巴士站步行5分

歩行即到

2 群言堂 石見銀山本店
●ぐんげんどういわみぎんざんほんてん **MAP** 101B-1

歩行3分

由石見銀山生活文化研究所經營的商店兼咖啡廳。在300坪的店家用地中，林立著圍繞中庭的小屋和倉庫，陳列了以和風元素為基調的原創服飾，還有寢具及生活雜貨等商品。

☎0854-89-0077
🕐10:00～18:00（咖啡廳為11:00～17:00）
🈺週三（逢假日則營業，過年期間會臨時休業）📍島根縣大田市大森町駒の足ハ183 🚌大森巴士站步行5分

在植物種子上描繪子臉「見てござる」540日圓

隨時會在身邊守護你的「守護鬼」1026日圓

使用來自石見銀山梅花中的「梅花酵母」製成的梅酒（300ml）950日圓

挑選來自石見銀山的原創品牌商品

將江戶時代的商家建築增建整修而成的商店

每間屋子都陳列了不同的商品

用來弔唁礦工靈魂的500尊羅漢像

安置了高36cm至47cm左右的五百羅漢坐式雕像

1 羅漢寺·五百羅漢
●らかんじ・ごひゃくらかん **MAP** 101B-1

為了弔唁在銀山去世的礦工和祖先靈魂，耗時25年打造了500尊羅漢像，並分別在兩座石窟中各安置250尊，每一尊都有不同的喜怒哀樂表情。為了守護神像而建造的羅漢寺內，還有名水「三百水」湧出。

☎0854-89-0005
🕐9:00～17:00 🈺不定休
💴參拜費用500日圓 📍島根縣大田市大森町イ804 🚌大森巴士站即到

用福光石組合建造的石橋，仍保留了過去的身姿

石見銀山 溫泉津

石見銀山大森地區

銀の店 ●ぎんのみせ MAP 101B-1

從原創商品到作家作品，店內陳列了高純度的銀製耳針或夾式耳環等首飾、擺飾品和餐具等商品，也有提供量身訂做和手刻文字訊息的服務。

📞0854-89-0673
🕐10:00～17:00（冬期為11:00～16:00）
休無休（冬期為週三、四不定休）
所島根縣大田市大森町ハ57-1 🚌大森代官跡巴士站下車即到

項鍊墜飾從2160日圓起，種類十分豐富

可以當成項鍊墜飾或手機吊飾的槌子和十字鎬（各2700日圓）

大森區域的小憩景點

使用來自羅漢寺名水的蕎麥麵
御前そば ●ごぜんそば MAP 101B-1

改造百年古民宅的蕎麥麵店。使用羅漢寺湧出的名水來製麵，做出充滿豐郁香氣、勁道實在又有飽足感的三瓶蕎麥麵。

📞0854-89-0332
🕐11:00～16:30
休不定休 所島根縣大田市大森町イ793-1
🚌大森巴士站下車即到

附有豆皮壽司等小菜的割子蕎麥麵定食1000日圓起（需預約）
也可以只單點飲料

在銀山川的清流聲中悠閒用餐
お食事処おおもり ●おしょくじどころおおもり MAP 101B-1

在餐廳內用餐時，就能從窗外欣賞到銀山川和大森代官所遺址的長屋景色。有清湯蕎麥麵、割子蕎麥麵、天婦羅為套餐的代官蕎麥麵（1130日圓），還有迷你宴席的代官定食等都是人氣餐點。

📞0854-89-0106
🕐9:00～16:00 休無休
所島根縣大田市大森町ハ44-1 🚌大森代官所跡巴士站下車即到

位於石見銀山資料館前的餐廳

附有生魚片、天婦羅、茶碗蒸等的代官定食2570日圓

拜殿採用雙層入母屋式的瓦葺屋頂

描繪在拜殿鏡天井上的「鳴龍」

大森與銀山的知名守護神「鳴龍」

7 城上神社 ●きがみじんじゃ MAP 101B-1

供奉著大物主命，是保佑銀山安全與繁榮的大森守護神。只要在拜殿內拍手，描繪在鏡天井上的「鳴龍」就會發出不可思議的聲音。

📞0854-88-9950（大田市觀光協會）
自由參觀 所島根縣大田市大森町宮ノ前イ1477 🚌大森代官跡巴士站下車即到

歩行3分

4 有馬光栄堂 ●ありまこうえいどう MAP 101B-1

製造並販賣甜味淡雅的烤點心「木屐的牙」，據說在過去能消解石見銀山的礦工疲勞。由於採傳統製法，店面販售的商品都數量有限。

📞0854-89-0629
🕐9:00～17:00
休無休 所島根縣大田市大森町ハ141
🚌新町巴士站即到

歩行3分

6 熊谷家住宅 ●くまがいけじゅうたく MAP 101B-1

修復並對外開放石見銀山最有勢力的商人住家，為日本的重要文化財。共有30間以上的房間，全部採用灰作工法的建築內部展示了諸多居家用品。

📞0854-89-9003 🕐9:30～17:00
休最後一週的週二、過年期間 ￥入場門票500日圓 所島根縣大田市大森町ハ63 🚌大森代官跡巴士站即到

是大森地區最有規模且勢力龐大的商人住處

修復建於享和元（1801）年的商家建築

約500坪的住家用地中林立了主屋、貨倉，還有5間倉庫

也深受礦工喜愛的樸質手工點心

從江戶時代經營至今的店

2塊互相敲擊就會發出像是木屐走路聲而得此名

木屐的牙（12塊）550日圓

歩行3分

5 舊河島家 ●きゅうかわしまけ MAP 101B-1

復原了代官所地方官員的遺宅，由庭園和主屋組成武家宅邸特有的建築樣式。遊客可以在主屋參觀當時使用的生活用品。

📞0854-89-0932
🕐9:00～16:30
休無休（過年期間休）
￥入場門票200日圓
所島根縣大田市大森町ハ118-1 🚌新町巴士站即到

擔任「組頭」職務的官員住處大公開

可以窺探江戶時代地方官員的生活樣貌

溫泉街上

充滿沉靜氣氛的溫泉街。藥師湯就像是鎮上的地標。

溫泉津溫泉
（ゆのつおんせん）

在充滿溫泉療養地風情的溫泉街上漫步

這條已有1300多年歷史的溫泉街，自古以來就是繁盛的溫泉療養地。在街頭中心有2處樸素的外湯，都是大受好評的優質溫泉。

溫泉資訊
・泉質／
含有鈉、鈣的氯化物泉
・溫泉特徵／
透明無色，有淡淡鹽味，無臭

交通路線
（詳細交通指南和本區域路線圖請參考 P.126）

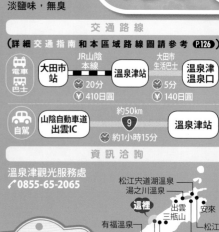

電車巴士：大田市站 →〔20分／410日圓〕JR山陰本線→ 溫泉津站 →〔5分／140日圓〕大田市生活巴士→ 溫泉津溫泉口

自駕：山陰自動車道 出雲IC →〔約50km／9／約1小時15分〕→ 溫泉津站

資訊洽詢
溫泉津觀光服務處
☎0855-65-2065

溫泉津街頭漫步要點
可以先把車子停在提供免費停車場的ゆう・ゆう館（P.107），再慢慢閒逛約650m長的溫泉津溫泉街。

街頭上林立著古老的溫泉旅館、老字號的菓子店，還有改建自古民宅的咖啡廳。不妨在這古早味十足的街道上逛逛吧

象徵溫泉津溫泉的公共浴場
藥師湯 ●やくしゆ

是山陰地區中唯一獲得日本溫泉協會最高評價「ALL5」，自然湧出的100%源泉放流溫泉。這裡的最大特徵，就是溫泉泡起來能夠暖到骨子裡，不太容易會讓身體受涼。在明治5（1872）年的濱田大地震影響下，溫泉湧出量因而增加，所以又有「震湯」的名號。在獨具特色的圓拱型建築屋頂上，可以一覽世界遺產的街景，吸收大自然的精華。

☎0855-65-4894 **MAP** 107A-1
🕐8:00～21:00（週六日、假日為6:00～）　休無休
💰入浴費用350日圓、包租浴池（40分）1人650日圓　地址島根縣大田市溫泉津町溫泉津ロ7　交通溫泉津溫泉口巴士站步行10分　P免費

浴池裡混雜的湯花，就是濃郁溫泉成分的證明

從開湯當時就使用至今的源泉
泉藥湯 溫泉津溫泉元湯 ●せんやくとうゆのつおんせんもとゆ

傳說有旅行僧發現狸貓在泡湯療傷，才進而發現這座源泉。館內分別有熱湯、溫湯、坐湯3種浴池之外，館外還建有飲泉塔。

☎0855-65-2052 **MAP** 107A-1
（湯治保養之宿 長命館）
🕐6:00～19:30　休無休（一年2次臨時休）
💰入浴費用370日圓　地址島根縣大田市溫泉津町溫泉津ロ208-1　交通JR溫泉津站搭大田市生活巴士8分，溫泉前下車即到　P免費

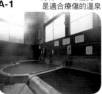
約有1300年歷史，是適合療傷的溫泉

溫泉津溫泉的 特選住宿 指南

Nogawaya旅館 ★のがわやりょかん
房內用餐OK　有接送服務　信用卡OK

大正元（1912）年開業的純和風旅館，提供了近海海鮮的美味宴席料理。館內有從藥師湯（P.106）牽引溫泉，源泉放流的岩浴池和石浴池，還有可免費使用的包租浴池。

MAP 107A-1
☎0855-65-2811
💰1泊2食10950日圓～　🕐IN/15:00、OUT/10:00
地址島根縣大田市溫泉津町溫泉津ロ30　交通JR溫泉津站搭大田生活巴士6分，中町下車即到　P免費　客室10間

※1泊2食為2人1房時的1人費用。

以使用近海海鮮的料理自豪

使用近海海鮮製作的會席料理之一例

旅之宿 輝雲莊 ★たびのやどきうんそう
露天浴池OK　房內用餐OK　有接送服務　信用卡OK

是數寄屋風格的旅館，店家以日本海海產的創意料理為豪。館內還有使用在地特產的福光石和檜木打造的露天浴池。

MAP 107A-1
☎0855-65-2008
💰1泊2食13110日圓～　🕐IN/15:00、OUT/10:00
地址島根縣大田市溫泉津町溫泉津ロ202-1　交通JR溫泉津站搭大田生活巴士8分，溫泉前下車即到　P免費　客室14間

走廊和玄關大廳都鋪設了榻榻米

溫泉津溫泉中唯一有露天浴池的旅館

使用在地特產福光石來打造的露天浴池

石見銀山 溫泉津

溫泉津溫泉／漫步在復古懷舊的溫泉街上

就在溫泉津溫泉附近 仁摩區域也是矚目焦點！

可以觀賞到世界最大的沙漏

必看景點

仁摩沙博物館
●にまサンドミュージアム

是與因「鳴砂」而聞名的琴濱有所關聯，日本全國少見的沙子博物館。由6座大大小小玻璃帷幕金字塔構成的建築令人耳目一新，可以在館內參觀許多與沙子有關的獨特展品。博物館中有高達5m，在館內靜靜刻劃時間的世界最大一年計沙漏，震撼力十足。

MAP 附錄②8E-1

📞0854-88-3776
🕘9:00～16:30（交流館、體驗區為～15:00）🈺週三（視情況變更）💴入館門票700日圓（交流館免費入館）📍島根縣大田市仁摩町天河內975 🚉JR仁萬站步行10分 🅿免費

位於主區域的一年計沙漏「砂曆」，會花上365天漏下每顆平均直徑0.1mm，總重量高達1噸的沙子。

建築物是由當地出身的建築家高松伸設計

可以體驗各種和沙子有關的樂趣（可免費製作1張沙畫，交流館內的玻璃工藝體驗為600日圓起跳）

吃得到「箱壽司」的人氣公路休息站

最適合在此休息一下！

公路休息站 ロード銀山
●みちのえきロードぎんざん

這裡是有附設餐廳的公路休息站，可以品嘗到交疊了多層醋飯、配料、蛋絲的鄉土料理「箱壽司」，還有各種地產地消的美味料理。

附有箱壽司和三瓶蕎麥麵等餐點的大田名物御膳1200日圓

📞0854-82-1991 **MAP** 附錄②7B-3
🕘9:00～19:00（餐廳為11:00～17:00）
🈺週三 📍島根縣大田市久手町刺鹿1945-1 🚉JR久手站車程3分 🅿免費

有滿滿在地海鮮的蓋飯和定食

在這裡吃午餐

御食事處たお
●おしょくじどころたお

店主擁有精湛的日式料理手藝，店內提供的蓋飯和定食料理都深受客人好評。

最有人氣的就是滿滿當季鮮魚的海鮮蓋飯套餐1500日圓

📞0854-88-4503 **MAP** 附錄②8E-1
🕘11:30～14:00（週六、日、假日為～14:30）、17:30～19:30 🈺週四 📍島根縣大田市仁摩町仁万1304-3 🚉JR仁萬站步行15分 🅿免費

開車過來十分方便，位於國道9號旁

距離世界遺產石見銀山車程30分

漫步在復古懷舊的

昭和22（1947）年開業的手工銘菓店

平野花月堂
●ひらのかげつどう

使用雞蛋和麵粉製作的溫泉仙貝吃起來甜味較淡，具有輕盈的口感。店內還可以直接看到手工烤仙貝的過程。溫泉饅頭（15個裝650日圓）也是極品美味。

MAP 107A-1

📞0855-65-2212
🕘8:00～18:00
🈺不定休 📍島根縣大田市溫泉津町溫泉津ロ174-1
🚉溫泉津溫泉ロ巴士站行5分

元祖溫泉津伴手禮「溫泉仙貝」（1盒20片裝1100日圓、散裝16片800日圓）

用黑糖外皮來包裹餡料的溫泉饅頭

建於大正初期
木造藥師湯舊館的咖啡廳

震湯Cafe內藏丞
●しんゆカフェくらのじょう

藥師湯舊館是大正初期建造的木造洋館，也是溫泉津現存最古老的溫泉設施。組合式天花板搭配穩重感十足的家具，讓人感受到大正浪漫的風情。這裡還可以品嘗到內藤家口耳相傳的餐點、以溫泉水來蒸蔬菜的奉行飯，還有玫瑰戚風蛋糕等健康美味的美食。

MAP 107A-1

📞0855-65-4126
🕘11:00～17:00 🈺週四 📍島根縣大田市溫泉津町溫泉津7 🚉溫泉津溫泉ロ巴士站步行10分 🅿免費

富含多酚體，具有抗老效果的玫瑰氣泡飲料800日圓

能獲得溫泉街資訊的觀光據點

ゆう・ゆう館
●ゆうゆうかん

1樓是休憩場所兼觀光服務處，2樓的藝廊展示了曾是銀礦出貨港口的溫泉津歷史資料和骨董。

📞0855-65-2065 **MAP** 107A-2
🕘9:15～17:30（12～翌3月為12:00～17:00）
🈺無休（過年期間休）💴免費入館 📍島根縣大田市溫泉津町溫泉津イ791-4 🚉溫泉津溫泉ロ巴士站下車即到 🅿免費

溫泉街入口處的綜合設施

2樓的資料室免費開放閱覽

大正8（1919）年興建的木造洋館

店內擺設了代代擔任庄屋一職的內藤家家居用品

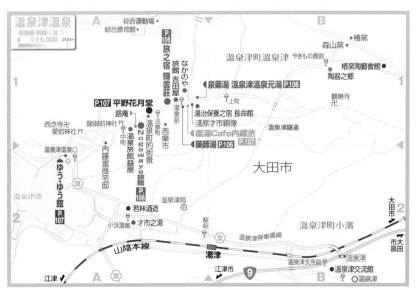

溫泉津溫泉

周邊圖 附錄②8D-1

N 1:15,000 200m

●景點 ●玩樂 ●美食 ●咖啡廳 ●溫泉 ●購物 ●住宿 ●活動

島根縣立島根海洋館 AQUAS

距離石見銀山車程45分

位於島根縣立石見海濱公園內，是中國、四國地區最大規模的水族館。這裡不但是西日本唯一有飼育北極海白海豚的水族館，在館內還能見到來自全球約400種，多達1萬隻的海洋生物。館內設有海底隧道和逆L型水槽等費盡巧思的展示空間，另外也是中國、四國地區唯一有活體展示「赤鮭（紅喉魚）」的地方。

📞0855-28-3900　**MAP**附錄②9C-2
🕐9:00～16:00(暑假為～17:00)　休週二(逢假日則翌平日休、過年期間、黃金週、春暑寒假無休)
🎫入館門票1540日圓　🏠島根縣浜田市久代町1117-2
🚃JR波子站步行10分　🅿免費

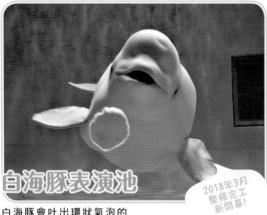

白海豚表演池

2018年3月整修完工新開幕！

白海豚會吐出環狀氣泡的「幸福氣泡圈」，是館內的必看表演。白海豚夏利會為大家秀出牠最拿手的「幸福之緣奇蹟環」。

[表演時段]
※視時期變動。正確時段請上官方網站(https://aquas.or.jp)確認

石見交流海灘(觸摸池)

2018年3月整修完工新開幕！重現了濱田市當地的風景名勝，也是國家天然紀念物的石見疊浦。

輕鬆就能和生物做接觸♪

海獅、海豹池

表演時間
※視時期而變動

可愛十足的海獅和海豹會送上不容錯過的精采表演。歡迎大家來看看多才多藝的海獅和療癒系的海豹。

企鵝館

銀食時間
※視時期變動

可以從各個角度觀察企鵝在陸地走路，以及在水中游泳的模樣。還會舉辦企鵝的「用餐時間」。

看得到4種不同的企鵝喔♪

南跳岩企鵝

最大特徵就是頭上長了裝飾的羽毛。會靈活地用雙腳跳躍移動。

擁有中國、四國地區最大規模的水族館，是位於海邊的人氣娛樂景點

濱田
はまだ

面對日本海的濱田擁有美麗的海岸線，還能觀賞到夕陽美景等等，是有眾多精采自然景觀的觀光景點。在島根縣立島根海洋館AQUAS還飼育了西日本地區獨一無二，表情可愛的人氣白海豚。

交通路線

(詳細交通指南和本區域路線圖請參考 P.126)

電車	大田市站 ——JR山陰本線快速—— 濱田站　⏱1小時7分　💴970日圓
自駕	濱田自動車道浜田IC ⑨ 濱田站　約3km　⏱約6分

資訊洽詢

濱田市觀光交流課 📞0855-25-9530
濱田市觀光協會 📞0855-24-1085

松江宍道湖溫泉
湯之川溫泉
松江　安來
出雲　三瓶山
這裡　玉造溫泉
濱田　石見銀山
島根縣　溫泉津溫泉
津和野　有福溫泉

編輯部推薦

地理位置絕佳，眼前就是遼闊的美麗海岸

國民宿舍 千疊苑　**推薦的住宿**
●こくみんしゅくしゃせんじょうえん

在展望浴池和客房就能看見沉入日本海的夕陽美景。位在JR濱田站附近，無論是觀光還是商務行程都很便利，還能品嘗到使用當季海鮮的美味料理。

MAP附錄②9B-3
📞0855-28-1255
🕐IN 15:00／OUT 10:00
休無休　💴1泊2食8200日圓～
🏠島根縣浜田市下府町2164
🚃JR濱田站搭石見交通巴士12分，千疊苑口下車，步行7分　🅿免費

以眾多濱田海鮮的宴席料理為豪（示意圖）

體驗石見神樂的世界

公路休息站ゆうひパーク浜田
●みちのえきゆうパークはまだ

站內的伴手禮店販售了眾多來自濱田港的海鮮加工品，也有海鮮餐廳和吃到飽餐廳進駐，是十分便利的公路休息站。

MAP附錄②9B-1
📞0855-23-8000
🕐9:00～19:00(餐廳為7:00～20:00，營業時間視店鋪而異)
休無休(視店鋪而異)　🏠島根縣浜田市原井町1203-1　🚃JR濱田站搭計程車10分　🅿免費

建於可以一覽海景的高處

石見地區世代相傳的傳統藝能

有趣的石見神樂

包含濱田地區在內，是石見地區神社祭典上的祭神儀式。表演者會穿戴華麗服飾和表情豐富的面具，踩著魄力十足的拍子翩翩起舞。透過30種以上的表演節目來述說故事，英勇的舞姿令人目不暇給。在公路休息站ゆうひパーク浜田（P.108）等地會舉辦定期表演。

守護漁業和商業的惠比壽神

魄力十足的表演節目「大蛇」

有許多以神話或各地傳說為題材的節目

一邊漫步一邊欣賞三瓶山的豐富大自然吧！

三瓶山健行

三瓶山除了正式的登山路線之外，也有周遊山麓的自行車路線。
這次要介紹來回3小時，適合初學者的「名號路線」。

朝霞中的雲海

在西之原上遠眺的三瓶山景色

石見銀山 溫泉津

濱田／三瓶山

國立公園三瓶山是…

●こくりつこうえんさんべさん

因火山活動而形成，由男三瓶、女三瓶、子三瓶、孫三瓶等6座山峰環狀排列而成，圍繞在其中的平地則名為「室之內」。在三瓶山周邊可以享受露營、登山、健行等各式各樣的樂趣。在男三瓶山北麓與室之內中，有一整片被列為天然紀念物的三瓶自然林。**MAP**附錄②8F-1

📞0854-88-9950(大田市觀光協會)
自由入山　島根縣大田市三瓶町
🚌JR大田市站搭石見交通巴士37分，定め松下車即到(到山麓為止) 免費

來回 約3小時
名號路線

是通往三瓶山自然林的路徑，道路都有做好完善整備，可以一邊享受森林浴氣氛，一邊體驗登山的樂趣！

在姬逃池停車場停好車，從標高600m的青少年交流之家登山口來挑戰男三瓶

單程大約花上2小時，就會抵達標高1126m的男三瓶山頂！從山頂上可以眺望周圍的連綿群山和日本海，眼前就是360度的展望美景

開在路邊的龍膽花

初夏有新線，秋天有紅葉，一路上可以欣賞到季節性的特色景觀，路途中也有設置可小憩片刻的長椅

在這裡體驗三瓶山的歷史與自然
三瓶自然館 Sahimel

●さんべしぜんかんサヒメル

這裡是位於大山隱岐國立公園內的自然科學系博物館。在廣大的館區內展示三瓶的自然特色，以及因三瓶山噴發而遭到埋沒的巨大杉巨木。還有天體觀測、大型球幕影像、兒童博物館等豐富設施。

📞0854-86-0500 **MAP**附錄②8F-1
🕤9:30～16:30（4～9月的週六為～17:30）週二(逢假日則翌平日休)，3、6、10、12月有時會因維修休館 參觀門票400日圓（企劃展另計，天體觀測300日圓）島根縣大田市三瓶町多根1121-8 JR大田市站搭計程車30分 免費

還可以見到古代生物的骨骼標本

三瓶山北原露營場
大田市區、縣道56號
SANBE BURGER
北之原
三瓶自然館 Sahimel
青少年交流之家
三瓶山的遊客中心
姬逃池

名號路線
適合初級者

三瓶山自然林
男三瓶的東北斜坡63公頃及室之內60公頃，被指定為日本的國家天然紀念物。

大田市區
定の松
山中休息站さんべ
西之原
浮布池

▲男三瓶山
▲女三瓶山
室之內
室內池
三瓶觀光纜車
▲子三瓶山
▲孫三瓶山
東之原

不住宿泡溫泉也OK。
入浴費用500日圓

國民宿舍 三瓶莊
四季之宿佐姬野
三瓶溫泉 鶴之湯
志學藥師
美鄉町・國道375號
國道雲南184號市道

身處美麗三瓶山懷中的自然區域
三瓶山
さんべさん

三瓶山周邊有許多與自然相關的景點，也有可以享受山麓湧泉的溫泉旅館。是健行、露營、騎自行車等活動的勝地，最適合喜歡體驗大自然的戶外型遊客。

交通路線

(詳細交通指南 和 本區域路線圖 請參考 **P.126**)

🚌巴士	大田市站	石見交通巴士 🕐約37分 ¥810日圓	定め松
🚗自駕	松江自動車道 吉田掛合IC	54 40 約37km 🕐約50分	三瓶山

資訊洽詢

大田觀光協會
📞0854-88-9950
大田市公所觀光振興課
📞0854-88-9237

松江宍道湖溫泉
湯之川溫泉
出雲　松江
這裡　安來
三瓶山
玉造溫泉
濱田　石見銀山
島根縣
津和野　溫泉津溫泉
有福溫泉

❶西之原路線 初級

從西之原的草原出發，是一路上景色優美的路徑。登上男三瓶山頂約2小時，來回3小時40分鐘。

❷縱走路線 中級

從男三瓶山往子三瓶、孫三瓶、女三瓶縱走，再從名號路線下山的長程路線。適合習慣登山的遊客，所需時間約8小時。

更輕鬆的路線 三瓶觀光纜車
●さんべかんこうリフト

從東之原停車場乘坐纜車前往標高830m的室之內展望台，是一趟輕鬆愜意的空中散步♪要前往女三瓶還有一段步行約20分的輕鬆健行。

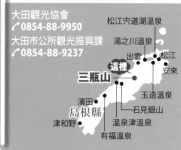

享受約10分鐘的空中散步

📞0854-83-2020
(三瓶觀光纜車 僅營運期間開放洽詢)
4月1日～11月最後一個週日運行 🕤8:30～16:30 週二 ¥單程460日圓，來回為670日圓

開業250年，
遠離街區的獨棟旅館

共有9間不同風情的客房

暖呼呼的溫泉指南

以美肌之湯聞名的山陰
知名隱藏版溫泉

有福溫泉
ありふくおんせん

於1350年前發現的古湯。當地旅館以階梯狀方式建在和緩的山坡地上，其間遍布了蜿蜒的石階小路。有福溫泉有美人美肌之湯的稱號，泡遍當地的御前湯、彌生湯、皐月湯等共3間公共浴場，也是另一種不同的樂趣。

溫泉資訊
・泉質／純鹼性溫泉
・水質特徵／透明無色、無味、無臭

交通路線
（詳細交通指南和本區域路線圖請參考 P.126）

| 巴士 | 江津站 | 石見交通巴士 約35分／¥720日圓 | 有福溫泉 |

| 自駕 | 山陰道 江津西IC | 299 50 約6km 約12分 | 有福溫泉 |

資訊洽詢
江津市觀光協會 ☎0855-52-0534
江津市商工觀光課 ☎0855-52-2501

旅館Nushiya
●★りょかんぬしや

露天浴池　房內用餐OK　接送服務（需代預不可／需確認）　信用卡OK

MAP 附錄②9A-3

占地3000坪，共備有9間不同風情的客房，是遠離街區的獨棟旅館。在這裡可享受有1350年歷史的優質溫泉，還有使用當季美味製作的創意宴席料理。

宴席料理範例之一（示意圖）

☎0855-56-2121
¥1泊2食20000日圓～
IN/15:00、OUT/10:00
所島根縣江津市有福溫泉町955
有福溫泉巴士站步行5分
P免費　客室9間

用來作為主公殿下別墅的
三層樓木造旅館

最上層的純和風客房「松」

經過整修保養，風情十足的建築外觀

三階旅館
●★さんがいりょかん

房內用餐OK（需確認）

是鄰近有福溫泉外湯，建於江戶時代末期的3層樓純和風木造旅館。旅館老闆會親自到濱田漁港挑選食材，然後展現高超的廚藝，讓遊客悠閒地在房間（或是包廂）品嘗到美味料理。這裡自然溫馨的待客服務深受遊客的好評。

MAP 附錄②9A-3
☎0855-56-2211
¥1泊2食10800日圓～
IN/16:00、OUT/10:00
所島根縣江津市有福溫泉町692
有福溫泉巴士站下車即到
P免費　客室8間

CHECK 不同風格的3間公共浴場

彌生湯
●★やよいゆ

簡單樸素的氣氛讓人回想起過往的溫泉療養地。浴場空間較小，浴池裡是無色透明的溫泉水。

MAP 附錄②9A-3
☎0855-56-3353（御前湯）
7:00～21:00　休不定休
¥入浴費用400日圓　所島根縣江津市有福溫泉町736-1　有福溫泉巴士站下車即到 P免費

雖然裝潢簡單，卻能讓人放鬆心情的浴池

皐月湯
●★さつきゆ

雖然比御前湯小，但建築外觀和浴室都充滿了木頭溫暖。這裡的源泉放流溫泉溫度比御前湯稍微低一點。

MAP 附錄②9A-3
☎0855-56-3353（御前湯）
7:00～21:00　休不定休
¥入浴費用400日圓　所島根縣江津市有福溫泉町687　有福溫泉巴士站下車即到 P免費

在地居民也熱愛的浴場

御前湯
●★ごぜんゆ

是由磚塊打造的西式建築公共浴場。館內的木製櫃台和拱型窗戶，以及通往2樓的階梯都散發出復古的氣氛。

MAP 附錄②9A-3
☎0855-56-3353
7:00～21:00　休不定休
¥入浴費用400日圓，包租浴池1小時1200日圓　所島根縣江津市有福溫泉町710　有福溫泉巴士站下車即到 P免費

鋪設磁磚的浴場

※1泊2食（或是1泊附早餐）為2人1房時的1人費用。

往這裡 **津和野** →P.120
探訪津和野周邊的美麗街道和藝術景點，享受悠閒的散步樂趣。

風情萬種、歷史悠久的街頭漫步

はぎ・つわの・あきよしだい

萩・津和野 秋吉台

山口縣的萩孕育出眾多的幕末志士，島根縣的津和野則是擁有「西之小京都」的稱號。如果想要漫步在風情萬種的城下町，歡迎來這個區域逛逛。這裡每個地方都是一天就能逛完的觀光地，精采景點全都聚集在徒步圈內，2個區域之間的車程也差不多是1小時左右。另外也可以再稍微走遠些，前往日本首屈一指的喀斯特台地秋吉台看看。

 往這裡 **萩** →P.112
漫步在已是世界遺產的街頭上，到處都是如詩如畫的景色。

 往這裡 **秋吉台** →P.122
歡迎來此欣賞列為天然紀念物的鐘乳石洞，以及喀斯特地形等此地獨一無二的特殊美景。

區域INDEX

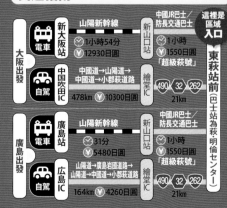

124 萩、津和野區域的溫泉住宿

122 宛如冒險家，秋芳洞＆秋吉台探險去!!

120 在津和野悠閒地騎自行車閒逛

118 萩順道一遊景點

116 城下町的咖啡廳＆購物樂趣
深度接觸傳統的萩製產品

114 從高級食材到平民滋味
精采的在地美食！值得注目的萩料理

112 萩與維新有淵源的偉人景點！

交通指南

| | 山陽新幹線 | 新大阪站 | 中國JR巴士／防長交通巴士 | 新山口站 | 這裡是區域入口 |

大阪出發

電車｜山陽新幹線｜新大阪站　1小時54分　12930日圓
新山口站｜中國JR巴士／防長交通巴士　1小時　1550日圓「超級萩號」

自駕｜中國吹田IC｜中國道→山陽道→中國道→小郡萩道路　478km　10300日圓
繪堂IC｜490 32 262｜21km

廣島出發

電車｜山陽新幹線｜廣島站　31分　5480日圓
新山口站｜中國JR巴士／防長交通巴士　1小時　1550日圓「超級萩號」

自駕｜廣島IC｜山陽道→廣島岩國道路→山陽道→中國道→小郡萩道路　164km　4260日圓
繪堂IC｜490 32 262｜21km

東萩站前〔巴士站為萩・明倫センター〕

區域移動 CHECK!

SL山口號

行駛在JR山口線的新山口站～津和野站之間，總長63km左右，單程約2小時路線的現役蒸汽火車。全車對號入座，SL車種會視行駛期間而改變。

☎**0570-00-2486**
(JR西日本客服中心)

🕐於2018年3月～12月的指定日期（週六、日、假日、黃金週等）運行。1日1趟來回班次。

💴新山口站～津和野站的單程一般指定席1660日圓

日本邁入近代化150餘年！
與維新有淵源的偉人景點！

慶應4（1868）年開始的明治維新至今已有150餘年。吉田松陰等人都是出身自萩的幕末志士，大家可以趁這個機會去探訪一下許多的相關景點。

孕育出許多成為明治維新原動力的人才，是歷史上的重要場所

萩（はぎ）
保留了眾多與幕末志士相關史蹟的城下町

在毛利36萬石下而興盛繁榮之地，街頭到處都能感受到過去的影子。這裡誕生出許多活躍於幕末維新時代的偉人，城下町周邊也有許多有關於武士的景點。另外像是使用特產夏蜜相的加工品，還有萩燒等工藝品也是不容錯過的焦點。

交通路線
（詳細交通指南和本區域路線圖請參考 P.126）

計程車	萩・石見機場 → 萩市內	①1小時10分 ¥2500日圓
巴士	萩站 → 萩循環巴士MAARU（西迴）→ 萩城城下町入口	①31分 ¥100日圓
自駕	小郡萩道路絵堂IC → 490 32 262 東萩站	約21km 約30分

資訊洽詢
萩市觀光課 ☎0838-25-3139
萩市觀光協會 ☎0838-25-1750

這裡
萩溫泉鄉
萩
長門湯本溫泉 山口 山口縣
秋吉台・秋芳洞

偉人SPOT 1
幕末史上知名志士聚集的傳說私塾
世界遺產
松下村塾
●しょうかそんじゅく

由名聲響亮的明治維新先驅者「吉田松陰」所主掌的私塾。高山晉作、久坂玄瑞、伊藤博文、山縣有朋等對日本近代化有深刻影響的人物，過去都曾經在此學習過。

MAP 附錄②22D-2
☎0838-22-4643（松陰神社）
僅建築外觀自由參觀　國山口縣萩市椿東1537　國JR東萩站搭萩循環巴士MAARU東迴13分，松陰神社前下車步行即到　P免費

培育幕末維新的志士
吉田松陰（よしだしょういん）

出生自萩，前往各地遊學之後，便掌管以實用學問為重的松下村塾，培養出諸多維新志士。安政5（1858）年的美日修好通商條約問題，松陰因批判幕府而入獄，隔年在刑場上受到公開處刑。

萩博物館藏

松下村塾就在這裡
供奉了維新的先驅者「吉田松陰」
松陰神社
●しょういんじんじゃ

創建於明治40（1907）年，供奉吉田松陰的神社。境內有松下村塾以及軟禁松陰的舊宅，另外還有歷史館和寶物殿至誠館等設施。

神籤寫←有吉田松陰訊息的

也是保佑學問的著名神社

MAP 附錄②22D-2
☎0838-22-4643
境內自由參觀　國山口縣萩市椿東1537　國JR東萩站搭萩循環巴士MAARU東迴13分，松陰神社前下車步行即到　P免費

還有紙傘造型的獨特神籤（300日圓）

好玩情報

體驗活動
萩城下町 和服體驗
●地點萩城下町（Kimono Style Café →P.116）
●期間全年

⇨穿上浴衣，在充滿江戶風情的萩街頭散步

柳井西藏 金魚燈籠製作體驗
●地點柳井西藏
☎0820-23-2490
山口縣柳井市柳井3700-8）
●期間全年
●時間9:00～16:00
●公休週二
●費用中900日圓、小800日圓

⇨挑戰製作誕生自幕末的民藝品

品嘗歷史悠久的在地名產！

⇨伊藤博文等幕末偉人都熱愛的在地美酒

⇨自西南戰爭的逸事中誕生的瓦蕎麥麵

⇨據說拯救了萩士族的夏蜜柑

偉人SPOT ❺ 圓政寺 ●えんせいじ

年幼時的晉作和博文曾在此學習玩耍

真言宗的寺院，是日本少見的神佛習合形式。伊藤博文年幼時期曾在此學習，高杉晉作也在這裡玩耍過，境內還有縣內最大的石燈籠。

☎0838-22-3031 MAP 附錄②23B-2
⏰8:00〜17:00 參觀費用200日圓 📍山口縣萩市南古萩町6 🚌JR萩站搭萩循環巴士MAARU西週31分，萩美術館 浦上記念館，萩城下町入口下車，步行3分

在江戶時代名為「法光院」，是毛利家的祈願寺

偉人SPOT ❷ 木戶孝允舊宅 ●きどたかよしきゅうたく

明治維新立功者的誕生之地

也以桂小五郎之名為人所知，被譽為「維新三傑」之一的木戶孝允舊宅。這裡公開展示木戶孝允出生的房間、練習的書法作品和庭園，現在是國家史蹟。

MAP 附錄②23B-2
☎0838-25-1750（萩市觀光協會）
⏰9:00〜17:00 無休 參觀門票100日圓 📍山口縣萩市吳服町2-37 🚌JR萩站搭萩循環巴士MAARU西週31分，萩美術館 浦上記念館，萩城城下町入口下車，步行5分

現場也有提供設施解說的導覽服務

偉人SPOT ❻ 久坂玄瑞誕生地 ●くさかげんずいたんじょうち

佇立著追悼早逝英才的石碑

致力於尊王攘夷運動的久坂玄瑞的誕生地。為了緬懷敗於禁門之變後自刃的玄瑞，便在此設立了石碑。在石碑上還刻有尊王攘夷派的公卿——三条實美吟詠的和歌。

MAP 附錄②23B-3
☎0838-25-1750（萩市觀光協會）
自由參觀 📍山口縣萩市平安古町 🚌JR玉江站搭萩循環巴士MAARU西週3分，久坂玄瑞誕生地前下車即到

被吉田松陰譽為「防長年少第一流，有才氣的男子」

偉人SPOT ❸ 伊藤博文別邸 ●いとうひろぶみべってい

前往明治代表性的政治家別邸

明治40（1907）年，將建於東京大井村（現在的品川區）的伊藤博文別邸一部分移建至此。住宅保留了昔日的風貌，看得到用盡巧思的建築手法。

MAP 附錄②22D-2
☎0838-25-1750（萩市觀光協會）
⏰9:00〜17:00 參觀門票100日圓 📍山口縣萩市椿東1511-1 🚌JR東萩站搭萩循環巴士MAARU東週13分，松陰神社前下車，步行5分 P免費

出自明治時代宮大工之手的建築

偉人SPOT ❼ 山縣有朋誕生地 ●やまがたありともたんじょうち

活躍於明治政府 山縣有朋的誕生地

萩藩士山縣有稔的次男，山縣有朋的誕生地。雖然當時出生的房子已經不在，但為了緬懷對軍事和政治有所貢獻的有朋，便在此設立了石碑。

MAP 附錄②23C-3
☎0838-25-1750（萩市觀光協會）
自由參觀 📍山口縣萩市川島313-1 🚌JR萩站步行15分

在中央公園內建有山縣有朋的銅像

偉人SPOT ❹ 高杉晉作誕生地 ●たかすぎしんさくたんじょうち

「幕末風雲兒」高杉晉作出生長大的地方

位於城下町內，菊屋橫町中的高杉晉作誕生地。庭院裡有當初取水來洗產浴的水井及晉作的句碑。

☎0838-22-3078 MAP 附錄②23B-2
⏰9:00〜17:00（視時期而異）不定休 參觀費用100日圓 📍山口縣萩市南古萩町23 🚌JR萩站搭萩循環巴士MAARU西週31分，萩美術館 浦上記念館，萩城城下町入口下車，步行5分

組成奇兵隊，名震一時的高杉晉作誕生地

如果想要更了解日本的黎明…

萩的世界遺產巡禮

下列是在2015年，以「明治日本產業革命遺跡」登錄為世界文化遺產的5處萩市歷史資產。搭配偉人景點一起遊覽，可以更深刻體會日本的近代化。

4 幕末時期建造的2艘西式木造帆船
惠美須鼻造船所遺址 ●えびすがはなぞうせんじょあと
☎0838-25-1750（萩市觀光協會）MAP 附錄②13C-1
自由參觀 📍山口縣萩市椿5159-14ほか 🚌JR東萩站搭萩循環巴士MAARU東週9分，萩しまーと下車步行約15分

5 想要實現近代化的努力結晶
萩反射爐 ●はぎはんしゃろ
MAP 附錄②22D-1
☎0838-25-1750（萩市觀光協會）
自由參觀 📍山口縣萩市椿東4897-7 🚌JR東萩站搭萩循環巴士MAARU東週9分，萩しまーと下車步行約5分 P免費

3 支撐產業化的日本古老技術
大板山踏鞴製鐵遺跡 ●おおいたやまたたらせいてついせき
MAP 附錄②12D-1
☎0838-25-1750（萩市觀光協會）
自由參觀 📍山口縣萩市大字紫福257-5（山地番）ほか 🚌JR東萩站車程20km，約40分 P免費

1 幕末時以產業化為目標的地區社會代表
萩城下町 ●はぎじょうかまち
MAP 附錄②23B-2
☎0838-25-1750（萩市觀光協會）
自由參觀 📍山口縣萩市吳服町ほか 🚌JR萩站搭萩循環巴士MAARU西週，至舊町人地約30分 P使用各設施或公營的停車場

2 年輕人曾在這裡熱烈議論日本的未來
松下村塾 ●しょうかそんじゅく
LINK→P.112

境內有許多能認識吉田松陰的景點

世界遺產
松陰的老家，杉家的舊宅
吉田松陰幽囚舊宅 ●よしだしょういんゆうしゅうのきゅうたく

以蠟像人偶重現松陰的一生
吉田松陰歷史館 ●よしだしょういんれきしかん
☎0838-26-9116
⏰9:00〜17:00 無休 入館門票500日圓

展示松陰的貴重資料
松陰神社寶物殿「至誠館」 ●しょういんじんじゃほうもつでんしせいかん
☎0838-24-1027
⏰9:00〜16:30 無休 入館門票500日圓

值得注目的萩料理

從高級食材到平民滋味，出色的在地美食！

面對日本海的萩就是新鮮海產的寶庫。以甘鯛和劍先烏賊等海鮮為首，還有見蘭牛和MUTSUMI豬等稀有名牌肉品，都是值得注目的美食。這邊就一次介紹萩的必吃在地美食。

劍先烏賊

甘甜滋味NO.1的烏賊女王 【產季 5～10月】

肉質厚實又帶有深醇的香甜，是烏賊中的最高級品。主要在日本海進行捕撈，這時候的烏賊釣船漁火也成為夏日的風情畫。

能徹底品味烏賊滋味的生切片

烏賊全餐
4104日圓

包含了生鮮切片和網烤烏賊等總共9項菜色。肉質厚實的烏賊吃起來有深醇的香甜滋味

萩心海 ●はぎしんかい

位於萩橋附近的活魚料理店。水槽中還有烏賊和鬼虎魚等在地鮮魚悠游著。店內最招牌的料理就是一整隻做成生鮮切片的活切烏賊，在嘴裡越咬越能吃得到甘甜滋味。

☎0838-26-1221 **MAP** 附錄②23C-2
🕐11:00～13:30、17:00～20:30(視時期而異) 休不定休 山口縣萩市土原370-71 JR東萩站步行5分 P免費

推薦餐點	
活烏賊生切片	2575日圓～
海膽定食	4104日圓

在天然礁捕到的活魚在水槽中悠游

あじろ

在萩當地深受好評的懷石料理店。店主進的嚴選魚貨，都只挑選一本釣的鮮魚。尤其像是甘鯛更是只使用滋味濃郁，重量1.2kg以上的魚貨。店內除了生魚片，用味噌醃漬過的甘鯛烤魚御膳也很有人氣。

MAP 附錄②23B-2
☎0838-22-0010
🕐11:30～14:00、17:00～21:00 休週三(逢假日則前日或翌日休) 山口縣萩市南片河町67 JR萩站搭萩循環巴士MAARU西迴42分，萩博物館前下車，步行5分 P免費

店內是能讓人放鬆心情的和風裝潢

推薦餐點	
一味真御膳	4500日圓
懷石料理(預約制)	6480日圓～

盡情享用甘鯛美味的創意全餐

甘鯛全餐
(2人份、預約制)
一人份8640日圓

包含了甘鯛姿造生魚片、握壽司等在產地才吃得到的9項餐點

甘鯛

甘醇香甜的高級魚 【產季 11～3月】

是萩當地的名牌魚，也是大家熟悉的高級魚。特徵是沒有腥味，並散發淡淡的香甜滋味。尤其到了冬天，吃起來更有甜味。

甘鯛生魚薄片
(特別餐點、預約制)
時價

用滋味清淡的生魚片捲著青蔥，再搭配醋桔來享用

店主精挑細選的上等甘鯛

割烹千代 ●かっぽうちよ

店內提供的蓋飯、定食和全餐料理中，都吃得到來自萩近海的當季鮮魚。在甘鯛全餐中就有甘鯛松皮造和味噌燒烤，還有蒸煮料理等徹底發揮甘鯛美味的創意美食。

☎0838-22-1128 **MAP** 附錄②23C-2
🕐11:30～14:00、17:00～21:30(週日僅中午營業) 休週一(逢假日僅中午營業，翌日休) 山口縣萩市今古萩町20-4 JR東萩站步行15分 P免費

推薦餐點	
主廚全餐	3240日圓～
河豚全餐(9～3月)	7560日圓～

使用一整塊檜木製成的時尚吧檯

在地 的方便輕食

萩是燒拔魚板的發祥地，齊聚了使用新鮮狗母魚製作的魚板和加工品等商品。歡迎來品嘗這些只有在萩才吃得到的在地美食。

可當伴手禮，也適合邊走邊吃

牛蒡捲 380日圓

用醬汁醃漬狗母魚的魚皮後，再捲上牛蒡一起燒烤，是萩的珍味特產。
荒川蒲鉾店
LINK→P.119

魚可樂餅 65日圓

在魚漿中加入洋蔥、紅蘿蔔、牛蒡等食材，裹上麵包粉下鍋油炸的魚肉可樂餅。
荒川蒲鉾店 LINK→P.119

萩魚板捲(1條)

原味	230日圓
起司	250日圓
鮪魚	250日圓

(需一天前預約)

用麵包包裹狗母魚的魚板後再進行油炸，有原味、起司、鮪魚三種口味。
忠小兵衛蒲鉾本店 LINK→P.119

萩魚板漢堡
(下:原味／上:白醬)
原味450日圓、白醬480日圓(需一天前預約)

夾入狗母魚炸魚板的健康漢堡。有淋上美味牛蒡捲醬汁的原味，以及搭配手工塔塔醬的溫潤白醬口味。
忠小兵衛蒲鉾本店 LINK→P.119

値得注目的 萩料理

市場直送的肥美鮮魚

來自萩近海的日本海逸品
【產季】4～8月

瀨付竹筴魚

棲息在萩近海附近的天然淺灘，吃優質養分長大，油脂相當肥美，據說其中體長在15cm前後的小型魚是最美味的種類。

瀨付竹筴魚
生魚片
756日圓～（要確認）
包含海帶芽和碎蔥等配料在內，所有都是美妙滋味的料理

在店內可以一覽日本海美景

活跳跳的
烏賊生切片
2700日圓～（要確認）
使用一整隻創先烏賊的活烏賊生切片。透明身軀的香甜和口感讓人一吃就欲罷不能。

浜料理がんがん
●はまりょうりがんがん

位於公路休息站萩しーまーと內的和食創意料理店。食材以當天早上捕獲到的蠑螺和海膽等海鮮為主，提供了定食和午間特餐，還有單點料理等餐點。因為位置鄰近市場，店內的食材也都是新鮮無比。

☎0838-25-3452 MAP 附錄②22D-1
🕚11:00～17:30 休無休 所山口縣萩市椿東北前小畑4160-61 公路休息站萩しーまーと內 ➡JR東萩站搭循環巴士MAARU東迴9分，萩しーまーと下車即到 P免費

肉質和油脂都
香甜又軟嫩

MUTSUMI豬

是由萩的專門牧場培育的品牌豬。沒有特別的腥味。飼料是以麵包粉為主體，飼育出香甜深醇的肉質。

MUTSUMI豬
炸豬排定食
950日圓
豬排尺寸相當於一個手掌大小，另外還附有味噌湯和小菜

ふるさと家族
●ふるさとかぞく

用珍貴的MUTSUMI豬來做成炸豬排，具有緊實的肉質和香甜的油脂，與香脆的麵衣結合成絕妙滋味。在人氣的定食料理中，還吃得到店主親自釣到的魚。

聚集在地人的熱鬧居酒屋

☎0838-22-6666 MAP 附錄②23C-2
🕚11:30～13:30、17:30～21:30 休週三、第1、3週四 所山口縣萩市土原260 ➡JR東萩站步行15分 P免費

品嘗珍貴的品牌豬滋味

恰到好處的
上等霜降肉

見蘭牛

天然紀念物見島牛與荷蘭牛配種而成的品牌牛肉，入口即化的軟嫩口感讓人一吃就著迷。

見蘭牛特選
綜合拼盤
1人份2160日圓
（2人起）
細細品嘗今日特選5種稀少部位牛肉的奢侈滋味。

用鐵網來燒烤入口即化的上等牛肉

網燒きレストラン見蘭
●あみやきレストランけんらん

可以在店內用鐵網燒烤自營牧場直送的上等牛肉。見蘭牛有提供牛排和牛五花等種類，可以選擇全餐或是單點的菜單來品嘗。另外店內也有提供MUTSUMI豬的餐點。 MAP 附錄②23A-2

☎0838-26-0141
🕚17:00～21:30 休週一（逢假日則翌日休） 所山口縣萩市堀內89 ➡JR萩站搭萩循環巴士MAARU西迴45分，ミドリヤファーム入口下車，步行5分 P免費

位在玻璃帷幕旁邊，開放感十足的桌席座位

將萩的名牌肉品變化成多彩多姿的料理

公路休息站 萩往還
●みちのえきはぎおうかん

公路休息站 萩往還內的「見蘭牛ダイニング 玄」提供了漢堡排、牛排、蓋飯等料理，其中就能吃得到見蘭牛和MUTSUMI豬等萩的在地名牌肉品。

☎0838-22-9889 MAP 附錄②13C-2
公路休息站 萩往還 LINK→P.20

店門口也有設置外帶服務區

漢堡排
究極之黑
1134日圓
結合了見蘭牛、見萩牛和MUTSUMI豬各個優點的軟嫩滋味
※醬汁可以4選1

提供見蘭牛結合MUTSUMI豬的餐點！

結合萩燒器皿的町家咖啡廳

晦事 ●ことこと

是改裝屋齡200年的町家建築作為咖啡廳。餐點是使用出自萩燒的窯場「大屋窯」的陶器和瓷器來盛裝。店內除了提供飲料之外，還有咖哩和土司等搭配萩燒陶器的餐點。

MAP 附錄②23B-2

☎0838-26-7199

🕙10:00～17:00（視季節而變動）
休第2、4週二 所山口縣萩市吳服町2-32 JR萩站搭萩循環巴士MAARU西迴42分，萩博物館前下車，步行7分

擺放了北歐家具的咖啡廳空間

其他推薦餐點
自家製夏蜜柑果醬⋯⋯⋯⋯400日圓
萩產頂級薑汁汽水⋯⋯⋯⋯500日圓

推薦的午餐選擇
香辣萩咖哩套餐⋯⋯⋯⋯1000日圓
使用了萩出產的洋蔥和豬肉，並經過細細熬煮的咖哩。另附有醃漬醬菜和夏蜜柑果汁。

在毛利藩士的古民宅體驗和風氣氛

Kimono Style Café
●キモノスタイルカフェ

使用屋齡120年以上古民宅作為店面的和風咖啡廳，餐點都使用了萩燒陶器來盛裝。店內除了提供原創特調咖啡和手工蛋糕之外，也有其他豐富的輕食選擇。

MAP 附錄②23B-2

☎0838-21-7000

🕙9:00～18:00 休週四（逢假日則營業）所山口縣萩市吳服町2-39 JR萩站搭萩循環巴士MAARU西迴31分，萩美術館浦上記念館・萩城城下町入口下車，步行3分 P免費

推薦的午餐選擇
長州蕎麥麵680日圓。麵條中使用了萩的蕎麥粉。

店內還有販售萩燒陶器的空間

其他推薦餐點
萩蕪綠⋯⋯⋯⋯⋯580日圓
柚子鮮奶油吐司⋯⋯370日圓

Kimono Style Café是…
提供租借和服與和服著裝服務！
（需預約）
店內準備了200種以上的和服和浴衣，遊客可以從中挑選喜歡的花樣。足袋襪子需自備或是現場購買（620日圓～）。
¥租借和服、租借浴衣3980日圓～（附木屐、束口包等小物，已包含著裝費用）。僅需著裝服務為2000日圓～

在萩城下町的許多咖啡廳內，都是使用傳統工藝的萩燒器皿來提供美味餐點，街上也遍布著販售萩燒和夏蜜柑等豐富伴手禮的商店。歡迎大家來逛逛這些充滿萩之魅力的店家吧。

物樂趣

欣賞廣大的枯山水庭園

ホトリテイ（畔亭）
●ほとりてい

可以一邊欣賞優雅的日本庭園，一邊讓人悠閒放鬆的咖啡廳。店內有人氣的特製漢堡排，還有使用萩近海的鮮魚以及山口縣在地蔬菜的料理。萩膳（2500日圓）需另外預約。

☎0838-22-1755 **MAP** 附錄②23B-2

🕙11:00～16:30 休週四、1月
所山口縣萩市南片河町62 JR萩站搭循環巴士MAARU西迴42分，萩博物館前下車，步行5分 P免費

置有砂、石等，枯山水庭園呈現了山水風景

其他推薦餐點
豬肉拼盤⋯⋯⋯⋯1500日圓
雞肉拼盤⋯⋯⋯⋯1400日圓

推薦的午餐選擇
漢堡排拼盤⋯⋯⋯⋯1600日圓
黑毛和牛的多汁漢堡排就擺盤在特製的萩燒大盤中

讓人元氣充沛的驚人便宜午餐

喫茶 場々居茶
●きっさばばいさ

店內的餐點使用了在萩燒中特別少見，色彩鮮豔的粉紅和藍色的餐具器皿。這裡除了有提供咖啡和甜點之外，也可以品嘗到加了日本各地食材的家庭料理。另外店內也有販售萩燒陶器。

MAP 附錄②23A-3

☎0838-25-0666

🕙10:00～17:00
休週日 所山口縣萩市平安古107 JR玉江站車程3分 P免費

充滿木頭溫暖的店內

其他推薦餐點
炒麵⋯⋯⋯⋯⋯400日圓
黑豬肉炸豬排定食1000日圓

推薦的午餐選擇
今日午餐⋯⋯⋯⋯300日圓
店主以驚人的便宜價格提供午餐，希望大家吃完都能變得元氣充沛
（這天的主菜是薑汁燒肉）

可以挑戰彩繪上色和手拉坯體驗
萩燒窯元 千春樂 城山
●はぎやきかまもと せんしゅんらく じょうざん

可以購買飯碗、茶杯、擺飾品等萩燒陶器的窯場。從日常生活中實用的器皿到出自人間國寶之手的逸品，陳列了眾多陶器作品可以選擇。

手拉坯體驗是由陶藝師進行一對一教學，邊交流一邊完成作品。

散發溫暖的氛圍，傳統的枇杷色飯碗 1730日圓

📞0838-25-1666 **MAP** 附錄②23A-2
🕐8:00～17:00(體驗申請為～16:00) 🈺上色體驗1030日圓～、手捏陶體驗1840日圓、拉坯體驗(預約制)4000日圓(運費另計) 🏠山口縣萩市堀內西の浜31-15 🚌萩巴士中心搭萩循環巴士MAARU西迴8分，萩城跡・指月公園入口・北門屋敷入口下車，步行5分 🅿免費

呈現美麗的漸層顏色，招牌的粉紅色茶杯 1950日圓

萩最具代表性的夏蜜柑和菓子
光國本店 ●みつくにほんてん

是使用夏蜜柑來製作點心的老店，其中最推薦的就是包裹了滿滿羊羹的丸漬夏蜜柑。到了觀光旺季，有時候甚至還會銷售一空，建議最好提前預約。

📞0838-22-0239 **MAP** 附錄②23B-2
🕐9:00～18:00 🈺不定休
🏠山口縣萩市熊谷町41
🚃東萩站步行15分 🅿免費

店內的展示櫃中陳列著使用夏蜜柑製作的甜點

充滿摩登氣息的紫色馬克杯(2540日圓)也很受歡迎

注器(12960日圓)和零售的蓋子(2160日圓)

只要喝完杯中的飲料，杯底就會出現幾何圖案的杯盤組(5400日圓)

品味獨到的設計，個性十足的作品
カネコツカサ

活躍於日本國內外的金子司工房。在窯場內陳列著許多使用墨流技法，描繪了纖細圖樣的陶器作品。其中有色彩繽紛的器皿，還有獨特的擺飾品等等，作品種類相當豐富。

📞0838-27-0238 **MAP** 附錄②13B-2
🕐9:30～18:30 🈺不定休(事前需確認) 🏠山口縣萩市三見2300-1
🚃JR萩站車程10分 🅿免費

陳列作品的擺設也獨具品味

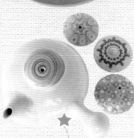

充滿豐郁的風雅滋味！
萩的伴手禮

散發淡淡苦味的外皮配上緊密飽滿的羊羹，是充滿深度的滋味。丸漬夏蜜柑1296日圓

深度接觸傳統的萩製產品
城下町的咖啡廳＆購

齊聚了配色流行又可愛的商品
岩川旗店 ●いわかわはたてん

販售了在自家店內親自染製，使用漁夫的大漁旗布料製作而成的原創袋子、襯衫、生活小物等商品。

MAP 附錄②23C-2
📞0838-22-0273
🕐9:00～18:00 🈺不定休
🏠山口縣萩市古萩町40 🚃JR東萩站步行10分 🅿免費

總共30種以上充滿萩式風格設計的手巾。1條1080日圓起。

可以摺疊收納進內袋的小圓袋2376日圓

開業100年以上的旗幟布幕專賣店

引人目光的華麗花漾午餐墊和環保筷袋1500日圓

樸素的風格大受女性歡迎，手craft手編的生活小物收納籃1500日圓

使用萩出產的夏蜜柑製作成果乾
たけなか 松陰神社店
●たけなかしょういんじんじゃてん

是位於松陰神社境內的商店。店內從新鮮的夏蜜柑水果，到果汁、點心等商品應有盡有。其中大受歡迎的就是丸漬夏蜜柑、果乾和果凍等產品。

📞0838-25-4111 **MAP** 附錄②22D-2
🕐8:00～17:00 🈺無休 🏠山口縣萩市椿東船津松陰神社境內 🚃JR東萩站步行15分搭萩循環巴士MAARU東迴13分，松陰神社前下車即到 🅿免費

綜合了3種夏蜜柑甜點的夏蜜柑菓子三色1620日圓

從夏蜜柑的生產到加工，全都一手包辦的專賣店

陳列了眾多獨特的作家作品
art shop TAZZ ●アートショップタズ

以出自在地年輕創作者之手的器皿和布製品為首，店內陳列了縣內外眾多作家的作品，另外還會配合季節舉辦作家的展示會和活動。

📞0838-26-6020 **MAP** 附錄②23B-2
🕐11:00～18:00 🈺週一 🏠山口縣萩市東田町西區144 🚃JR東萩站車程5分 🅿使用御成道田町停車場(7:00～20:00免費)

建於田町商店街的一角

一路綿延的白漆土牆
問田益田氏舊宅土牆
●といだますだしきゅうたくどべい

土牆　　景點
☎ 0838-25-1750（萩市觀光協會）
MAP 附錄② 23A-2

這裡是萩藩永代家老益田家的分家，問田益田舊宅的土牆。一路綿延約232m長的土牆採用本瓦葺瓦，為萩市指定有形文化財，附近一帶也是日本的重要傳統建築物群保存地區。
自由參觀
📍山口縣萩市堀內
🚌JR萩站搭萩循環巴士MAARU西迴44分，萩城跡・指月公園入口・北門屋敷入口下車即到，步行5分

具有四季美景的史跡公園
萩城跡指月公園
●はぎじょうあとしづきこうえん

公園　　景點
☎ 0838-25-1826
MAP 附錄② 23A-2

萩城是毛利輝元在慶長9（1604年）建造的毛利家居城。現在則是保留了指月山山麓的部分石垣和溝渠原貌，將這一帶整理成指月公園。
⏱8:00～18:30（11～2月為8:30～16:30，3月為8:30～18:00）📅無休 💴入場門票210日圓（使用與舊厚狹毛利家宅邸長屋的共通券）📍山口縣萩市堀內城內1-1 🚌JR萩站搭萩循環巴士MAARU西迴44分，萩城跡・指月公園入口・北門屋敷入口下車即到，步行5分 🅿免費

追思毛利一族的榮華
舊厚狹毛利家萩屋敷長屋
●きゅうあさもうりけはぎやしきながや

舊宅　　景點
☎ 0838-25-2304
MAP 附錄② 23A-2

由毛利元就的5男元秋為當家之祖的厚狹毛利宅邸。主屋在明治維新時被拆除，唯一保留下來的長屋則是安政3（1856）年建造的建築，現在已成為國指定重要文化財。
⏱8:00～18:30（11～2月為8:30～16:30、3月為8:30～18:00）📅無休 💴入場門票100日圓（與萩城跡指月公園的共通券為210日圓）📍山口縣萩市堀內85-2 🚌JR萩站搭萩循環巴士MAARU西迴44分，萩城跡・指月公園入口・北門屋敷入口下車即到 🅿免費

在過去是教育學子的藩校之地
舊萩藩校明倫館
●きゅうはぎはんこうめいりんかん

名勝　　景點
☎ 0838-25-1750（萩市觀光協會）
MAP 附錄② 23B-3

為了教育毛利家家臣的子弟，於享保3（1718）年創立的藩校，並在嘉永2（1849）年遷移到現址。在館區內有作為劍槍術場的有備館，還有水練池和觀德門等設施。
⏱9:00～16:40（有備館）📅無休 💴免費參觀 📍山口縣萩市江向602 🚌JR萩站搭萩循環巴士MAARU西迴29分，萩・明倫中心下車即到 🅿一次310日圓

隨時適合迎接貴賓，費盡心思裝潢的住宅
舊久保田家住宅
●きゅうくぼたけじゅうたく

舊宅　　景點
☎ 0838-25-1750（萩市觀光協會）
MAP 附錄② 23B-2

在藩政時代時，久保田家從布服轉業為釀酒業，現在看到的住宅則是經過保存修理之後的建築。明治時代的名士在造訪萩的時候，還會將這作為留宿的場所。屋內費盡巧思的內部結構，是值得一看的精采之處。
⏱9:00～17:00 📅無休 💴參觀門票100日圓 📍山口縣萩市呉服町1-31-5 🚌JR萩站搭萩循環巴士MAARU西迴42分，萩博物館前下車，步行3分

松陰的叔父就是松下村塾的創始人
玉木文之進舊宅
●たまきぶんのしんきゅうたく

舊宅　　景點
☎ 0838-25-1750（萩市觀光協會）
MAP 附錄② 22D-2

是吉田松陰的叔父玉木文之進的舊宅。松陰在安政4（1857）年繼承的松下村塾，原本一開始就是叔父玉木文之進在自家開設的私塾。
⏱9:00～17:00 📅無休 💴自由參觀 📍山口縣萩市椿東1584-1 🚌JR東萩站搭萩循環巴士MAARU東迴16分，東光寺下車，步行5分 🅿免費

在重要文化財的町家參觀珍貴寶物
菊屋家住宅
●きくやけじゅうたく

舊宅　　景點
☎ 0838-25-8282
MAP 附錄② 23B-2

這裡是萩藩御用商人的菊屋家住宅，其中的主屋、書庫、金庫、米倉、釜場被指定為日本的重要文化財。屋內展示了美術品等物品，能讓人想像當時御用商人的生活情景。
⏱8:30～17:15 📅無休（12/31休館）💴入場門票600 📍山口縣萩市呉服町1-1 🚌JR萩站搭萩循環巴士MAARU西迴42分，萩博物館前下車，步行3分

浮世繪、東洋陶瓷、陶藝的美術館
山口縣立萩美術館・浦上紀念館
●やまぐちけんりつはぎびじゅつかんうらがみきねんかん

美術館　　景點
☎ 0838-24-2400
MAP 附錄② 23B-3

在萩出身的企業家浦上敏朗先生寄贈個人收藏的契機下，進而開館的博物館。館內除了有歌川廣重、葛飾北齋等人的浮世繪畫作之外，也有收藏並展示東洋陶瓷器和近現代的陶藝作品。
⏱9:00～16:30 📅週一（逢假日則開館）💴入館門票300日圓（特別展另計）📍山口縣萩市平安古町586-1 🚌JR萩站搭萩循環巴士MAARU西迴42分，萩博物館前下車即到 🅿免費

認識萩的在地歷史及偉人
萩博物館
●はぎはくぶつかん

博物館　　景點
☎ 0838-25-6447
MAP 附錄② 23A-2

館內展示了萩的歷史和自然，以及當地偉人等相關資料。其中有結合展示和影像的展劇及高杉晉作資料室，以及生物發現藝廊等各式各樣的有趣展示。
⏱9:00～16:30 📅無休（6月可能會臨時休館）💴入館門票510日圓 📍山口縣萩市堀內355 🚌JR萩站搭萩循環巴士MAARU西迴42分，萩博物館前下車即到 🅿1次310日圓

縣內數一數二的海灘
菊濱
●きくがはま

名勝　　景點
☎ 0838-25-1750（萩市觀光協會）
MAP 附錄② 23A-2

是從萩城遺址一路綿延的白砂青松海岸，自古也是和歌詠頌對象的名勝景點。來到這個地方，眼前就是一望無際的日本海，還能遠眺指月山和近海附近的島嶼，擁有絕佳的美景視野。
自由參觀
📍山口縣萩市堀內 🚌JR萩站搭萩循環巴士MAARU西迴43分，菊ヶ浜入口下車即到 🅿免費（海水浴場開放時期1次1000日圓）

能了解過去河岸生活模式的史蹟
舊湯川家屋敷
●きゅうゆかわけやしき

名勝　　景點
☎ 0838-25-1750（萩市觀光協會）
MAP 附錄② 23C-4

位於藍場川最上游的宅邸。從牽引河水至庭園，以及廚房和浴室都是利用庭園流出的水來看，就能了解當時居民的生活模式。
⏱9:00～17:00 📅無休 💴參觀門票100日圓 📍山口縣萩市川島67 🚌JR萩站搭萩循環巴士MAARU西迴17分，藍場川入口下車，步行10分 🅿免費

使用萩燒來享用手打蕎麥麵
がんこ庵
● がんこあん

蕎麥麵　美食

☎ 0838-22-6271

MAP 附錄② 23B-2

梅子山藥十割蕎麥麵1300日圓

使用石臼研磨國產蕎麥，再手揉手打出蕎麥麵，讓麵條咬勁十足又帶有豐郁風味。店內使用了紀州南高梅的梅子山藥十割蕎麥麵很受歡迎，另外也品嘗到萩出產的鹽巴滋味。

🕐11:00～售完即打烊
休不定休　所山口縣萩市江向587
🚌JR萩站搭萩循環巴士MAARU西迴31分，玉木病院前下車即到
🅿免費

也備有孩童尺寸的自行車出租店
スマイル貸自転車
● スマイルかしじてんしゃ

租借自行車　玩樂

☎ 0838-22-2914

MAP 附錄② 23A-2・23C-2

備有20～27吋的車款也有很多的附車籃的車

除了在距離萩城跡指月公園徒步1分鐘的地方有營業處之外，在東萩站前、萩巴士中心旁、萩・明倫學舍（僅3～11月）等地也都有營業處，也有提供異地還車的服務。

🕐8:00～18:00（冬期為～17:00）　休雨天時
¥1小時200日圓，5小時以上1天1000日圓
所山口縣萩市堀內二區83-27　🚌JR萩站搭萩循環巴士MAARU西迴44分，萩城跡・指月公園入口・北門屋敷入口下車，步行2分　🅿免費

萩特產的柑橘加工產品專賣店
柚子屋本店
● ゆずやほんてん

體驗　玩樂

☎ 0838-26-2111

MAP 附錄② 13C-1

在工廠附設的直銷店內，販售了眾多萩店的特產伴手禮

可以參觀萩特產夏蜜柑等水果的加工場，也可以現場試喝果汁。其中柚子和夏蜜柑的果醬（160g，648日圓）和有益健康的橙汁飲料（720mL，1542日圓）都很受歡迎。

🕐9:00～17:00　休無休（除了12月31日、1月1日）　¥自由參觀
所山口縣萩市椿東1189（笠山中腹）　🚌JR東萩站搭防長交通巴士13分，越ケ浜下車，步行10分　🅿免費

萩燒的陶藝美術館
吉賀大眉紀念館
● よしかたいびきねんかん

紀念館　景點

☎ 0838-26-5180

MAP 附錄② 22D-1

與泉流山窯建於同樣的用地內

館內有古賀大眉的作品和古陶瓷器，展示了追求超越傳統的陶藝之美。這裡除了有提供陶藝體驗的工房之外，還能參觀登窯和轆轤，也有販售陶藝作品的藝廊等設施。

🕐9:00～17:00　休無休　¥入館門票500日圓　所山口縣萩市椿東永久山426-1　🚌JR東萩站搭循環巴士MAARU東迴2分，古賀大眉記念館前下車即到　🅿免費

眾多萩的土產伴手禮
萩伴手禮博物館
● はぎおみやげはくぶつかん

伴手禮　購物

☎ 0838-26-5339

MAP 附錄② 23C-2

齊聚了以上的伴手禮300種

是位於田町商店街入口處的伴手禮店，販售了點心、在地美酒、魚板等食品，另外還有以萩燒為主的工藝品等在地特產。

🕐10:00～18:30
休不定休
所山口縣萩市東田町13-1
🚌JR東萩站步行15分
🅿免費

使用嚴選新鮮食材的魚板
忠小兵衛蒲鉾本店
● ちゅうこべえかまぼこほんてん

魚板　購物

☎ 0838-22-0457

MAP 附錄② 23C-4

除了本店之外還有御許町店

是創立邁入160周年的老字號魚板店，店內販售了使用新鮮狗母魚和古傳製法燒烤的魚板和牛蒡捲等商品，還可以在這裡買到風味絕佳的柚子捲。

🕐8:30～18:00
休無休
所山口縣萩市椿陣ケ原2757-1
🚌JR萩站步行10分
🅿免費

店內販售了原創的魚肉製品
荒川蒲鉾店
● あらかわかまぼこてん

魚板　購物

☎ 0838-22-0377

MAP 附錄② 23C-2

店面陳列了剛出爐的魚可樂餅和平天

大正時代創立的魚漿製品專賣店。店面陳列了使用狗母魚製成的魚板、魚可樂餅、平天和牛蒡捲等商品，只買1個也沒問題。人氣的魚可樂餅1個65日圓。

🕐7:00～18:00
休無休
所山口縣萩市東田町46
🚌JR萩站搭萩循環巴士MAARU東迴5分，萩バスセンター下車，步行5分

有益身體健康的素食料理
La Ceiba
● ラセイバ

創意料理　美食

☎ 0838-21-4331

MAP 附錄② 23C-2

今日的肉品或鮮魚午餐1500日圓前菜

以在地有機栽培蔬菜為中心的素食餐廳。午餐菜色每日更換，可以選擇MUTSUMI豬和在地海魚的肉品鮮魚料理或者是義大利麵。

🕐12:00～14:00、18:00～21:00（週一～週三僅中午營業）　休週日、第3週一　所山口縣萩市東田町92　🚌JR萩站搭萩循環巴士MAARU東迴5分，萩バスセンター下車，步行3分

★ 城下町的午茶時光　CLOSE UP

如果走累了的話，就到具有復古外觀和特色裝潢的咖啡廳休息一下。

能品味正統滋味的咖啡專賣店
カフェテリア異人館
● カフェテリアいじんかん

店內是使用地下40m處汲上來的水來沖泡咖啡。店家建築是用紅磚打造，看起來十分醒目。

MAP 附錄②23B-2

☎ 0838-25-6334

🕐9:00～17:30　休不定休　所山口縣萩市吳服町2-61　🚌JR萩站搭萩循環巴士MAARU西迴31分，萩美術館 浦上記念館・萩城下町入口下車即到　🅿免費

咖啡套餐650日圓善哉

復古的藝廊咖啡廳
俥宿 天十平
● くるまやどてんじゅっぺい

是將江戶、大正時代的民宅作為店面使用的藝廊咖啡廳，道地的紅茶和手工司康深受客人好評。

MAP 附錄②23B-2

☎ 0838-26-6474

🕐10:00～17:00　休週三　所山口縣萩市南古萩町33-5　🚌JR萩站搭萩循環巴士MAARU西迴31分，萩美術館 浦上記念館・萩城下町入口下車，步行5分　🅿免費

日的圓套餐650日圓的手工司康和紅茶

適合當作伴手禮的萩燒小物
雅萩堂
● がしゅうどう

陶器　購物

☎ 0838-25-8111

MAP 附錄② 23A-2

店內商品以年輕創作者的作品為中心

位於堀內地區一角的萩燒陶器店。店內陳列著店主在窯場挑選，大約70位作家的陶藝作品。其中也有像是筷架（324日圓）等深受女性喜愛的生活小物。

🕐10:00～18:00　休不定休
所山口縣萩市堀內258-37
🚌JR萩站搭萩循環巴士MAARU西迴44分，萩城跡、指月公園入口下車，步行5分

陳列了質地柔軟又順手的陶藝作品
萩燒 元萩窯
● はぎやきげんしゅうがま

陶器　購物

☎ 0838-25-0842

MAP 附錄② 23C-4

迷你的三輪車模型1000日圓

陳列了生活常用的實用餐具和傳統茶具，甚至還有迷你三輪車模型等趣味十足的萩燒作品。另外在這裡也可以挑戰手捏陶或是手拉坯的體驗（各2000日圓～）。

🕐9:00～17:30（僅預約體驗不限於營業時間內）　休不定休
所山口縣萩市川島14
🚌JR東萩站步行20分
🅿免費

殿町通上有令人印象深刻的白牆和水道

範例路線
周游一圈
3小時

鯉魚悠游的城下町
在津和野悠閒地騎自行車

這條位於JR津和野站以南約2km長的大道上，聚集了許多藝術景點和歷史悠久的建築物。大家可以騎著自行車，恣意周遊在美麗的街頭上。

津和野
つわの

有山陰小京都之稱，在歷史悠久的街頭上有眾多美術館

本區域的主要街道就是商家林立的本町通，以及有鯉魚在水道悠游的殿町通。街上的個性派美術館介紹了與在地有淵源的畫家，另外還有許多其他的文化設施。津和野天主教堂和太皷谷稻成神社也是值得一見的精采景點。

交通路線

（詳細交通指南和本區域路線圖請參考 P.126）

巴士	東萩站	防長交通搭巴士	津和野站
		⏱1小時45分 ¥2190圓	

電車	東萩站	JR山陰本線	益田站
		⏱1小時13分	

	JR山口線	津和野站
	⏱40分 ¥1660圓	

自駕	中國自動車道六日市IC	187 9	津和野站前
		約47km ⏱1小時15分	

資訊洽詢

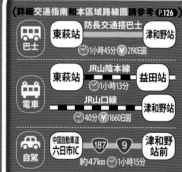

津和野觀光協會
☎0856-72-1771
津和野町商工觀光課
☎0856-72-0652

松江宍道湖溫泉
湯之川溫泉
出雲　松江
安來
島根縣
三瓶溫泉
玉造溫泉
濱田
石見銀山
這裡
溫泉津溫泉
津和野
有福溫泉

進入充滿幻想和想像的安野世界
① 津和野町立安野光雅美術館
●つわのちょうりつあんのみつまさびじゅつかん

展示了曾榮獲以國際安徒生獎為首的國內外各大獎項，津和野町出身的畫家安野光雅的作品。重現了昭和初期的教室「昔日教室」和星象儀也是館內的精采看點。

☎0856-72-4155　⏱9:00～16:45　**MAP** 附錄②22F-1
休3、6、9、12月的第2週四　¥入館門票800日圓　所島根縣津和野町後田イ60-1　□JR津和野站下車即到　P免費

約5分

作品旁還附上了安野先生的說明
©安野光雅美術館

禮拜堂是鋪有榻榻米的哥德式建築
② 津和野天主教堂
●つわのカトリックきょうかい

昭和6（1931）年，由德籍的舍費爾神父建造的哥德式建築教堂。在沉著的木造建築內部就裝飾著美麗的彩繪玻璃。

☎0856-72-0251　**MAP** 附錄②22F-2
⏱8:00～17:00　休無休　¥自由參觀　所島根縣津和野町後田口66-7　□JR津和野站步行10分

是殿町通上特別引人注目的建築

即到
Start!

首先是租借自行車

位於站前的「釜井商店」備有300輛自行車，也有提供免費寄放行李的服務。

MAP 附錄②22F-1
☎0856-72-0342
（釜井商店）
⏱8:00～19:00　休無休　¥租借自行車2小時500日圓，1天800日圓

租借自行車後還能拿到觀光地圖

焦點建議

站前的桑原史成寫真美術館內設有觀光服務處，現場備有各種導覽手冊。工作人員也會幫忙提供觀光建議哦。

☎0856-72-1771
（津和野觀光協會）

沙羅の木　松韻亭
巴士中心
津和野溫泉宿 wata屋
明月照門簾旅館
三松堂 菓心庵
② 津和野天主教堂
永明寺
↑
JR山口線
津和野町立安野光雅美術館
みのや
山田竹風軒本店 本町店
本町通
吉永米店
郵局
可以在這裡餵鯉魚
桑原史成寫真美術館
津和野町觀光協會
JR津和野站
①
町營停車場
釜井商店
在這裡租自行車
93輛，一天500日圓
益田站
N
津和野脚踏車MAP
周邊圖 附錄②22

適合休息和購物的地方

蜂斗菜什錦飯配上滷菜和醬菜的蜂斗菜什錦飯定食750日圓

氣氛十足的
民藝風格茶屋
みのや

在直火烹煮的紅豆湯裡放入年糕和栗子的栗子善哉550日圓

三角屋頂配上木製拉門的樸素設計，讓人不禁聯想到江戶時代的茶屋。店內除了有提供加了甜甜鹹鹹的蜂斗菜，和白飯十分對味的招牌蜂斗菜什錦飯之外，還有善哉（夏期是冷製善哉）和黃豆粉麻糬等豐富的甜點選擇。

☎0856-72-1531 MAP 附錄②22F-1
🕐9:30～17:30 休週三（逢假日則翌日休）
所島根縣津和野町後田イ75-1
🚉JR津和野站步行3分
🅿免費

稻草天花板和竹製椅子都充滿了復古情懷

包裹了自家製紅豆餡的津和野銘菓
山田竹風軒本店 本町店
●やまだちくふうけんほんてんほんまちてん

店內招牌商品「源氏卷」中，包裹著甜味較淡的紅豆沙。另外在隔壁的設施還會舉辦親手製作源氏卷的手工體驗（500日圓，於SL運行日舉辦，需向店家確認）。

☎0856-72-1858 MAP 附錄②22F-2
🕐7:30～18:30 休無休
所島根縣津和野町後田口240
🚉JR津和野站步行5分
🅿免費

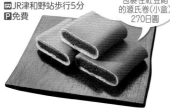
用薄薄的外皮包裹住紅豆餡的源氏卷（小盒）270日圓

可以透過影像和資料來認識森鷗外

🚲 約10分

介紹森鷗外一生的近代文學資料館
⑤ 森鷗外紀念館
●もりおうがいきねんかん

可以在這裡更加認識出生於津和野町的文豪，同時也具有軍醫身分的森鷗外。館內會透過影像和書信等展示品，用淺顯易懂的方式來介紹森鷗外的一生。

MAP 附錄②22E-3
☎0856-72-3210
🕐9:00～16:45 休週一（逢假日則翌日休）¥入館門票600日圓 所島根縣津和野町町田イ238 🚉JR津和野站搭石見交通巴士6分，鷗外舊居下車即到 🅿免費

紀念館就緊接於森鷗外的舊宅的南側

架設了連綿不絕的紅漆鳥居，
是日本五大稻荷神社之一
太皷谷稻成神社 ④
●たいこだにいなりじんじゃ

從京都的伏見稻荷大社分靈而來，由津和野藩主龜井矩貞所創。為了祈求能夠心想事成，便將「稻荷」的漢字改寫為「稻成」。在神社境內還能一覽津和野川周邊一帶的街景。

MAP 附錄②22E-2
☎0856-72-0219
自由參拜 所島根縣津和野町後田409
🚉JR津和野站搭計程車4分 🅿免費

供奉了保佑五穀豐收，生意興隆的神明

自行車要停在表參道的入口哦

🚲 約5分

約1000座鳥居連綿的表參道

美術館用地內建造了廣大的日本庭園

館內甚至還有展示高達2m左右的大型作品

純和風宅邸的
展示空間值得一看
③ 杜塾美術館
●もりじゅくびじゅつかん

利用屋齡約150年的庄屋宅邸建成的美術館。以津和野町出身的畫家中尾夫妻的作品為中心，還有展示哥雅的版畫「鬥牛術」系列作，以及大正時代的刺繡等作品。

MAP 附錄②22F-2
☎0856-72-3200
🕐9:00～17:00（視時期而異）
休週一～四（逢假日則開館）
¥入館門票500日圓 所島根縣津和野町森村イ542 🚉JR津和野站步行12分 🅿免費

🚲 約5分

太皷谷稻成神社 ④

西周舊居　哲學家西周出生的家　城山公園 津和野城遺址　津和野城觀光纜車　津和野川　殿町通
⑤ 森鷗外紀念館　鷗外村ふる里　津和野高中　津和野大橋　藩校養老館　津和野
JR山口線　連接新山口站～津和野站的SL山口號（P.111）　③ 杜塾美術館 展示了畫家中尾彰的作品　津和野公民會館

秋吉台

あきよしだい

位於山口縣西部的秋吉台標高從200m至400m不等，是日本最大規模的喀斯特台地。露出地表的石灰岩和草原，也形成獨特的景觀。位於秋吉台地底下的秋芳洞，則是日本第一規模的鐘乳石洞。歡迎大家來這裡盡情享受地上與地下的自然美景。

欣賞日本首屈一指的巨大鐘乳石洞

秋芳洞

●あきよしどう

秋芳洞是日本首屈一指的特別天然紀念物，也是日本的鐘乳石洞。在全長10.3km的鐘乳石洞中，現在公開了約1km的部分。在對外公開的路線中也有高30m，寬80m的巨大空間，能欣賞到百枚皿和黃金柱等精采奇觀。洞內溫度一年四季都保持在17℃，因此在夏天會感覺涼爽，冬天則會覺得溫暖。鐘乳石洞總共有3個入口，最推薦從秋芳洞服務處進去參觀。

MAP 附錄②13B-3
☎0837-62-0305
（秋吉台觀光交流中心）
🕐8:30～16:30
休 無休
¥ 入場門票1200日圓
山口縣美祢市秋芳町秋吉
秋吉台IC車程5km
P 1天400日圓

交通路線

（詳細交通指南和本區域路線圖請參考 P.126）

巴士	新山口站	防長交通巴士	秋芳洞巴士站
		約37分　1170日圓	

自駕	小郡萩道路 秋吉台IC	435 約7km	242 約10分	秋吉台

資訊洽詢

秋吉台觀光
交流中心
☎0837-62-0305

美彌市觀光協會
☎0837-62-0115

長門湯本溫泉
萩
萩溫泉鄉
這裡
山口　山口縣
秋吉台、秋芳洞

漫步前的必備常識！

由於洞內的走道有時候會因水而濕滑，前往參觀時記得穿上防滑的鞋子和方便行動的服裝。

百枚皿
●ひゃくまいざら

鐘乳石洞內的盤狀地形數量總共有500座以上，其中甚至還有直徑超過4m的尺寸。這種盤狀地形是洞下水從上方往下流動的時候，地下水內含的石灰成分在途中凝固所形成的模樣。

盡情欣賞地下和地上的美景吧！

宛如冒險家

所需時間約2小時

前往秋芳洞&秋吉台探險去!!

這邊要來介紹編輯部推薦的秋芳洞&秋吉台參觀路線。洞內所有的照明都改為了LED燈，遊客可以盡情欣賞鐘乳石洞的自然原色。

傘林
●かさぐし

這裡看起來就像以前賣傘的店一樣，天花板上垂吊了許多長約1m，長得就像雨傘的細長鐘乳石。據說這片景觀以前就被稱為是「傘店」。

千町田
●ちまちだ

雖然形成過程與百枚皿一樣，但是這裡每一塊地形面積都是比百枚皿還要大的淺灘。在這些盤狀地形中，還有像是眼睛退化的鉤蝦等棲息在洞窟及地下水的特有生物。

廣庭（洞內富士）
●ひろにわ（どうないふじ）

是鐘乳石洞內最大的石筍景觀。從洞內天花板流下來的水含石灰成分，這些石灰成分沉澱後與泥土混在一起，然後從下方開始逐漸上堆積成形。由於模樣看起來讓人聯想到富士山，因此又有「洞內富士」的稱號。

青天井
●あおてんじょう

是天花板高25m，寬40m左右的巨大空間。從入口照射進來的陽光在水面反射後，藍色的水光會映照在天花板上，讓天花板呈現藍白色的模樣。

這裡是注意重點！

大家可以把車停在付費的秋芳洞第一停車場，再穿越商店和餐飲店的大道前往秋芳洞。由於洞內沒有設置廁所，所以記得在入洞前先解決需求。

秋芳洞入口
●あきよしどういりぐち

秋芳洞入口處高20m，寬8m。從洞內流出的水會形成三層瀑布，在這裡飛濺出水花後落入鈷藍色的河面。

如果你想要更加 **"深入體驗"** ...

從青天井出發約100m的冒險路線（全年舉辦），是讓遊客手拿著手電筒前往的刺激體驗。在這段路必須爬上岩石，還要穿過鐘乳石之間的縫隙，所以在移動時要記得小心自己的腳步。

☎0837-62-0018
（秋芳洞服務處）
¥ 體驗費用300日圓（入場門票另計）

START!!

宛如冒險家，前往秋芳洞&秋吉台探險去!!

喀斯特展望台

秋吉台首屈一指的美景景點

這座喀斯特展望台就位於距離秋吉台服務處步行5分鐘的地方。在這裡能欣賞到360度的展望美景，周圍還有長約1.5km的自然觀察道。

如果要回去

停車場…

平日可以搭乘共乘的秋吉台喀斯特計程車（一天5班，300日圓，11月～3月停駛），週六日和假日可搭乘秋芳洞循環巴士（一天7班，170日圓～）。當然大家也可以直接沿原路走回去。從黃金柱到秋芳洞入口步行約30分鐘左右。

稍微學習一下

喀斯特地形的小知識

秋吉台與秋芳洞的形成過程

由於海底火山噴發，在海中形成了海山（①），接著大海中的珊瑚礁開始聚集在此，生物屍體也在此堆積，成為厚達700m以上的石灰岩（②）。形成至此，大約就經過了1億數千萬年的時間。隨著海洋板塊沉入大陸板塊底下③，石灰岩成為大陸板塊的一部分而陸化。另外在地底下，由於雨水會從石灰岩的縫隙滲入地下④，讓受到侵蝕的縫隙變得越來越大，進而就形成了洞窟。等到地下水內含的石灰成分開始沉澱堆積，就變成了鐘乳石⑥。要形成這樣的地形，總共花費了約2億年的歲月。

GOAL!!

秋吉台
あきよしだい

白色岩石與綠地草原的對比景致

為日本三大喀斯特地形之一。自2億數千萬年前從海底隆起，便成為了白色石灰岩的台地。在4500公頃的土地面積中也有被指定為國家公園，成為秋吉台會定期舉辦燒山儀式，現在才會形成如此獨特的景色。另由於石灰岩會不斷受到雨水侵蝕，所以一路上都還是持續在變化。在這裡一路上都是連綿的丘陵地，因此也很適合踏青健行。

☎ 0837-62-0115（美彌市觀光協會）　MAP 附錄②13B-3
所 山口縣美祢市秋芳町秋吉台　秋吉台IC車程7km
P 免費

黃金柱
こがねばしら

是高15m，寬4m的巨大石灰華柱，為秋芳洞的一大奇觀。從天花板流出的地下水沿著岩壁流動，石灰成分便逐漸附著在上面。經過長達數萬年的歲月時光後，便打造出了巨大的石柱奇景。

稍微走回去一段
搭乘電梯直升80m前往地面

推薦的
順道一遊景點

秋吉台野生動物園
●あきよしだいサファリランド

位於秋吉台國家公園內，可以觀賞到約60種600隻的動物。遊客除了可以駕駛自用車周遊園內之外，也可以選擇搭乘園內的專用巴士，在巴士上還能挑戰餵食動物的體驗。

野生動物會靠近巴士的窗邊

MAP 附錄②13B-3
☎ 08396-2-1000
⏰ 9:30～16:15（視時期而變動）
休 無休　野生動物園門票2400日圓
所 山口縣美祢市美東町赤1212
絵堂IC車程3km　P 免費

台觀望合歡店
●だいかんぼうねむてん

將融入山葵的炒麵熱炒後，在炒麵上鋪上秋吉台高原牛肉，還有使用山口縣雞蛋的手工煎蛋絲之後，就是當地特產的禪師河童蕎麥麵。吃的時候還要淋上特製的溫熱醬汁來品嚐。

禪師河童蕎麥麵980日圓

MAP 附錄②13B-3
☎ 0837-62-1521
⏰ 9:00～16:30　休 無休　所 山口縣美祢市秋芳町秋吉3385　秋吉台IC車程5km　P 免費

若竹山　喀斯特展望台　秋吉台　秋芳洞第一停車場　秋吉台IC→
Nagashakuri窪地　美彌市立秋吉台科學博物館（電梯）　秋芳洞服務處　包租巴士
秋吉台服務處　把車停在這裡比較方便　秋芳洞觀光交流中心
巴士站　黑谷服務處　青天井　輪椅可以使用至廣庭
黑谷口　五月雨御殿　石灰華瀑布　廣庭（洞內富士）
秋吉台家族旅館村　3億年時光隧道　岩鹿王　黃金柱　冠林　秋芳洞入口
水母逆流瀑布　千疊敷　石筍坂　千町田　南瓜岩　百枚皿

萩、津和野區域的溫泉住宿

在萩溫泉鄉林立著眾多風情十足，與復古街景相襯相映的住宿設施。這邊就要來介紹搭配了舒適名湯，還能享受美味料理和寧靜氣氛的旅館。大家也可以稍微走遠一點，前往有五百多年歷史的長門湯本溫泉看看。

萩溫泉鄉

聚集了多數溫泉，
整座歷史小鎮就是個溫泉鄉

這裡聚集了擁有不同泉質的8座溫泉，讓整個城鎮成為一個溫泉鄉。溫泉鄉的地點就位於萩城下町附近，大家可以一邊感受幕末的浪漫和歷史，一邊悠閒享受溫泉的魅力。

男用和女用總共14種溫泉浴池
可以讓人盡情享受泡湯樂趣

城牆露天浴池

萩本陣
★はぎほんじん

露天浴池／有接送服務（需確認）OK／信用卡OK／不住宿泡湯OK 1030日圓～（僅住宿）

是擁有湧自地下2000m自家源泉的旅館。在「湯之丸」有土牆露天浴池、氣泡浴池、步行湯等各式各樣的浴池種類，以萩城下町為主題的露天浴池也十分迷人。

☎0838-22-5252　MAP 附錄②22D-2
¥1泊2食15270日圓～
IN/15:30、OUT/10:00
山口縣萩市椿東385-8　JR東萩站車程5分　P免費　客室91間

房人放鬆心情的客房
裝潢簡單能讓
（示意圖）

露天浴池客房「女郎花」

宵待之宿 萩一輪
★よいまちのやどはぎいちりん

露天浴池／房內用餐OK／有接送服務（需預約）／信用卡OK

一來到這間旅館，眼前就是宜人的療癒景點「菊濱」。從人氣的足湯和露天浴池客房，都可以一覽菊濱的美景。館內另設有2間女性專用的療癒房間，準備了許多適合女性的主題設施。

☎0838-25-7771　MAP 附錄②23A-2
¥1泊2食10950日圓～　IN/15:00、OUT/10:00　山口縣萩市堀內菊ヶ浜482-2
JR東萩站車程7分　P免費　客室30間

照耀在萩的夕陽落日下，
舒緩身心的疲勞

館內有陶器和檜木等
11種浴池類型

美萩渡假村飯店
★リゾートホテルみはぎ

房內用餐OK／信用卡OK／不住宿泡湯OK 1000日圓～（僅部分客房）

飯店內擁有自家湧泉的天然溫泉，並位於能一覽日本海的絕佳地理位置，在大浴場、客房、大廳等地方都能眺望到美麗海景。這裡距離聚集觀光景點的城下町地區也不遠，交通十分便利。

☎0838-21-7121　MAP 附錄②23A-2
¥1泊2食10130日圓～
IN/15:00、OUT/10:00
山口縣萩市堀內菊ヶ浜485
JR東萩站車程7分　P免費
客室40間

是面對菊濱的飯店

被選為「日本夕陽百選」和「快水浴場百選」之一，可以一覽菊濱海景的大浴場。

佇立於世界遺產「萩城下町」的中心

白牆與四季花卉相互映襯的露天浴池「白壁之湯」

位於毛利宅邸遺址，充滿三之丸風情的大門

萩城三之丸 北門宅邸飯店
★はぎじょうさんのまるほくもんやしき

露天浴池／房內用餐OK／信用卡OK

位於世界遺產「萩城下町、前上級武家之地」的中心，佇立在萩城三之丸的毛利宅邸遺址，是充滿沉穩和風情懷與瀟灑西式風格的飯店。在露天浴池中可以欣賞四季花卉和白牆風情，體驗只有在北門宅邸才能感受的世界。另外萩城下町和萩城遺址也位於飯店的徒步範圍內，所以也非常適合在附近散散步。

☎0838-22-7521　MAP 附錄②23A-2
¥1泊2食21750日圓～
IN/15:30、OUT/10:00　山口縣萩市堀內210-12
JR東萩站車程10分　P免費　客室42間

被選為「日本夕陽百選」，
位於菊濱沿岸的飯店

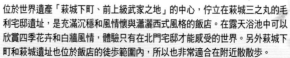

※1泊2食（或是1泊附早餐）為2人1房時的1人費用。

萩、津和野 秋吉台

萩、津和野區域的溫泉住宿

擁有五百多年的寺湯歷史

長門湯本溫泉

自大寧寺的住持發現溫泉以來，擁有500年以上的寺湯傳統歷史。溫泉街上雖然也有大型旅館，但是街頭還是充滿著鄉村氣息。

享受萩之風情的河畔旅館

在露天浴池中可以欣賞被落日染紅的街景風光

備有能品嘗山口縣當季美味的季節宴席料理和鐵板燒（照片為示意圖）

1F的大浴場「潺潺之湯」

可以享受自然恩惠和寧靜氣氛的旅館

大谷山莊日式旅館
★おおたにさんそう

露天浴池 | 房內用餐OK（視房間而異）| 有接送服務（預約制）| 信用卡OK | 不住宿泡湯OK 2000日圓

在豐富大自然與日本海的附近，位於廣闊山林間的溫泉旅館。春天有櫻花，初夏能賞螢，還有夏天的綠意及秋天的紅葉等等，在這裡能欣賞到四季不同的美景風光。館內還有能用望遠鏡觀測星空的圓頂天文台（住宿房客免費）。

☎0837-25-3300　MAP附錄②13A-2
¥1泊2食21750日圓～
IN/14:30、OUT/10:30　所山口縣長門市深川湯本2208　交JR長門湯本站步行15分　P免費　客室125間
※自2018年7月起新客房全新改裝開幕

湯本西京觀光酒店
★ゆもとかんこうホテルさいきょう

露天浴池 | 有接送服務（預約制）| 信用卡OK | 不住宿泡湯OK 1000日圓

位於大寧寺川河畔的大型住宿設施，以日本海鮮魚為首的料理和放鬆身心的露天浴池都十分受歡迎。另外在館內還設有香氛沙龍、足湯咖啡廳等設施，身心都可以在這裡好好舒緩一下。

MAP附錄②13A-2
☎0837-25-3111
¥1泊2食12030日圓～
IN/15:00、OUT/10:00　所山口縣長門市深川湯本1051　交JR長門湯本站步行10分　P免費　客室106間

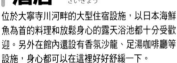

館內另設有保齡球場和卡拉OK房等各種設施

5坪的房間並附有寬廊和脫鞋處的一般客房

大浴場「朝凪」的露天浴池。男女浴池每個月互換使用

和風旅館萩八景 雁嶋別莊
★わのオーベルジュはぎはっけいがんじまべっそう

露天浴池 | 信用卡OK

建於從江戶時代就是夕陽觀景勝地的松本川河畔，是充滿和風氣氛的摩登旅館。所有備有檜木裝潢天浴池的客房都是面對河景，房客可以一邊眺望著萩的美景，一邊在這裡度過悠閒時光。

☎0838-26-2882　MAP附錄②23C-1
¥1泊2食20670日圓～　IN/15:30、OUT/10:00　所山口縣萩市椿東雁島3092　交JR東萩站步行10分　P免費　客室16間

沉穩的欅木裝潢再配上古董燈飾，是讓人留下深刻印象的沙龍設施。

享受沉穩和風風情的極致一刻

在館內各處都能欣賞到細心整理過的日本庭園

東萩站附近推薦的平價住宿

Petit Hotel Grandvert

位於萩橋橋頭，讓人聯想到外國洋館的旅館。1樓設有早餐專用的餐廳，另外還準備了按摩機、家用遊樂器材、漫畫和繪本專區等各種充實設施。

MAP附錄②23C-2
☎0838-25-8711
¥1泊附早餐6280日圓～
IN/15:00、OUT/10:00　所山口縣萩市土原370-9　交JR東萩站步行4分　P免費　客室18間

雖然全館客房都是西式房間，但都是需要脫鞋入內的格局，可以讓人好好放鬆心情。

館內的人氣早餐是剛出爐的麵包，可以吃到館

萩之宿常茂惠旅館
★はぎのやどともえ

房內用餐OK | 有接送服務（預約制）| 信用卡OK

犬養毅和司馬遼太郎等許多偉人都曾經造訪，以「萩之迎賓館」而聞名，具有悠久歷史的旅館。約2700坪的旅館用地中有25間客房，各以寧靜的離屋形式來配置，無論從哪間客房都能欣賞到風格不同的和風庭園。

☎0838-22-0150　MAP附錄②23C-2
¥1泊2食22200日圓～　IN/15:00、OUT/10:00　所山口縣萩市土原弘法寺608-53　交JR東萩站步行7分　P免費　客室25間

在鋪滿御影石的大浴場內，可以從巨大的窗戶欣賞坪亭美景

※本書刊登內容為2018年4月時的最新資訊。除了特別註明的部分之外，交通機關的車資和費用皆為搭乘一般設施（普通車指定席、B寢台等）的單程金額。所需時間視搭乘列車的種類而異，僅供讀者參考。關於電車和巴士等運行班次，平日、週六日和假日會有不同情況。搭乘交通設施時，請務必確認最新的時刻表和車資費用。

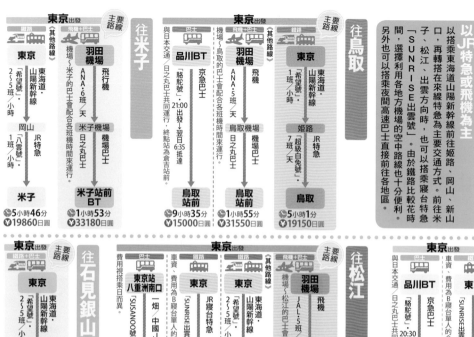

東京出發　往米子　主要路線

- 東京 →〔「希望號」・山陽新幹線 2～5班/小時〕→ 岡山 →〔JR特急「八雲號」1班/小時〕→ 米子　⏱5小時46分　¥19860日圓
- 羽田機場 →〔ANA 6班/天 飛行機〕→ 米子機場 →〔機場巴士 日之丸巴士 米子的巴士會配合各班機時間來運行〕→ 米子站前BT　⏱1小時53分　¥33180日圓

東京出發　往鳥取　主要路線

- 品川BT →〔「駱駝號」21:00出發→翌日6:35抵達 與日本交通/日之丸巴士共同運行，終點站為倉吉前〕→ 鳥取　⏱9小時35分　¥15000日圓
- 羽田機場 →〔ANA 5班/天 飛機〕→ 鳥取機場 →〔日之丸巴士 機場巴士〕→ 鳥取站前BT　⏱1小時55分　¥31550日圓
- 東京 →〔「希望號」・山陽新幹線 1班/小時〕→ 姬路 →〔JR特急「超級白兔號」7班/天〕→ 鳥取　⏱5小時1分　¥19150日圓

東京出發

以搭乘東海道山陽新幹線前往姬路、岡山、新山口，再轉搭在來線特急為主要交通方式。前往米子、松江、出雲方向時，也可以搭乘寢台特急「SUNRISE出雲號」。由於鐵路比較花時間，選擇利用各地機場的空中路線也十分便利。另外也可以搭乘夜間高速巴士直接前往各地區。

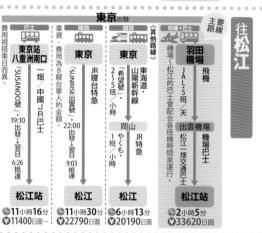

東京出發　往石見銀山　主要路線

- 東京 →〔「希望號」・山陽新幹線 2～5班/小時〕→ 廣島 →〔石見交通巴士「石見銀山號」2班/天〕→ 大森代官所跡　⏱6小時47分　¥22170日圓
- 東京站八重洲南口 →〔「SUSANOO號」一畑/中國JR巴士 19:10出發→翌日6:26抵達〕→ 松江站　⏱11小時16分　¥11400日圓
- 東京 →〔「SUNRISE出雲號」22:00出發→翌日9:03抵達〕→ 松江　⏱11小時30分　¥22790日圓
- 東京 →〔「希望號」・山陽新幹線 1班/小時〕→ 岡山 →〔JR特急「八雲號」1班/小時〕→ 松江　⏱6小時13分　¥20190日圓

往松江　主要路線

- 羽田機場 →〔JAL 5班/天 飛機 松江的巴士會配合各班機時間來運行〕→ 出雲機場 →〔松江～一畑交通巴士 機場巴士〕→ 松江站　⏱2小時5分　¥33620日圓

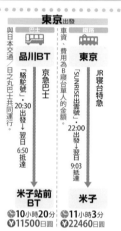

東京出發

- 品川BT →〔「駱駝號」20:30出發→翌日6:50抵達 與日本交通共同運行〕→ 米子站前BT　⏱10小時20分　¥11500日圓
- 東京 →〔「SUNRISE出雲號」22:00出發→翌日9:03抵達〕→ 米子　⏱11小時3分　¥22460日圓

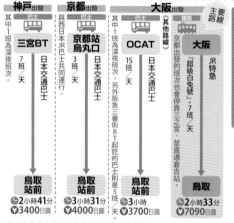

往鳥取

- 神戶出發　三宮BT →〔日本交通巴士 7班/天 其中1班為深夜班次〕→ 鳥取站前　⏱2小時41分　¥3400日圓
- 京都出發　京都站烏丸口 →〔日本交通巴士 3班/天 與西日本JR巴士共同運行〕→ 鳥取站前　⏱3小時31分　¥4000日圓
- 大阪出發　OCAT →〔日本交通巴士 15班/天〕→ 鳥取站前　⏱3小時　¥3700日圓
- 大阪出發　大阪 →〔JR特急「超級白兔號」7班/天〕→ 鳥取　⏱2小時33分　¥7090日圓

從京阪神出發

雖然是以新幹線或JR特急為主，但是搭乘高速巴士也很方便。要從大阪方向前往鳥取，搭乘特急「超級白兔號」會比較方便。如果要前往米子、松江時，可以先搭乘山陽新幹線前往岡山，再轉搭特急「八雲號」；要前往萩時，則是先搭乘山陽新幹線至新山口，再轉搭JR巴士。另外也有多班前往各地區的日間或夜間高速巴士。

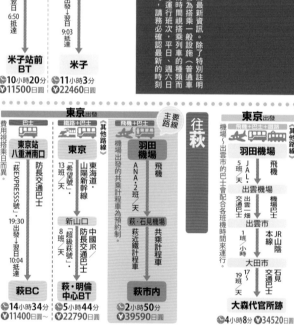

東京出發　往萩　主要路線

- 東京站八重洲南口 →〔「萩EXPRESS號」防長交通巴士 19:30出發→翌日10:04抵達〕→ 萩BC　⏱14小時34分　¥11400日圓~
- 東京 →〔「希望號」・山陽新幹線 13班/天〕→ 新山口 →〔中國JR/防長交通巴士「超級萩號」8班/天〕→ 萩・明倫中心BT　⏱5小時44分　¥22790日圓
- 羽田機場 →〔ANA 2班/天 飛機〕→ 萩・石見機場 →〔共乘鐵計程車 萩近鐵計程車 機場出發的共乘計程車為預約制〕→ 萩市內　⏱2小時50分　¥39590日圓

東京出發　往米子　其他路線

- 羽田機場 →〔JAL 5班/天 飛機 出雲市的巴士會配合各班機時間來運行〕→ 出雲機場 →〔機場巴士〕→ 出雲市 →〔JR山陰本線 1班/小時〕→ 大田市 →〔交通巴士 石見 19班/天〕→ 大森代官所跡　⏱4小時8分　¥34520日圓

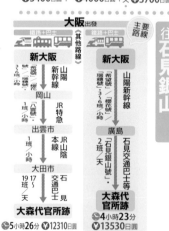

大阪出發　往石見銀山　主要路線

- 新大阪 →〔山陽新幹線「瑞穗號」「櫻花號」/「希望號」〕→ 岡山 →〔JR特急「八雲號」1班/小時〕→ 出雲市 →〔JR山陰本線 1班/小時〕→ 大田市 →〔交通巴士 石見 19班/天〕→ 大森代官所跡　⏱5小時26分　¥12310日圓
- 新大阪 →〔山陽新幹線「希望號」2～5班/小時〕→ 廣島 →〔石見交通巴士「石見銀山號」2班/天〕→ 大森代官所跡　⏱4小時23分　¥13530日圓

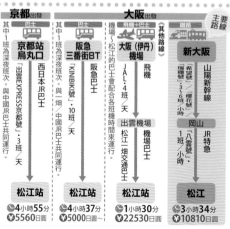

往松江　其他路線

- 京都出發　京都站烏丸口 →〔「出雲EXPRESS京都號」西日本JR巴士 3班/天 其中1班為深夜班次 與中國JR巴士共同運行〕→ 松江站　⏱4小時55分　¥5560日圓
- 大阪出發　阪急三番街BT →〔「KINIBIKI號」阪急巴士 10班/天〕→ 松江站　⏱4小時37分　¥5000日圓~
- 大阪出發　大阪（伊丹）機場 →〔JAL 4班/天 飛機 松江的巴士會配合各班機時間來運行〕→ 出雲機場 →〔松江～一畑交通巴士 機場巴士〕→ 松江站　⏱1小時30分　¥22530日圓
- 新大阪 →〔山陽新幹線〕→ 岡山 →〔JR特急「八雲號」1班/小時〕→ 松江　⏱3小時34分　¥10810日圓

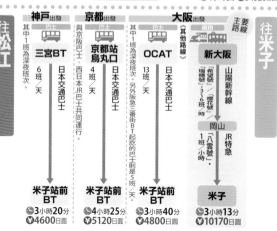

往米子　其他路線

- 神戶出發　三宮BT →〔日本交通巴士 6班/天〕→ 米子站前BT　⏱3小時20分　¥4600日圓
- 京都出發　京都站烏丸口 →〔日本交通巴士 4班/天 與京阪巴士・西日本JR巴士共同運行〕→ 米子站前BT　⏱4小時25分　¥5120日圓
- 大阪出發　OCAT →〔日本交通巴士 13班/天〕→ 米子站前BT　⏱3小時40分　¥4800日圓
- 新大阪 →〔山陽新幹線「瑞穗號」「櫻花號」/「希望號」〕→ 岡山 →〔JR特急「八雲號」1班/小時〕→ 米子　⏱3小時13分　¥10170日圓

名古屋出發

往松江（巴士《其他路線》）
終點為出雲市站。
名古屋新幹線口 →「出雲・松江・米子夢名古屋號」21:30出發→翌日6:25抵達（中國JR巴士）→ 松江站
⏱8小時55分　¥8100日圓～

往松江（鐵路 主要路線）
名古屋 → 東海道・山陽新幹線「希望號」3～6班/小時 → 岡山 → JR特急「八雲號」1班/小時 → 松江
⏱4小時28分　¥15120日圓

往米子（鐵路 主要路線）
名古屋 → 東海道・山陽新幹線「希望號」3～6班/小時 → 岡山 → JR特急「八雲號」1班/小時 → 米子
⏱4小時5分　¥14790日圓

往鳥取（鐵路 主要路線）
名古屋 → 東海道・山陽新幹線「希望號」3～6班/小時 → 姬路 → JR特急「超級白兔號」7班/天 → 鳥取
⏱3小時21分　¥12890日圓

名古屋 出發
新幹線轉搭JR特急
從所需時間和便利性來看，一般都是搭乘東海道山陽新幹線再轉搭在來線的特急。前往鳥取時可以在姬路搭乘「超級白兔號」的特急，要前往米子、松江可以在岡山轉搭特急「八雲號」。另外若要前往萩，則是可以在新山口轉搭「超級萩號」。

大阪出發

往萩（巴士《其他路線》）
與防長交通巴士共同運行。也可以在三宮BT上下車。
大阪站前 →「喀斯特號」21:45出發→翌日9:40抵達（近鐵巴士）→ 萩BC
⏱11小時55分　¥9800日圓

往萩（鐵路+巴士 主要路線）
新大阪 → 山陽新幹線「希望號」「櫻花號」1～3班/小時 → 新山口 → 中國JR防長交通巴士「超級萩號」8班/天 → 萩・明倫中心BT
⏱3小時18分　¥14480日圓

廣島出發

往米子（巴士《其他路線》）
與日本交通巴士、日之丸巴士共同運行。
廣島BC → 廣島電鐵巴士「MERRY BIRD號」7班/天 → 米子站前BT
⏱3小時38分　¥3900日圓

往米子（鐵路 主要路線）
行經倉吉前。
廣島 → 山陽新幹線「希望號」「櫻花號」3～6班/小時 → 岡山 → JR特急「八雲號」1班/小時 → 米子
⏱3小時　¥9630日圓

往鳥取（巴士《其他路線》）
廣島BC → 日之丸巴士「MERRY BIRD號」2班/天 → 鳥取站前
⏱5小時30分　¥4500日圓

往鳥取（鐵路 主要路線）
廣島 → 山陽新幹線「希望號」「櫻花號」3～6班/小時 → 岡山 → JR特急「超級因幡號」6班/天 → 鳥取
⏱2小時36分　¥10310日圓

廣島 出發
活用JR特急和高速巴士吧
首先搭乘山陽新幹線，要前往鳥取方向可在岡山轉搭JR特急比較快。如果要前往鳥取、松江等方向的話，轉搭高速巴士也很方便。若是前往鳥取、松江方向，就在岡山轉搭JR特急比較快。在新山口轉搭巴士前往萩方向也很方便。

名古屋出發

往萩（鐵路+巴士 主要路線）
名古屋 → 東海道・山陽新幹線「希望號」13～15班/天 → 新山口 → 中國JR防長交通巴士「超級萩號」8班/天 → 萩・明倫中心BT
⏱4小時8分　¥17710日圓

往石見銀山（鐵路+巴士 主要路線）
名古屋 → 東海道・山陽新幹線「希望號」2～4班/小時 → 廣島 → 石見交通巴士「石見銀山號」2班/天 → 大森代官所跡
⏱5小時12分　¥17320日圓

福岡出發

往鳥取（鐵路 主要路線）
博多 → 山陽新幹線「希望號」「櫻花號」「瑞穗」3～6班/小時 → 岡山 → JR特急「超級因幡號」6班/天 → 鳥取
⏱3小時43分　¥16460日圓

福岡 出發
選擇JR或是高速巴士
基本路線就是搭乘山陽新幹線，要往鳥取、松江方向就在岡山轉搭在來線特急。另外也可以選擇搭乘直達鳥取、松江的夜間高速巴士。若搭乘飛機，則是可以來往福岡～出雲的區間。

廣島出發

往萩（巴士《其他路線》）
廣島BC → 防長交通巴士4班/日 → 湯田溫泉 → 中國JR巴士4班/天 → 萩・明倫中心BT
⏱5小時13分　¥4670日圓

往萩（鐵路+巴士 主要路線）
廣島 → 山陽新幹線「希望號」「櫻花號」1～3班/小時 → 新山口 → 中國JR防長交通巴士「超級萩號」8班/日 → 萩・明倫中心BT
⏱1小時56分　¥7030日圓

往石見銀山（巴士 主要路線）
廣島新幹線口 → 石見交通巴士等「石見銀山號」2班/天 → 大森代官所跡
⏱0小時47分　¥3090日圓

往松江（鐵路《其他路線》）
廣島 → 山陽新幹線「希望號」「櫻花號」3～6班/小時 → 岡山 → JR特急「八雲號」1班/小時 → 松江
⏱3小時24分　¥9950日圓

往松江（巴士《其他路線》）
與一畑巴士共同運行。
廣島BC → 廣島電鐵巴士「GRAND ARROW號」1・2班/小時 → 松江站
⏱2小時55分　¥3900日圓

福岡出發

往萩（鐵路+巴士 主要路線）
博多 → 山陽新幹線「希望號」「櫻花號」1～3班/小時 → 新山口 → 中國JR防長交通巴士「超級萩號」8班/天 → 萩・明倫中心BT
⏱1小時47分　¥7350日圓

往石見銀山（鐵路+巴士 主要路線）
博多 → 山陽新幹線「希望號」「瑞穗」3班/小時 → 廣島 → 石見交通巴士「石見銀山號」2班/天 → 大森代官所跡
⏱4小時14分　¥12240日圓

往松江（巴士）
與JR九州巴士共同運行。
博多BT → 中國JR巴士「出雲夢博多號」22:45出發→翌日6:48抵達 → 松江站
⏱8小時3分　¥6900日圓～

往松江（飛機+巴士）
機場～松江的巴士會配合各班機時間來運行。
福岡機場 → JAC・2班/天（飛機）→ 出雲機場 → 出雲一畑交通巴士（機場巴士）→ 松江站
⏱1小時45分　¥29330日圓

往松江（鐵路《其他路線》）
博多 → 山陽新幹線「希望號」「櫻花號」1～3班/小時 → 新山口 → 中國JR「超級萩號」3班/天 → 松江
⏱4小時33分　¥11460日圓

往松江（鐵路 主要路線）
博多 → 山陽新幹線「希望號」「櫻花號」3～6班/小時 → 岡山 → JR特急「八雲號」1班/小時 → 松江
⏱4小時30分　¥16320日圓

往米子（巴士《其他路線》）
西鐵天神高速BT → 日本交通「大山號」22:05出發→翌日5:50抵達 → 米子站前BT
⏱7小時45分　¥8700日圓

往米子（鐵路 主要路線）
博多 → 山陽新幹線「希望號」「櫻花號」3～6班/小時 → 岡山 → JR特急「八雲號」1班/小時 → 米子
⏱4小時6分　¥15670日圓

往鳥取（巴士《其他路線》）
西鐵天神高速BT → 日本交通「大山號」22:05出發→翌日7:55抵達 → 鳥取站前BT
⏱9小時50分　¥9700日圓

🚄 新幹線　🚃 鐵路　✈ 飛機　🚌 巴士　BT＝巴士轉運站　BC＝巴士中心

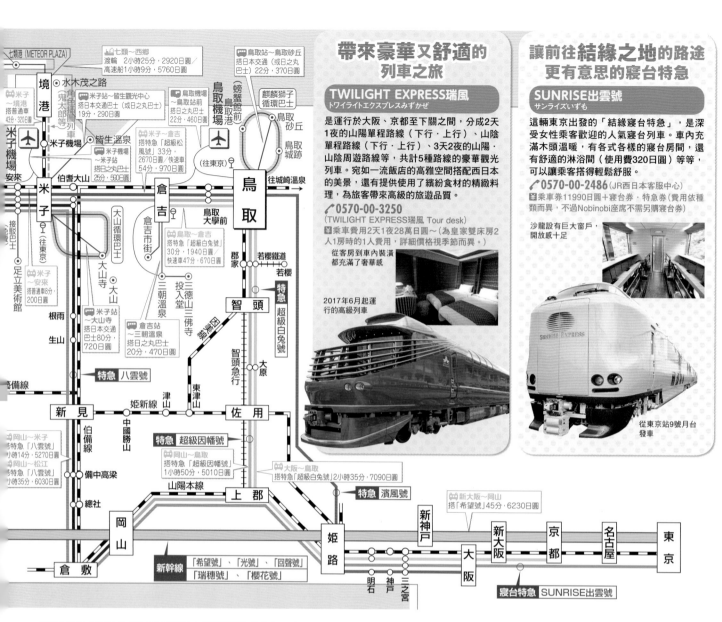

帶來豪華又舒適的列車之旅

TWILIGHT EXPRESS瑞風
トワイライトエクスプレスみずかぜ

是運行於大阪、京都至下關之間，分成2天1夜的山陽單程路線（下行·上行）、山陰單程路線（下行·上行）、3天2夜的山陽·山陰周遊路線等，共計5種路線的豪華觀光列車。宛如一流飯店的高雅空間搭配西日本的美景，還有提供使用了繽紛食材的精緻料理，為旅客帶來高級的旅遊品質。

☎0570-00-3250
（TWILIGHT EXPRESS瑞風 Tour desk）
🎫乘車費用2天1夜28萬日圓～（此為皇家雙床房2人1房時的1人費用，詳細價格視季節而異。）

從客房到車內裝潢都充滿了奢華感

2017年6月起運行的高級列車

讓前往結緣之地的路途更有意思的寢台特急

SUNRISE出雲號
サンライズいずも

這輛東京出發的「結緣寢台特急」，是深受女性乘客歡迎的人氣寢台列車。車內充滿木頭溫暖，有各式各樣的寢台房間，還有舒適的淋浴間（使用費320日圓）等等，可以讓乘客搭得輕鬆舒服。

☎0570-00-2486（JR西日本客服中心）
🎫乘車券11990日圓＋寢台券，特急券（費用依種類而異，不過Nobinobi座席不需另購寢台券）

沙龍設有巨大窗戶，開放感十足

從東京站9號月台發車

寢台特急 SUNRISE出雲號

周遊山陰的划算車票　使用提供折扣優惠或附贈特典的自由上下車車票，盡情享受山陰之旅吧。

●**鳥取藩路線巴士三日券**
可自由搭乘麒麟獅子循環巴士、鳥取市100日圓循環巴士「庫魯梨」、米子市循環巴士「DANDAN巴士」、日本交通鳥取縣內路線巴士、日之丸巴士鳥取縣內路線巴士（部分路線除外）等巴士。
●費用　1800日圓
●有效期間　3日
●資訊洽詢
　日之丸汽車…☎0857-22-5155
　日本交通…☎0857-23-1122

●**麒麟獅子循環巴士一日乘車券**
可自由搭乘以鳥取砂丘等觀光景點為首，周遊鳥取市內景點的巴士路線，並附有觀光設施折扣優惠。於週六日、假日、補假和8月1日～8月31日運行（1月1日除外）。
●費用　600日圓
●有效期間　使用日當天
●資訊洽詢
　鳥取市觀光服務處…☎0857-22-3318
　日之丸汽車…☎0857-22-5155
　日本交通…☎0857-23-1122

●**大山循環巴士一日自由乘車券**
是循環大山周邊觀光景點的循環巴士。從4月下旬至11月上旬的周六日、假日（黃金週、暑假、紅葉季為每日）運行。※5月12、13、26、27日及6月9～30日運休。
●費用　1000日圓（2日自由乘車券為1300日圓）
●有效期間　使用日當天
●資訊洽詢
　鳥取縣西部綜合事務所西部觀光商工課…☎0859-31-9629
　日本交通…☎0859-33-9116
　日之丸汽車…☎0859-32-2123

●**循環巴士松江Lake Line一日乘車券**
以JR松江站為據點，周遊松江城和宍道湖周邊主要觀光設施的巴士。運行班次較多，黃昏時會運行宍道湖的落日路線。松江Lake Line搭配市營巴士的2日自由乘車券「松江乘手形」為1000日圓。
●費用　500日圓
●有效期間　使用日當天
●資訊洽詢
　松江市交通局…☎0852-60-1111

●**萩循環巴士一日乘車券**
以萩市公所為起點的循環巴士。分成東迴（松陰老師）和西迴（晉作先生）的2條路線，每班巴士約間隔30分鐘運行。
●費用　500日圓
●有效期間　使用日當天
●資訊洽詢
　防長交通巴士萩營業所…☎0838-22-3811
　萩市商工振興課…☎0838-25-3108

ぐるりんパス・松江・出雲ぐるりんパス

適合前往松江、出雲、石見銀山、水木茂之路等觀光景點。包含前往自由周遊區間內的來回特急列車（含新幹線）普通車指定席、松江、出雲區域的「JR自由周遊區間」乘車券、路線巴士、主要觀光設施（10所設施）入場券等內容的套裝組合。最少需2人以上一起購買。
●有效期間　3日內有效
●販售期間　至2019年3月30日為止。販售期間之後將另行洽詢。
●販售場所　JR主要車站的綠色窗口、主要旅遊公司

出發地	費用	行經路線
大阪市內起訖	20030日圓	山陽新幹線·伯備線
神戶市內起訖	19310日圓	山陽新幹線·伯備線
京都市內起訖	20340日圓	東海道線·山陽新幹線·伯備線
岡山·倉敷起訖	13140日圓	伯備線

山陰的 交通周遊方式

鐵路　巴士　船

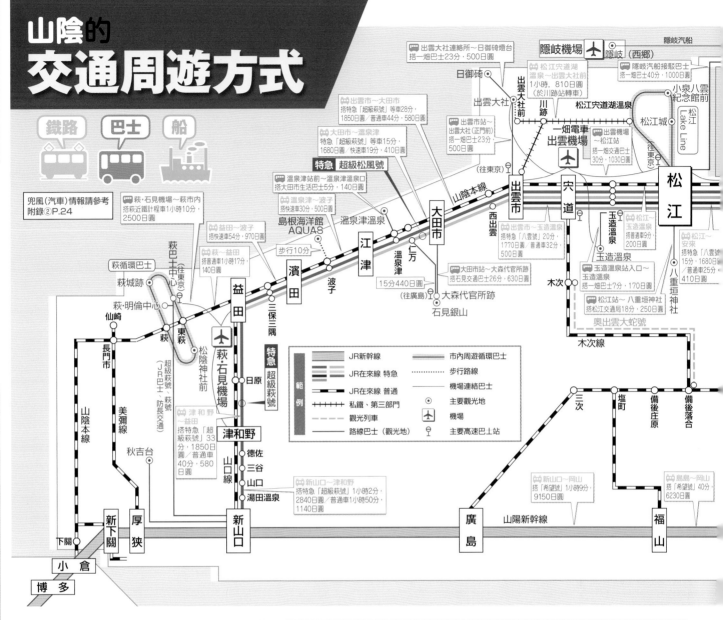

兜風(汽車)情報請參考
附錄②P.24

萩·石見機場～萩市內
搭萩近鐵計程車1小時10分，
2500日圓

益田～波子
搭快速車54分，970日圓

萩～益田
搭普通車1小時17分，
140日圓

萩循環巴士

萩城跡

萩巴士中心
(往東京)

萩·明倫中心

仙崎

萩

東萩

長門市

松陰神社前

日原

萩·石見機場

特急 超級萩號

津和野～益田
搭特急「超級萩號」33分，1850日圓／普通車40分，580日圓

津和野

山陰本線

美彌線

秋吉台

厚狹

德佐

三谷

山口

湯田溫泉

新山口

下關

小倉

博多

新下關

山口線

新山口～津和野
搭特急「超級萩號」1小時2分，2840日圓／普通車1小時50分，1140日圓

出雲大社連絡所～日御碕燈台
搭一畑巴士23分，500日圓

日御碕

出雲大社

出雲大社前

川跡

溫泉津站前～溫泉津溫泉口
搭近速巴士5分，140日圓

溫泉津～波子
搭快速車30分，500日圓

島根海洋館
AQUA8

出雲市～大田市
搭特急「超級萩號」等車28分，1850日圓／普通車44分，580日圓

大田市～溫泉津
特急「超級萩號」等車15分，1680日圓／快速車19分，410日圓

益田～波子
搭快速車54分，970日圓

步行10分

溫泉津溫泉

濱田

江津

波子

仁方

西出雲

大田市

溫泉津

大田市站～大森代官所跡
搭石見交通巴士26分，630日圓

(往廣島)

大森代官所跡

石見銀山

(往廣島)

15分440日圓

出雲市站～
出雲大社(正門前)
搭一畑巴士23分，
500日圓

出雲市

隱岐機場　隱岐(西鄉)

隱岐汽船

松江宍道湖溫泉～出雲大社前
1小時，810日圓(於川跡站轉車)

松江宍道湖溫泉

隱岐汽船接駁巴士
搭一畑巴士40分，1000日圓

小泉八雲
紀念館前

松江城
Lake Line

松江

一畑電車

出雲機場

宍道

玉造溫泉

出雲市～玉造溫泉
搭特急「八雲號」20分，1770日圓／普通車32分，500日圓

玉造溫泉站入口～
玉造溫泉
搭一畑巴士7分，170日圓

木次

木次線

奧出雲大蛇號

出雲機場～松江站
搭一畑交通巴士30分，1030日圓

玉造溫泉站～
玉造溫泉
搭普通車9分，200日圓

玉造溫泉

松江～
安來
搭特急「八雲號」15分，1680日圓／普通車25分，410日圓

八重垣神社

松江站～八重垣神社
搭松江交通18分，250日圓

三次

鹽町

備後庄原

備後落合

新山口～岡山
搭「希望號」1小時9分，9150日圓

廣島

山陽新幹線

福山

岡山～福山
搭「希望號」40分，6230日圓

範例

	JR新幹線	市內周遊循環巴士
	JR在來線 特急	步行路線
	JR在來線 普通	機場連絡巴士
++++	私鐵、第三部門	路線巴士 (觀光地)
	觀光列車	⊙ 主要觀光地
		✈ 機場
		♀ 主要高速巴士站

交通機關洽詢單位

ACCESS YELLOW PAGE

■飛機
JAL(日本航空)／JAC(日本空中通勤)服務電話
……………………☎0570-025-071
http://www.jal.co.jp/
ANA(全日空)服務電話……☎0570-029-222
http://www.ana.co.jp/

■JR·第三部門·私鐵
JR西日本·客服中心………☎0570-00-2486
智頭急行…………………☎0858-75-2595
若櫻電鐵…………………☎0858-82-0919
一畑電車…………………☎0853-62-3383

■高速巴士
京王巴士…………………☎03-3743-0022
京阪巴士…………………☎075-661-8200
近鐵巴士…………………☎06-6772-1631
西日本JR巴士(客服中心)…☎0570-00-2424
阪急巴士…………………☎06-6866-3147
全但巴士…………………☎0796-32-2021
日本交通(大阪)…………☎06-6576-1181
高速巴士預約中心(日本交通·鳥取)
………………………☎0857-26-5111
高速巴士預約中心(日本交通·米子、大阪·神戶線)
………………………☎0859-35-0811
高速巴士預約中心(日本交通·米子)
………………………☎0859-35-0022
一畑巴士(預約中心)……☎0852-20-5252

中國JR巴士(預約中心)……☎0570-666-012
中國JR巴士(廣島)…………☎082-261-5489
廣島電鐵(高速巴士預約中心)…☎082-207-1073
石見交通益田營業所………☎0856-24-0085
防長交通…………………☎0834-32-7733

鳥取·倉吉區域
■路線巴士
日本交通(鳥取)…………☎0857-23-1121
日本交通(倉吉)…………☎0858-26-1115
日之丸自動車(鳥取)……☎0857-22-5155
日之丸自動車(倉吉)……☎0858-26-4111

■計程車
鳥取市
日本交通…………………☎0857-26-6111
日之丸豪華計程車………☎0857-22-2121
倉吉市
日本交通·中央計程車豪華計程車中心
………………………☎0858-22-7111
日之丸豪華計程車………☎0858-22-3155

境港·大山區域
■路線巴士
日本交通米子營業所……☎0859-33-9116
日之丸汽車(米子)………☎0859-32-2123

隱岐一畑交通……………☎08512-2-1281
隱岐海士交通……………☎08514-2-0020
西之島町營巴士(西之島町役場地域振興課)
………………………☎08514-7-8777

■船·渡輪
隱岐汽船…………………☎08512-2-1122
隱岐觀光…………………☎08514-6-0016

■計程車
米子市
日本交通…………………☎0859-22-3131
日之丸豪華計程車………☎0859-22-3231

出雲·松江區域
■路線巴士
松江市營巴士(松江市交通局)…☎0852-60-1111
一畑巴士…………………☎0852-20-5205
松江一畑交通……………☎0852-22-3681
出雲一畑交通……………☎0853-21-1144

■計程車
松江市
松江一畑交通……………☎0852-21-4334
出雲市
出雲一畑交通……………☎0853-21-1144

石見銀山區域
■路線巴士
石見交通大田營業所………☎0854-82-0662
石見交通濱田營業所………☎0855-27-2211
石見交通益田營業所………☎0856-24-0080

■計程車
大田市大田町
日本交通…………………☎0854-82-0456

萩·津和野區域
■路線巴士
防長交通萩營業所…………☎0838-22-3811
中國JR巴士客服中心………☎083-922-2519

■計程車
萩市
萩近鐵計程車……………☎0838-22-0924
萩第一交通………………☎0838-25-5050

【 MM 哈日情報誌系列 22 】

山陰
鳥取·松江·萩

作者／MAPPLE昭文社編輯部
翻譯／許展寧
校對／顏若伃、陳宣穎
編輯／林德偉
發行人／周元白
排版製作／長城製版印刷股份有限公司
出版者／人人出版股份有限公司
地址／23145 新北市新店區寶橋路235巷6弄6號7樓
電話／（02）2918-3366（代表號）
傳真／（02）2914-0000
網址／www.jjp.com.tw
郵政劃撥帳號／16402311 人人出版股份有限公司
製版印刷／長城製版印刷股份有限公司
電話／（02）2918-3366（代表號）
經銷商／聯合發行股份有限公司
電話／（02）2917-8022
第一版第一刷／2019年3月
定價／新台幣380元
　　　港幣127元

國家圖書館出版品預行編目（CIP）資料

山陰 鳥取·松江·萩／MAPPLE昭文社編輯部作；
許展寧翻譯. --
第一版.-- 新北市：人人，2019.03
面；　公分. --（MM哈日情報誌系列；22）
ISBN 978-986-461-174-4（平裝）

1.旅遊 2.日本山陰道

731.7619　　　　　　　　　　108000022

Mapple magazine SANIN TOTTORI
MATSUE · HAGI
Copyright ©Shobunsha Publications, Inc, 2018
All rights reserved.
First original Japanese edition published by
Shobunsha Publications, Inc. Japan
Chinese (in traditional characters only) translation
rights arranged with Jen Jen Publishing Co., Ltd
through CREEK & RIVER Co., Ltd.

●版權所有·翻印必究●